『十三五』国家重点出版物出版规划项目

胡澱咸中国古史和古文字学研究 第八卷

胡澱咸先生手稿批注稿精选（上）

胡澱咸◎著

安徽师范大学出版社
·芜湖·

图书在版编目(CIP)数据

胡澱咸先生手稿、批注稿精选/胡澱咸著.—芜湖:安徽师范大学出版社,2020.12

(胡澱咸中国古史和古文字学研究;第八卷)

ISBN 978-7-5676-4911-8

Ⅰ.①胡… Ⅱ.①胡… Ⅲ.①中国历史—古代史—文集②汉字—古文字学—文集③小屯文化—文集④考古学文化—中国—铁器时代—文集 Ⅳ.①K220.7-53②H121-53③K871-53

中国版本图书馆CIP数据核字(2020)第269085号

胡澱咸中国古史和古文字学研究:第八卷

胡澱咸先生手稿、批注稿精选 胡澱咸◎著

HUDIANXIAN XIANSHENG SHOUGAO PIZHUGAO JINGXUAN

总 策 划:张奇才

责任编辑:汪碧颖　　责任校对:童　睿　李慧芳

装帧设计:张　玲　桑国磊　姚　远　　责任印制:桑国磊

出版发行:安徽师范大学出版社

芜湖市北京东路1号安徽师范大学赭山校区　邮政编码:241000

网　　址:http://www.ahnupress.com

发 行 部:0553-3883578　5910327　5910310(传真)

印　　刷:安徽联众印刷有限公司

版　　次:2020年12月第1版

印　　次:2020年12月第1次印刷

规　　格:787 mm × 1092 mm　1/16

印　　张:34.25

字　　数:385千字

书　　号:ISBN 978-7-5676-4911-8

定　　价:500.00元(全二册)

目录

古史研究论文手稿

殷墟①为铁器时代

①『殷墟』『殷虚』两者通用，通常用法为『殷墟』。为保持影印本原貌，故保留『殷虚』。

緒言

到現在為止，研究我國古代歷史，工具問題依然是個最重要最基本的問題。我國古代歷史的研究，無庸諱言的，現在還存在着不少的問題，甚至有許多基本問題也還未獲得解決。學者們的研究也呈現着相當混亂的現象。對有些問題還只是摸索猜測。這中間的原因我們覺得生產工具問題未獲得解決就是主要的原因之一。工具是歷史進程的標誌，工具問題不能獲得正確的解決，社會文化的真象自也就不能獲得明確的認識，研究自也就不免發生困難。

我們何時進入鉄器時代，殷虛是青銅還是鉄器時代這是多少年來學者研究而未得解決的問題。從理論和文化的現象來講，殷虛應無疑的已是鉄器時代了。鉄器的使用和文字的創造是野蠻最高階段兩件劃時代的重要發明。而文字的發明猶有待於鉄器的使用。殷虛已有文字，而且是進步的文字，卜辭更已有長達一二百字的記載，這當然非已用鉄不可。又殷虛出土的器物青銅器製造精美，而且已有了銅器製造的工場，這明是已有了手工業和農業的分工。殷虛既已有顯著的手工業與農器的分工，這也可知當生產工具必已是鉄製的了。其他如農器的進步，酒的釀造，城堡的建築，銅器和甲骨上的藝術的雕刻，無一不可證明殷虛必已用鉄。

但，現在考古學者們都不承認殷虛是鉄器時代。他們大多認為殷虛是青銅時代，還有人以為猶使用石製的工具。他們的理由是殷虛出土的器物只見有銅器和石器而不見有鉄器，根據理論來推論殷虛是鉄器時代他們不相信是正確的，他們說這只是「代公式」。

考古學者們這種看法是否正確我們總覺得不無問題。不論在方法上或其對歷史學的影響上，我們總覺得不甚妥當。我們覺得，僅憑看到實物或看不到實物以論定殷虛是青銅時代或鉄器時代，這種方法便屬可議。這乃是實驗主義的方法而不是辯証唯物主義歷史科學的方法。鉄這種金屬是很容易銹爛的，公元前一千餘年以前的鉄要保存到現在是極不容易的。不僅我們中國，就在全世界範圍內，發現公元前一千餘年以前的鉄器也沒有幾件。殷虛時代的鉄器我們誠然不容易看到，但「看到」與「未看到」和有與沒有，二者之間並沒有必然的關係。有而沒有看到，乃是常有的事。考古學者因為沒有看到殷虛時代的鉄便肯定殷虛時代沒有鉄，這就從常理講也是不可通的。

尤其重要的，我們覺得，考古學者這種說法是與理論相抵觸的。這不僅考古學者謂殷虛是青銅時代或石器時代與文字與鉄是野蠻最高階段兩項劃時代的發明這一理論不合，而且便對我國全部古代歷史的解釋也與理論相違背。現在歷史學者論殷周歷史都根據考古學者之說，謂殷及西周是青銅時代，但同時他們又說殷是奴隸社會，甚至有人說西周已是封建社會而還使用着青銅的工具。這很明顯的是與恩格斯奴隸社會發生的理論背道而馳的。恩格斯指示必須經過野蠻最高階段的鉄器生產以後才能產生階級社會，若照考古學者和歷史學者所說，則可以不需鉄器生產，無論石器或青銅皆可以產生階級社會了。這與恩格斯的理論相去多遠。我們以這樣的歷史理論指導研究，教育青年，其結果將發生怎樣不良的影響！考古學者和歷史學者對他們觀點，曾作了不少的辯護，但我們覺得這些辯護，不但不能增加他們的理由，適足以增加紛亂而已。

我們的看法與考古學者們不同。我們以為我們不應該有實驗主義者的態度，胸中先橫梗着一個「實物」的觀念。我們應該先誠實地接受恩格斯的理論。我們既承認恩格斯的理論是正確的科學理論，則我們就不能說只是「公式」而已。我們也不能藉口什麼「靈活運用」，而骨子裡將它擱置起來。我們以為我們必須遵守恩格斯的理論，而以之指導我們的研究。我們沒有發現殷虛時代的鉄器，那不是恩格斯的理論與我國歷史不相符合，也不是我國歷史發展有什麼特殊，那只是我們自己的研究還有問題。我們的研究還不夠精深圓滿。我們這一短短的研究就是根據精神而寫的。在我們的研究中，我們深深地感覺到恩格斯的理論確實可以正確地指導我們的研究，而恩格斯理論的完全正確也由此可以証明。

據我們考察，殷虛時代確已用鉄器生產了。我們不是從「實物」研究，而是從甲骨卜辭推考。甲骨卜辭真是我們研究殷代歷史珍貴無比的材料。它比「實物」不知豐富真實到多少倍。我們考察甲文中一些工具字和勞動字，我們發覺一種情形，就是鐵這種金屬原有好多種不同的名稱：如鐵、鏌、銍、錯、鏤等等。而這些名稱又正是工具、農器或生產勞動。如鐵字其本義實為耕植，由此我們悟及鐵之所以得名，必因之以製造農器的緣故。即以之製什麼農器就以那種農器之名名鉄。這蓋因鉄最初發明的時候原不像後世一樣與其他的金屬有區別的名稱，也沒有固定的名稱，因此以之製造什麼工具，就以那種工具之名為名。這許多鉄的不同的名稱的字，我們推溯其字源，都就是甲骨卜辭中的工具字或勞動字。這豈不很明白地可以知道這些甲骨卜辭中的勞動生產的工具就是鉄製的。殷虛是鉄器時代由此自也就可以肯定了。也只有殷虛是鉄器生產，殷周時代的社會和文化纔能獲得合理的認識。

第一篇　殷虛是犂耕牛耕的時代

一、釋勿物

在傳說中，我國早在殷虛以前，就已發明牛耕了。山海經大荒西經和海內經都說后稷之孫叔均「始作牛耕」。世本作篇也說「相土作乘馬」、「胲作服牛」。服牛見於卜辭（註一）殷虛以前，已發明服牛必無問題。舊時記載多以服牛是用以輓車。牛既可用以輓車，自也可以用以耕田。

無論如何，殷虛時代必已用犂耕牛耕了。這已為學者所公認。這裡我們想再加以補充說明。

甲文有⿰牛勿字，或作⿰彡牛。此字王國維釋物，意為雜色牛。董作賓、郭沫若釋犂。「勿實犂之初文，犂耕也。此字从刀，其點乃象起土之形。其从牛作⿰牛勿若⿰彡牛者，亦即犂字从牛之意。」（釋勿勿）

「卜辭勿作〔字形〕，勿字作〔字形〕，判然有別。勿乃笏之初文，象笏形，而上有題錄。勿乃犂之初文，象以犂啓土之狀。勿多假為犂牛之犂。犂之本字作⿰牛勿⿰彡牛若⿰彡牛。舊均誤釋為物。」（殷虛書契粹篇）

「卜辭中有很多犂字，作⿰彡牛或⿰牛勿。勿即象犂頭，一些小點象犂頭啓土，犂在牛上，自然就是後來的犂字。」（奴隸制時代）

郭氏謂勿為犂之本字，象以犂起土之狀，甚的。但謂「勿多假為犂牛之犂」、「犂之本字作⿰牛勿若⿰彡牛」，則屬不確。勿既是象以犂起土，應就是犂字之初文，無所謂假。論語所謂「犂牛之子騂且角」犂牛就是耕牛而不是什麼黑色牛或雜色牛。⿰彡牛、⿰牛勿，在卜辭中是祭祀所用之牲，意為牛，而犂義則為耕田，如用作名詞則為耕田的農器，與卜辭⿰牛勿之意不合，⿰牛勿就不能釋犂。

我們以為⿰牛勿及⿰彡牛乃是犂牛二字的合文，在卜辭中，勿牛二字的用法，是可合而又可分。

「丙申卜，貞：𠬝武丁，祖乙，卑牢幽用」（後上四、十五、）

「貞㱿祖乙古物，四月，」（戩三、七、）

「其牢犁，其牢犁」（寧二．一四二、）

這都是勿牛二字合在一起。

「貞叀十勿牛㞢（又）五鬯」（前四、五四、四、）

「乙丑卜（缺）妣庚歲勿牛」（庫方一一五九）

「（缺）貞（缺）叀于丁，十小牢，卯十勿牛。八月」（後上二四、三、）

「癸丑（缺）、父甲（缺）勿牛」（甲八〇三）

這裡勿牛二字又都分開。勿牛二字既可合可分，可知基本上原是二個字。卜辭又云：

「弜勿」（龜二、十六、五、）

「貞弜勿，三月，」（師友一〇八）

「叀勿」（甲七七五）

「癸丑卜，允貞：弜勿。」（甲二八八〇）

「癸丑卜允貞：叀勿」（同上）

此處勿意皆是勿牛。勿牛而稱勿乃是句法之省，也就是勿牛之省。由此也可知勿牛原為二字。卜辭還有「勿牝」（後下五、九、）更足証勿必是單獨的一個字。物乃是勿牛二字的合文。

勿是象以犂起土之形，其義必為耕。這在卜辭中也可以看出。卜辭云：

「丁酉卜，允貞：今來辛丑勿𡿧，其酒。」（甲二四七六）

𡿧是地名。卜辭云，「乙巳王卜貞：田𡿧往來亡災」（甲三三五〇。）𡿧為殷王游畋之所，蓋是距殷都不遠的地方。此處「勿𡿧」與「田𡿧」語例一樣，勿必是個動詞，其義必為耕。此辭蓋謂將於辛丑日往耕於㳄，因舉行「酒（彡）祭。」又卜辭云：

「丁卯卜，𣪊貞：王往于ㄔ，不冓雨。」（前四、五一、一。㐭一、三〇、十四。）

ㄔ舊都釋刀。這裡「王往于ㄔ」句法與「王往于田」一樣，ㄔ也是個動詞，釋刀文意不可通。我們以為此也是勿字。此字字形與勿相同，所不同者只與勿作𣴎或𣴎少一二小點而已。這實沒有關係的。按勿也有作𣴎的（戩三、七、及六、三。）與ㄔ完全一樣。此辭蓋謂前往耕田，不遇雨。

（批注：「[illegible]卜亘貞，勿[illegible]」（[illegible]三、三一）（續）　貞勿乎九月」（粹五四〇）　郭釋勿誤）

又卜辭云（批注：貞勿[illegible]十一月」（粹五廿八））：

「甲戌卜，王曰貞勿，告于帝丁，不𠂤。」（粹三七六。）

此處勿是所卜問的事，意也必為耕田。此蓋將前往犂田而告于帝丁。總之，勿義為耕必無疑問。

勿意為耕，勿牛自然就是耕牛。殷虛時代已用犂耕和牛耕，豈不很明顯的。殷虛時代不僅用牛耕，也用馬耕。卜辭云：

「叀不勿馬」（佚二〇三）

「叀勿馬」（同上）

（批注：父乙觶（三代卷十四、四四頁））

勿馬自也就是耕馬。殷虛時代，馬用以耕田，自也無問題。

勿牛二字的合文，王國維釋物，我們覺得，這也不能說是錯誤。只是物應就是犂牛而不是黑色牛、雜色牛或毛物。詩小雅六月「比物四驪」與羊「三十維物」，物義皆為牛。從字形上顯然可見必是𤘍字。以勿牛二字為物，誠屬錯誤，但這種錯誤不在王國維誤釋文而是古人就錯了。這大概因為金文勿作㫚，㫚等形與甲文勿作𣴎略同，遂致譌誤。

還有一個字我們以為也由勿字譌誤的，即歾字。此即後世的刎字。說文云：「歾，終也。」重文殁，說文蓋以歾殁為一字。按荀子彊國篇云：「欲壽而歾頸」，是歾實即俗刎字，義為剄殺。其字从勿，由勿得聲得義，若勿為「卅里所建旗」或否定詞之勿，必不能有剄殺之義。我們以為勿也是㓜之誤。㓜義為耕，引申而為殺。又因與勿形近，譌誤為勿。因剄殺致死，故加㓜作㔓。
又因剄殺用刀，故俗又加刀作刎。

註一　卜辭云：「（缺）子卜，（缺）酌（缺）黹牛。」（庫方一八四九。）「（缺）酉卜，賓貞：告𦎫，叀令于丁，二牢，黹牛。」（粹五三三）「丙午卜貞𦎫奠歲羊卅，卯三牢，黹牛其宗用，八月，」（龜二、三、十一、）「黹牛其用」（甲六七九）此皆服牛之見於卜辭者。

二、釋利

㓜字演變則為利及黎字。

說文云：「利，銛也。刀和然後利。从刀和省。」許慎蓋以利義為銳利，鋒利。按說文於銛字云：「銛臿屬。」臿是農器，銛當也是農器，其義為利，當是引申義。利初義實也為耕，其義為銳利，也是引申義。利乃是㓜字的孳乳。

甲文利作㓝或𥝢或𥝤等形。從字形看，很明顯，這都是㓜字的變化發展，並且都表示耕田種禾。利从㓜从禾是表示犂田種禾。𥝢从耒與从禾相同。𥝤又加土。蓋更表示起土。㓜字所加徵點本就象起土，大概年代既久，漸不為人所知，故又加土以表示起土之意。這種情形在中國文字的發展中，實是常見的。

在卜辭中也可見利義當為耕。在卜辭中，利字有幾種用法。第一是國名。

「貞伐利」（絜七三一。）

此云「伐利」利顯係是國名。

「利示三夕出（缺）般」（龜一、十八、十一、）

「利示三夕出一丿賓，」（龜一、十八、十四、）

「利示六夕，亘」（師友二、二五）

這種骨血刻辭所記究屬何事，學者意見猶不一致，但示上一字都是人名或國名。此處利當也是國名。我們以為就是宗，利示即利宗。我們以為殷猶是氏族制，氏族組織的形式就是宗法。所謂宗就是一個氏族或大家族。這關係於殷代的社會問題，當另為文討論。

在卜辭中利字的第二種用法，義就是耕。卜辭云：

「庚戌卜，王曰貞，其剢，又馬」（後下五、十五、）

「庚戌卜，王曰貞，其剢ナ馬，」（同上）

郭沫若釋此辭，謂剢為剝字。假為鑾，又馬ナ馬為馬種之名。

「剝字羅振玉收為利字。粲字左旁从𥝌，𥝌字一作穗，从禾穗聲。此言「剝左馬」，上片言「叀左馬」（纂七三〇）同屬田獵之卜，則剝蓋從刀𥝌聲之字也。叀及剝疑均假為鑾。左馬右馬，以上片例之，蓋馬種之名也。」（卜辭通纂）

此說實大謬，字書只有𥝌字而無剝字，釋剢為剝已是鑿空，而假剝為鑾，更毫無根據。凡假借也必有其一定範圍，或義相近，或聲相同。如剢為𥝌聲字，則與鑾聲義皆不相關，何能通假？至謂左馬右馬為馬種之名，則更屬臆說。按卜辭有云：「貞：其又衆」。「又衆」與「又馬」語例完全相同，難道「又衆」也是人種之名嗎？

我們以為這實是以馬耕田之辭。「其利」意就是犁田。「又馬」「ナ馬」即用馬耕。又與ナ皆為手，字義實相同，在卜辭中用法也沒有分別。如又義為有無之有，ナ義也為有。

「癸亥卜，狀貞：今日亡大飆」（甲三九一八。）

·5·

「癸亥卜，狀貞：今日𠂇大颺」（同上）

這是同版的二辭，是問有無大風的。𠂇與亡為對文，可知其義必為有。又「又」為祭名，𠂇也是祭名。卜辭云：

「庚寅卜，彭貞：𠂇妣辛，一牛，」（甲二六九八。）

「丙辰卜，彭貞：其𠂇祖丁，叀翌日，」（甲三六四八。）

「辛亥貞：于大乙𠂇伐」（粹三五）

此處𠂇也是祭名，語法與「又某某」相同。又「又」義為祐，卜辭每云：「受㞢又。」卜辭有云：

「壬戌卜貞：帝受𠂇𠂇」（甲三九一三）

「𠂇𠂇」意顯然與「㞢又」一樣。由此可知𠂇與又字義實完全相同，即是一字。「𠂇馬」「又馬」意必一樣。

此處𠂇又，我們以為意實為引。

「隹元年正月初吉甲寅，王在周，各（格）康廟。既立，同中右。師兌入門，立中廷，王乎（呼）內史尹冊令（命）師兌……」（師兌簋）

「隹三年五月既死霸甲戌，王在周康邵宮。旦，王各太室。既立，宰弘右。頌入門，立中廷。尹氏受王令書。王乎史虢生冊令頌。……」（頌鼎）

金器這類的銘辭甚多，這裡「右」意皆為引。右即是又，是知「又」義也必為引。「又馬」意當為引馬。「其刹又馬」，蓋謂引馬而耕，辭意為明白。

我們以為「又馬」當就是馭字，馭乃又馬二字的合文，這從字形上是明白可見的。又卜辭云：

「𤔲壬射馭」（寧一、三八七。）

「畢、又馬」（同上）

這也是同版的二辭，是卜馭馬射獵的。這裡第一辭作馭，而第二辭作「又馬」，可知馭必又馬之合文無疑。說文云馭「使馬也」，我們看，馭之本義實為引馬。

說文：「驪，馬深黑色」。乙巳卜，才廿𤔲 丁未又𤔲𥎦（甲二五七二）（以）𤔲𥎦驪牛之黃也，从虎 「𤔲丙午𤔲」𤔲𥎦（甲二六九二）此片字疑相同，日辰相接，似日能是一片之折

卜辭云：

「乙未卜，貫貞：舊丂ナ騳其𠊱。不𦍌，吉，」（粹二、二六、七。）

「乙未卜，（缺）貞：ナ（缺）其𠊱。不（缺）吉。」（菁九、五。）

這與上面的兩條卜辭語法大致相同，只「又馬」與「其𠊱」顛倒，中加一叓字而已。叓舊釋赤或𠬝，無論在字形或辭意上看，皆屬難通。郭沫若謂叓為「史之異，讀為使」（卜辭通纂考釋）甚是。甲文史作𠬞𠬞，有史、使、事三義，此處叓較史只增一「ナ」，ナ義仍為手，與「又」相同，字義必無變。這種情形，在甲文和金文中是常見的。例如蓋字，甲文作𦥑，金文則有作𦦝者，也增加一「ナ」，而字義仍舊。故叓可斷仍為史，義為使。「又叓馬」意當仍與「又馬」相同。「叓馬其𠊱」意也是用馬耕田。舊丂為地名，乃耕田之所。「叓馬」我們以為即駛字。駛即叓馬二字的合文，說文無駛字，玉篇有之，云：「駛，疾也。」駛之本義應是使馬，疾乃是引申義。

又卜辭云：

「癸巳卜，貫貞：ナ𤆍馬其𠊱，不（缺）」（藏一〇、二、）

「乙亥卜，貫貞：令貴入𤆍馮其𠊱，不𦍌，吉，」（後下十八、八、）

這與上面卜辭語例也略相同，當也是以馬耕田的卜辭。𤆍為赤字。但於此若訓為赤色之赤，意不可通。赤於此是個動詞，我們疑心係策馬之策字的本字。淮南子道應訓高誘注云：「策，馬捶，端有鐵，以刺馬，謂之錣。」可知策馬實是刺馬而不是鞭馬。𤆍，我們疑心即象馬策端錣之形。

周禮虐人，「凡試虐子」8 置而搖之」鄭注：「置猶 按：置為當為植。

按从赤作的字有赦字。說文云：「赦，置也。」若置字云：「置，赦也。」二字互訓。段玉裁謂赦義與捨同。這實是錯誤的。段氏謂赦義與捨同，係從赦罪和棄置推想的。要知這實都是引申義而不是本義。我們以為赦即「毒蛇螫手」之螫字的本字。說文謂螫為「蟲行毒」，但我們以為螫可逕訓刺。詩小毖「自求辛螫」螫韓詩作赦，可知赦螫一字。釋文云：「赦，事也。」事即是刺，可知赦義實為刺，赤義也必為刺。我們以為赤當就是策馬之策的本字。後世作策乃因赤策音同而誤假的。其為赤色之赤亦係假借。我國文字中的顏色字實都是假借字。赤就是策，此云「ナ赤

長柄鐵：

殷虛文燒為其利」蓋謂策馬而耕。

爐麥粃分犁草子，磔裂為田」。鉨古田之犁。

在卜辭中利字的第三種用法，義為利益、利害。

「不利」（前二、三、一、）

「其伐𢀛，利」（同上）

「不利」（同上）

這是同版的三辭，顯是問伐𢀛利與不利的。這利義自為利益、利害。但這乃是引申義而不是其本義，利之本義為耕，因耕田種植有所收獲，為財利之源，故引申為利益。又因犂這種工具鋒利，故引申為銳利。這學者早就言及了。

犁乃同，剝析也。吾以為犁即是𣂋同古文作假借。吾以為古分雜之雜字作犁或黎。

利就是犂字，後世因耕田用牛，故又加牛作犂，利字也就只為銳利，利益字，而其本義便不為人所知。

說文犂作𤛫，不从利作。說文云：「𤛫，耕也。从牛黎聲。」實則𤛫也和犂一樣，黎義就為耕。黎字之作，郭沫若謂从勿从黍（註一）甚的。按篆文黎作𪏰，實也很明顯的是从勿从黍。甲文也有黎字。

「丁卯卜，貞：王伐𢀛」（串二、七六、）

犁字係由羅振玉字質省而來。初無分義。而利黎初文爲耕者所引申爲分。分離字之作離係後起的。

㔉从力从黍，定是黎字。黎在此為國名，殆即西伯戡黎之黎。黎字是从力从黍，與利字之从力从禾，造意完全相同，黎之本義也必為耕。黎增牛作犂也必和犁一樣，是後世因耕田用牛而增加的。

殷虛時代已用犁耕、牛耕、馬耕，由上所述，必無可疑。不僅殷虛時代，由文字推考，當我國文字創造的時候，應就用犁耕了。傳說叔均作犁耕，在時間上講，似不能不承認有其可靠性。

殷虛時代已用犁耕了。然則犁是用什麼製造的呢？是青銅，還是鉄？按照理論講，應當是鉄製的。恩格斯說：「首先我們在這裡（野蠻最高階段，也就是鉄器時代）初次遇到了帶有鉄犬的用家畜拖曳的木犁。」（註二）犁是鉄器時代才發明的，殷虛時代既已用犁耕，怎能說還不用鉄呢？由我們的研究也可以証明殷虛時代犁必是鉄製的。現在姑且不說它是鉄製的，其為金屬製造的則可以肯定無疑。說文有鑗字，玉篇作鏫及鍪。說文云：

「鑗金屬，一曰剝也。从金黎聲。」

很明顯，這就是黎及利字。从金乃後世所加的。其義為剝，也可見是由犁田裂土引申的。然則鏫何以是金屬？是何種金屬？我們以為這種金屬所以名之為鏫，即因為用以製造犁的緣故。這可以推見的，最早人發明用金屬的時候，金、銀、銅、鉄、錫，必沒分別的名稱。沒有分別的名稱，也就沒有固定的名稱。因之，以這種金屬製造什麼工具，即以那種工具之名名這種金屬。用這種金屬製造犁，所以也就以黎或利名這種金屬，鏫究是青銅還是鉄，我們不知道，但犁是金屬製造的，由此可推見。

註一　見釋力勿

註二　家族私有財產及國家之起源第一章

三、釋犁剛

殷虛時代是用犁耕和牛耕，還有兩個字可以証明。此即犁及剛字。

甲文犁學者釋犅。此係犅字，誠屬不誤，說文云：「犅、特牛也。」（註一）犅是牛。但犅特是什麼牛呢？何以義為牛呢？這似不能解釋。說文云：「特，特牛也。」這猶之說馬者馬也，沒有解決問題。徐鉉本云：「朴特牛父也。」但何從而知其是牛父呢？仍無法解釋。

我們以為犁義也為牛耕。犅便是耕牛。犁甲文作□，从网从牛，从勿。這是象以網絡牛，或犁而耕。後世以牛耕田或輓車，都將牛穿鼻，以便牽引，牛穿鼻始於何時，其確切年代不得而知。按莊子秋水篇云：「牛馬四足是謂天，落馬首穿牛鼻是謂人。」是戰國時代，牛穿鼻當已是習見的事了。學者或以為春秋時代，牛已穿鼻，（註二）這也是很可能的。在未發明穿牛鼻以前，牽牛的方法，學者或謂用梏，即繫橫木於牛角之上。甲文牛字有作□、□、□等形者，即象繫梏於牛角之形。（註三）繫梏於牛角，自不失為牽牛的一種方法，但以網絡牛頭而牽引，也不能說不合理。殷時已知馭馬，馭馬的方法必是絡馬首。當時既知絡馬首，自然也可以絡牛頭了。而且犁字从网作，若非象以网絡牛，實無法解釋。

在卜辭中，能看到犁字的字義的似不多，但我們即從很少的卜辭中，也可以推知犁義應為耕。卜辭云：

「癸丑卜，在犁，貞：王旬亡𡆥。」（前二、七、一、）

「癸卯卜，在犁，貞：王旬亡𡆥。」（前二、十七、七、）

「癸亥卜，在犁，貞：王旬亡𡆥。」（前二、十七、八、）

「癸亥卜，在犁，王旬亡𡆥。」（粲四二六）

「甲寅卜，在犁，貞：今夕𠂤不遟。」（寧二、四、八、）

大毁"唯六月
初吉丁巳王在
莫，蔑武大曆，
易𢽌羊牛
畀牛、用宫
于乃考，大捧
韻首，对𣪘
王休，用作卜
朕皇考大
中陾毁
（三代卷八，2
四十四页）
羊牛畀牛即
犁畀犁
母頭為牛。

又云：

「（缺）在畀鰊，貞：（缺）往來亡𡆥。」（前二、十七、六、）

「（缺）在畀鰊，貞：（缺）亡𡆥。」（前二、十八、三、）

「（缺）在畀鰊，貞：今夕亡猷寧，在十月。」（前三、十八、一、）

「庚寅（缺）畀鰊，（缺）今夕𠂤（缺）」（寧二、一四七、）

這裡畀都是地名，不能據此推知畀字的字義。卜辭有云：

「貞：弗其畢，九月，在魡」（前五、四五、四。龜二、十三、八。）（註四）

「在魡鰊，隻中田，」（前一、三三一、）

魡不是地名。在魡，在魡鰊，謂在釣魚之所。在畀，在畀鰊語例與此相同，畀似也可以說與魡一樣，是個動詞。這樣畀便也可以說義為耕。在畀，在畀鰊，可以解釋為在耕田之所。這樣解釋雖然也可以通，但總有點勉強，不的確。卜辭在某或在某鰊，絕大多数都是地名。在畀，在畀鰊自應仍以為地名為妥。不能因為它與在魡，在魡鰊語例相同而強為之解。

卜辭云：

「丙辰卜，在畀，貞：叀大又先（缺）歙美，畀利，不雉衆。」（前二、十八、二、）

這片卜辭辭意頗為難解。雖有不少人加以解釋，終不能明瞭。這裡我們所注意的是畀利二字連文。這兩個字胡小石先生以畀為牛，釋利為物，「畀利」意為雜色牛。（註五）又有人釋利為犁，義為御，「畀利」意為御牛。（註六）又或以畀仍為地名。（註七）這些解釋，不論從字形、字義、辭意、或文法上講，都難暢通無礙。我們說利就是犂。畀與利連文，應也是個動詞，不能解為牛，也不能解為御，也不能解為地名。畀我們以為意當為耕。「畀利」即是耕利。此辭大又郭沫若謂即周禮夏官司士職之大右，可信。先，我們以為義蓋為往。甲文先作𡴆，从止从人。甲文止義實為前行。从止作的字都表示有前行之意。如前从止从舟，進从止从隹，武从止从戈。即舟前行為前，隹行為進，執戈前行為武。先義蓋為人前行。歡美為地名。這條卜辭辭意蓋謂令大右先往歡美，耕利。這樣解釋，我們覺得，不論從那方面講皆可通順無礙。

卜辭又云：

「乙巳卜，出貞：逐六罕兕」（後上、三十、十、）

這裡罕很明顯，必是犁之省。此若訓為牛，義不可通。我們以為此義也為耕。兕是個象形字，這是個什麼字，是什麼獸，學者意見頗為紛異。董作賓釋麟，而一般學者多謂是兕。釋兕自是正確的。但兕是什麼獸，學者猶未之確定。說文云：「兕如野牛，青色，其皮堅厚可製鎧，象形。」兕應該是牛。段玉裁謂即水牛，我們亦以為然。殷虛書契後編卷上三十頁第十及十一兩片，及殷契佚存第二十五片兕字使酷肖水牛之形。兕是水牛，則罕，我們以為義非為耕不可。「罕兕」即是耕牛。卜辭屢見「逐兕」，經傳亦云「射兕」，這大概是殷虛以至西周春秋，水牛猶未完成為家畜。其獵得的水牛，即將其馴養，並且利用作耕田之用，因此兕可稱之為罕兕。

甲文又有剛字。很明顯，這是犁字之省。由剛字的字義也可推知犁義必為耕。詩閟宮「白牡騂剛，犧尊將將。」禮記明堂位「周騂剛。」剛義皆為牛，是所用之牲。又卜辭云：

「叀白豕。」（明一三六）

「叀剛，羊。」（同上）

「叀剛」（同上）

這是同版的三辭。這裡剛與白豕及羊並舉，無疑的，必是所用之牲，必即是牛。卜辭與文獻皆以剛為牛，剛是牛必無問題。然則剛何以是牛呢？我們以為這乃因剛義為耕的緣故，剛應原為剛牛意為耕牛。有稱為剛，猶夕牛可省稱為夕一樣。

又卜辭云：

「其剛，（缺）貞：告于（缺）牛。」（庫方四三、）

「乙未卜，其剛，羊十于西南。」（後上二三、四、）

「其剛」語例與「其田」「其漁」相同，剛為動詞，決不能訓為牛。我們這裡剛必為耕。又卜辭云：

「剛于來」（戩四八、四、）

「（缺）又告啓，其剛于口（字不清晰）」（掇五六五、）

「壬申剛于伊奭。」（後上二二、四、又纂二五九、）

「丙辰卜，剛于朋，大甲㠯，于翌丁步。」（粹一九一）

這裡「剛于」「其剛于」語例與「田于某所」「其田于某所」相同，剛也是個動詞，不能訓牛。往我們以為這裡剛義也必為耕。第一辭來是地名，「剛于來」即于來耕種。第二辭蓋謂天晴了，往耕于某地。第三辭伊奭，學者或以為就伊尹，而剛是牲。（註八）這實沒有根據的。我們以為伊奭仍當是地名。「剛于伊奭」意謂耕于伊奭。據郭沫若之綴合，與此同版者尚有二辭。「壬申貞：桒年于⺄。」「壬申貞：桒年于夒。」這與第三辭是同日所卜，也就是同時的卜辭。這兩條卜辭所刻的部位在第三辭之上。按甲骨刻辭的通例，刻辭大多是由下而上。下者在前，上者在後。由此以推，可知這三條卜辭必卜「剛于伊奭」在前，卜桒年于⺄及夒在後。我們將這三條卜辭聯繫起來看，可知這必因將往耕于伊奭，而後才桒年于⺄及夒。由此推溯，也可知剛義必為耕。第四辭「剛于朋」當即耕于朋。「太甲㠯」不知何意。這可能有兩種情形：一朋為太甲陵墓所有地，一朋是太甲的居地。郡國志濟南國注引皇覽云：「太甲有冢在歷山上。」是太甲陵在濟南。不過這實不可信。殷時殷的勢力決未能達到濟南。又郡國志魏郡鄴縣注引帝王世紀云：「縣西南有

御覽一五五引。帝王世紀引「葬太甲徙13上司馬」。

上司馬，殷太甲常居焉。」鄭洪安陽嶽適，朋可能就是上司馬，是太甲的居地。

卜辭又云：

「乙巳，王剛圣田，」（粹一二二一．）

圣郭沫若釋圣，甚的。說文云，汝潁之間謂致力於地曰圣。圣義自為耕田。剛郭氏初謂犂之異文，讀為則。（註九）嗣又釋則，即剔字。（註十）皆誤。按此字作剛，很明顯的是从刀从网，即是剛字。「剛圣田」三字連文，更足証剛義非為耕田不可。

剛甲文作剛，金文增土作剛（矢人盤）及剛（大中殷）。其所以增土作，當也必剛義為耕，加土表示耕田起土。與利字或加土作，用意相同。說文云：「剛，疆斷也。」剛義為堅疆及斷，當是由耕引申的。字又假為山岡之岡。矢人盤「陵剛析，封于𠭯道。」「陟剛三封，」「陟卅剛登析，」都是假剛為岡，後遂省為岡。

甲文還有剛犂及犂兩個字。我們以為其義也為耕，與犂及剛即是一字。卜辭云：

「王其田犭，犂于𡿨」（後上十五．四．）

「弜犂」（同上）

「门犂牛」（同上）

「王其犂」（寧一、三三八、）

「弜教，又雨」

「其犂，祖辛億，又雨。」

「弜犂」

「其犂，祖辛億，叀牀，又雨。」

「叀羊」

「其⿱臼朿，父甲僼，又雨」

⿱臼朿及⿱臼⿰朿禾皆从⿱臼干及剛作，可知共⿱臼干剛必有相連的關係。這裡⿱臼朿及⿱臼⿰朿禾皆是動詞，這就足以推見其義有為耕的可能。第三辭⿱臼朿牛二字連文，更足見其義必為耕。⿱臼朿牛必就是剛牛，也就是耕牛。這兩個字，我們以為即⿱臼干之異作。⿱臼⿰朿禾只較⿱臼干增一禾字。此意必謂耕田種禾。猶匆加禾為利一樣。⿱臼⿰朿禾字从朿，意也為耕。朿我們以為非朿縛之朿，而是𣀔及刺字的初文。說文曰：「菑地曰𣀔。」莊子胠篋篇云：

「昔者齊國鄰國相望，雞狗之音相聞，罔罟之所布，耒耨之所刺方二千里。」

荀子富國篇云：

「掩地表畝，刺屮殖穀，多糞肥田，是農夫衆庶之事也。」

是𣀔刺義皆為菑地耕田。𣀔刺皆由朿得義甚為明顯，朿義也必為菑地耕田。又卜辭云：

「壬子卜，其朿。」（明七二六。）

「其朿」語例共「其剛」「其田」相同。朿是動詞，由此也可推知朿義當為耕。又上舉第五至第十一辭係屬同一版的卜辭。又都是卜有雨無雨的，必是同一次的卜辭。此處𣀔字共⿱臼⿰朿禾用法一樣，其字義當也相同，這也足以証𣀔義當為耕。𣀔从朿从又，象以手持朿，顯是朿字的繁文，可知朿義必為耕。

⿱臼朿及⿱臼⿰朿禾我們以為即⿱臼干及剛字的異文。⿱臼⿰朿禾字从⿱臼干从禾，換句話說只較⿱臼干增一禾字。這當是表示耕田種禾之意。⿱臼朿字从朿，當表示耕田刺地。

還有一個字可能共⿱臼干也有關，此即犅字。說文云：

「犅，牛鄰下骨也。从牛𡆵聲。春秋傳宋司馬犅字牛。」

司馬犅當即是哀公十四年左傳所述的司馬牛。宋司馬桓魋之亂，桓魋之弟牛逃奔於外。許氏所指，當即此人。惟左傳只謂司馬牛，未說他名犂。許氏謂司馬牛名犂字牛，必有所本。孔子弟子有司馬耕字牛。孔安國、鄭玄皆謂宋人，桓魋之弟。是司馬犂就是孔子弟子司馬耕。司馬耕孔安國謂名犂。（註十一）論語釋文又謂「馬犂史記作犂，並云字牛，」然則司馬耕史記仲尼弟子列傳原也作司馬犂，今本史記作司馬耕，乃陸德明以後的人所改。司馬牛說文謂名犂，孔安國謂名犂，古本史記謂名犂，今本史記謂名耕，可知犂必與犂、犂、耕同義。換句話說，犂義必為犂及耕。又司馬犂字牛，照古人名字相應的習慣看，犂義也應為牛耕。

犂與犂聲音相同，義又相同。不僅這樣，从巠和从岡作的字義也往往相近，例如經與綱義近，剄與剛斷之義相近，勁與剛強之義相近，陘為山領，岡為山脊，義更相同。由這種情形看，似不能說二者沒有相當的關係。這裡唯一的問題只是這兩個字的字形略有不同。我們疑心犂可能是犂字的省變。如這種推測不誤，也是為犂義為耕之一証。

總之，我們以為甲文犂義實為牛耕。犂義為牛耕，豈不更足以證明殷虛時代必已用犂耕和牛耕。

註一　段本云，犅特也。

註二　參看徐中舒古代狩獵圖考

註三　同上

註四　此字羅振玉釋敹。按此字象垂綸之狀，宜釋魡。墨子魯問篇云：「魡者之恭，非為魚賜也。」魡古實作魡。

註五　說文古文考

註六　李旦丘殷契摭佚八八片考釋

註七　郭沫若卜辭通纂六〇六片考釋

註八　郭沫若卜辭通纂二五九片考釋

註九　殷契粹編考釋

註十　見奴隸制時代

註十一　論語何晏集解引

四、釋敉孳蔑

甲文有敉字。此字學者釋孳及蔑。此字釋孳蔑，自然不確，但我這個字的始義我們以為乃是種麥，也就是耕田。

在卜辭中，此字每與叙連用。如：

「叙敉」（後上五、十二、）

「貞其叙敉」（後上八、五、）

「叙敉」（甲二六九五）

這種卜辭辭意為何，不得其解。王國維釋為取釐，董作賓並謂取釐意為進福。這顯是錯誤的。學者或又釋為叙蔑。從字形上講，釋叙為叙誠較勝，但叙蔑是什麼意思，仍不能知。我們疑心叙敉可能也共耕田有關，在未弄清楚字義完成明瞭以前，也不敢斷定。叙蔑二字辭意為何，我們雖不能瞭解，但敉義為種麥為犂田，我們覺得，必無可疑。按卜辭云：

「貞：叙叙告。」（甲二六七二）

「壬戌卜，𣪊貞：叙叙，呂來。」（甲三九一三）

上面叙敉二字連文，這裡叙𠠲二字連文，這很明顯必敉𠠲二字通用，敉義必與𠠲相同。敉義為耕

·17·

，由此可見。

敉甲文有幾種寫法：

[illegible] 前五、三九、三、 [illegible] 後上五、十二、 [illegible] 後上八、五、

[illegible] 甲二六九五、 [illegible] 後下六、七、 [illegible] 粹一九四。

由字形看，此字基本上有兩種作法。一是从「來从又从攴」，一是从「來从攴」。从來从又即是「麥」字。甲文麥作[illegible]鐵十、八，來作[illegible]前二、十、三，象以手持「來」之形。舊謂下象麥根，實是錯的。此字是从「麥从攴」，及从「來从攴」，應即為敉及敉字。說文謂孷「从攴从厂，厂之性坼，果孰有味亦坼，故未，」實為錯誤。以孷應是敉之譌，孷則為敉之孳乳。麥與來即是一種作物，所以此字實為敉字。

詩周頌思文「貽我來牟」，漢書劉向傳引作「飴我釐麰」。釐麰，麥也。

敉字从來从攴，來是農作物，攴是象手持工具，正表示種來之意。玉篇有[illegible]字，云，「[illegible]，耕也。」[illegible]自是俗字，耒乃後世所加，其字應即為來字。來為麥，何以義又為耕？我們以為來當即是敉之省。這我們後面當再討論。來義為耕，更足證敉義必為耕。又說文云：「孷，引也。」「孷，坼也。」孷孷義為引為坼，自是引申義。由這種引申義反溯，也可推知敉義必為耕。因耕田是或犂而耕，故引中為引。耕田裂土，故引中為坼。說文又有𤚽字，云：「𤚽，劃也，劃也。」這當又由孷演變的。

「敉義為耕，與力、利、黎諸字不僅同義，而且同聲。我們疑心力即襲敉聲。敉是从來作，由來得聲。來古音讀若黎。在我國古代傳說中，「來」是「瑞麥」，是由天上降下來的。由此可知「來」當是我國最早發明的主要的農作物。最初耕田種麥謂之敉，由此以推在語言上，「敉」之出現，時間也應最早。換句話說，應比「力」及「利」為早。因為最初耕田種麥謂之敉，所以往後發明犂耕，遂也就襲用敉聲。敉、力、利、黎乃至世後的犂𤚽等之得聲，實都由我國最早農作

物「來」而來的。

敉及秡字演變，又為斄及釐。說文云：

「斄，彊曲毛也。可以箸起衣。从犛省，來聲。」

不論字形或字義，這於斄字的解釋，實都是錯誤的。斄字無論如何也看不出表示「彊曲毛」的意思。這完全是漢人的想像。漢人以斄為「西南夷」出產的氂牛，氂牛毛長曲而堅韌，因此漢人便以斄為「彊曲毛」而其字是「从犛省」。

我們以為斄實即是敉及秡字。義為耕。莊子應帝王篇云：「虎豹之文來田，猨狙之便，執斄之狗來藉。」山海經南山經郭璞注引此云：「執犂之狗」可知斄與犂必同音同義。換句話說，斄義也必為犂。斄就敉，即犂。其又增「來」作，乃是表聲的。敉本由來得聲，大概年代既久，敉犂原由來得聲，人已不知，故又加「來」以表聲。因此犂斄也就分為二字。

又周之始祖后稷所居之地名斄。這也應是敉。按周人自誇他們的始祖后稷是農業的發明者。（註一）他們又傳說最早種植的「來」就是他們祖先受之於天的「瑞麥」。是「來」當就是周人發明的。按敉正象種「來」。我們將周人的傳說和敉字合起來合，豈不很明地可以看出。后稷之居地所以名斄，必謂其地是種「來」的。而斄就是敉也由此可見。斄又作邰，詩生民「即有邰家室。」段玉裁謂「周人作邰，漢人作斄，」我們所見，卻適與之相反。我們這一考察，文字的字形、字義和地名、傳說，四者皆合若符契。這不能不說是很有趣的事。這也說明古文字在古史研究上有多麼可貴的價值和我國古代的傳說可信的程度有多麼高。

古代這樣以生產為地名者似尚不止斄一地。又如周似也即以農業生產為地名的。周所以國號周，是因太王居周原。周字甲文作㘨或𤰈，正象田中種植作物之形。與囿作𡈼相同。周字初義必即是田。周之所以名周，由此可知。也必因其地是從事農田耕作的緣故。又卜辭中利、黎、犂、齊，等顯然也都以農業生產的方法為地名的。由此可知，殷虛時代必有不少的地方是以其生產的方法為名的。這樣，如果我們將卜辭中的地名一一加以考察，似也可推知當時一部份生產的情況。

說文云：「釐，家福也。以里𠩺聲。」漢書文帝紀：「今吾聞祠官祝釐，皆歸福於朕躬。」如淳云：「釐，福也。」釐義實為福。按彝器銘辭云：

「辛亥，王在廙，降，令曰歸福于我多高口口，錫𠩺，用作毓祖丁障口」（毓祖丁卣）

「易贅無疆」（大克鼎）

「降余多福無𣪍」（叔向父毁）

「用𣂷眉壽無𣪍于其皇祖皇考」（者𤼈鐘）

「吕部（駘）皇祖𤔲嚴口各（格）吕受屯魯多釐，眉壽無疆」（秦公毁）

此處𠩺、贅、𣪍、𣪍、釐，義也皆為福，可見釐、𠩺實是一字。又𣪍、𣪍二字一从𠩺作，一从釐作，也足證𠩺釐即是一字。

釐與敹𠩺既係一字，則釐之始義自也為耕，而其義為福則係引申義。按叔夷鐘云：

「女（汝）肇敏于戎攻，余易（錫）女𢿢都口口，其縣三百。余命女嗣辝𢿢（𢿢邑）」

這裡𢿢都、𢿢邑、𢿢僕，𢿢如訓福，文意皆不可通。我們以為這應即訓耕。按蒼頡篇云：「國之下邑曰郲」又云：「國之下邑曰俚」（註二）郲、俚顯即釐之有變。郲俚應就是釐邑。釐邑就是下邑，然則下邑何以稱為釐邑呢？我們以為這就因為釐義為耕的緣故。所謂釐邑就是耕田之所，也即是孔子所說的「十室之邑」的邑。這是農人聚居從事耕種的地方，所以稱之為釐邑。釐僕則不是農奴，便是奴隸。這於春秋時代社會的研究，應是一值得注意的材料。我們以為釐就是救及數字。以後加里，也是表聲的，與𠩺加來相同。說文謂从里𠩺聲，實未懂得此字發展變化之故。

金文或从貝或子作，乃表示對福釐的願望和希求。从貝，蓋希望得財，从子，則希望得子。這又暗示了西周時代對於財產及家庭觀念的一部份。總之，釐本義實為耕，引申而為福。其利義為耕引申為利益一樣。釐又譌變為鄙及俚。我們以為所謂「下里巴人」之歌及「俚語」即起源於此。釐義為耕，農民居住的地方稱之為釐邑。所謂「下里」之歌當是農民所唱的歌，俚語即農民所說的話。因為統治階級輕視農民，覺得農民所唱的歌和所說的話不「雅」，於是一切不「雅馴」的歌曲、言語等等便都稱之為「俚歌」、「俚語」，目之為「鄙俚」「俚俗」，這猶之後世城市裡的地主輕視農民，稱農民為「鄉下佬」一樣。

賚釐二字，我們看，也是由釐省變而來的。說文云：「賚，賜也。」按釐義也為賜。詩既醉「其僕維何，釐爾士女，」傳云：「釐，予也。」詩江漢「釐爾圭瓚，秬鬯一卣，」傳云：「釐，賜也。」可知釐義也為賜予。又書文侯之命「賚爾秬鬯」與「釐爾圭瓚秬鬯一卣」語意完全一樣，更可知釐賚字義不異。我們以為賚乃由金文獻直接省變的。按彝器銘辭有云：

「王蔑敔曆，吏（使）尹氏受（授）獻」（敔毁）

此器銘辭是述淮夷入侵，王命敔禦之於上洛。敔禦淮夷獲勝。王以敔有功，故使尹氏賞賜敔。此處「受」意必為授，獻義必為賞賜。賚很明顯，必即獻省去攵。釐獻賚義為賞賜，蓋又由其義為福引申的。

說文云：「理，治玉也。从玉里聲。」理何由而得治玉之義？這從字形上實難解釋得通。理很明顯是個形聲字，里於此也很明白是表聲的。如果理之本義是治玉，也就是說，如果特創造理字，以表示治玉，則這就不通。因為治玉是一種動作，必定是用會意的方法來表示，而不是用假聲的方法來表示。而且如果理是假里聲的，則理字的發生應在里字之後，換句話說，也就是我國用玉為時很晚，這與歷史事實也不相合。所以理字必不是原始字而是由其他的字演變來的，其字

· 21 ·

義也必是引申義。

我們疑心理即釐之省變。按釐既可省變為郢及俚，自然也可省變為理。郢、俚、理，省變的方向是相同的。又理義為治，釐義也為治理。書堯典「允釐百工」，偽孔傳云：「釐、治」又「釐下土方」，釋文引馬融云：「釐，賜也、理也。」詩臣工「王釐爾成，來咨來茹，」鄭箋云：「釐，理也。」理與釐義相同，更可證理當為釐之省變。

詩緜云：

「迺慰迺止，迺左迺右，迺疆迺理，迺宣迺畝，自西徂東，周爰執事。」

此處理字鄭箋謂是「疆理其經界。」若如鄭說，則理義當為治。但我們讀這章詩，總感覺這種解釋不甚妥貼。不論句法或文法，都不易通。此處慰、止、左、右、疆、理、宣、畝八字，都是動詞，而且都是相對的。如果謂「迺疆迺理」是治理疆界，疆、理二字文意便不相對。而此句在這幾句詩之中文氣語法不能相合。而且如說「迺疆迺理」是治理疆界，其本身文法也不通。因為這裡「疆」是動詞，意當就是治理疆界，何需再加理字呢？這豈不是畫蛇添足。因此我們覺得這句詩釋為治理疆界，是難通的。但如謂「迺疆迺理」意不是治理疆界，訓理為治，依然不通。因為此處慰、止、左、右、疆、宣、畝、等字皆是不接物動詞，其本字就表達了一件具體的事。而「理」則為接物動詞，它必須有賓詞。如理義為治理，則所理者何事？文意依然不清楚。總之，我們覺得，於此「理」不論釋為治理疆界，或單訓治，皆有所未安。

我們以為理乃釐之省變，其義為耕。緜之詩是歌太王遷居岐下的。這一章是述他定居周原，墾闢土地。「迺疆迺理，迺宣迺畝，」即述其耕墾土地的情況。「迺疆迺理」意即為耕墾土地。

又詩信南山：

「信彼南山，維禹甸之。畇畇原隰，曾孫田之。我疆我理，東南其畝。」

由此更可知疆理實耕治土地而不是治理疆界。

（傳云：「疆，畫經界也。理，分地理也」。箋云：「分地理者，分別地所宜之理者皆」。疏云：「高田宜黍稷，下田宜稻麥也」。）

由上所述，敎字的演變實是這樣：由甲文的敎敎，演變而為孳𠭊。由孳又演變為𠭊、𠭊、𦔮、為釐、𣪊。由釐𣪊又有變為理賚。其字的引申則由種麥耕田，引申為坼、為引、為劃、為福、為治、為賜。由此我們可看到一件事實，即：我國文字的孳乳主要的是由於文字筆畫的增省。因為在發展中，文字的筆畫或增或省，字形因之稍有不同，於是一個字便變為幾個字。而字義的引申抽象的字義多由具體的勞動引申的。這也可以說明勞動對於文字，關係何等重要。我們掌握這樣的原則，我們覺得，中國文字的發展變化完全可以推見。

註一 詩生民歌頌后稷藝植百穀。又逸周書商誓解云：「王曰：昔在后稷，惟上帝之言，克播百穀，登禹之績。凡在天下之庶民，罔不維后稷之元穀用蒸享。在商先誓王，明祀上帝，□□□□，亦維我后稷之元穀用告和，用胥飲食。」周人謂農民所種植及祭祀所用的都是后稷之元穀，可見他們實自誇后稷是農業的發明者。后稷發明農業自不可信，但麥為周人所種植則必無可疑。

註二 一切經音義引，此據孫星衍輯，岱南閣叢書本。

第二篇 殷虛時代的鉄製農器

一 釋鉄

殷虛時代已無疑的是用犂耕和牛耕馬耕了。犂耕和畜耕，則必是鉄耕。因為犂耕畜耕是鉄器時代才發明的，反過來，殷虛時代既用犂耕和牛耕，則當然便已是鉄器時代了。我們從情理推測，也可知其時必已用鉄。因為任何銅或青銅都没有這樣堅牢，足以經得起用牛馬拖曳着耕田起土。

甲文有⿱戠牛字。

「其⿱戠牛兹用」（前一、二一、四、）

「⿱戠牛用 其⿱戠牛」（後上、二五、四、）

此字舊釋犆，即犆及特。

「說文解字無此字。卜辭中又有戠戠二文，此从戠共戠，殆一字。故知此字从牛戠。考說文解字埴注黏土也，从土埴聲。禹貢厥土赤埴墳，釋文鄭作戠。是古戠與直通。禮記大夫以犆牛，周禮小胥釋文特本作犆。由此推之，知犆即犆，即特矣。然由卜辭觀之，犆當為牛色。」（增訂殷虛書契考釋）

犆即是犆，也即是特，誠是。按玉篇云：「特壯牛」「犆，同上。」即謂犆特為一字。又禮記雜記「上大夫之虞也少牢。……下大夫之虞也犆牲。」少儀「褻僕事，不犆弔。」也都以犆為特。舜典「歸格于藝祖，用特。」楚語「天子舉以太牢，祀以會。諸侯舉以特牛，祀以太牢。大夫舉以特牲，祀以少牢。」這裡的特牛特牲，應也即是卜辭之⿱戠牛。鄭玄、韋昭、以及偽孔傳訓特為一，實都是錯誤的。

然則犆即特是什麽牛？羅振玉謂犆為牛色，當然是錯誤的。說文云：「特，特牛也。」徐鉉本云：「朴特，牛父也。」玉篇云：「特壯牛也。」是特確義為何，仍不得而知。按說文云：「犅，特也。」是特即是犅。我們以為犅就是耕牛，則特也應就是耕牛。玉篇又有⿰牛菐字，云：「特也。」⿰牛菐就是犕，⿰牛菐犕一聲。山海經大荒東經云：

「有困民國，……有人曰王亥，兩手操鳥，方食其頭。王亥託于有易，河伯僕牛。有易殺王亥，取僕牛。」

此處之僕牛顯即是⿰牛菐牛。而僕牛即是犕牛、服牛，也即是天問之朴牛，學者早已言之。是特也即是服牛。由此看來，卜辭中的葡牛、剛牛，犅以及勿牛實即是一種牛。特就是犅，就是勿牛，就是葡牛，更可知必是耕牛。

⿰牛戠在卜辭中，也和勿牛二字一樣，可以合，也可以分。卜辭云：

「乙巳卜（缺）王賓祖乙，可牛（缺）尤」（庫方一二〇一）

「可牛用」（寧二、一四四、）

此處可牛顯為二字。可牛為⿰牛戠字，則可必就是戠字。⿰牛戠乃戠牛二字的合文了。戠字說文義闕。玉篇謂「戠欽也」。禹貢徐州「厥土赤埴墳」，釋文謂埴鄭作戠。說文、偽孔傳、徐廣、玉篇皆謂埴為黏土，而鄭玄謂「戠，赤皃。」玉篇有⿰土戠及⿱戠土字，當即禹貢之戠，云：「⿰土戠，赤土也。」埴戠二字，諸家訓釋顯然不同。若依我們的的考察，則諸家之說皆屬錯誤。⿰牛戠義為耕牛，⿰牛戠是戠牛二字的合文，則戠義必為耕。按汗簡云，戠，古植字。戠即是植，更可証戠義必為耕種無疑。禹貢徐州「厥土赤埴」，蓋謂徐州的土壤是赤色可耕之土。又禹貢梁州「厥土青黎」，舊訓黎為黑，我們以為黎義也為耕。「厥土青黎」乃謂梁州的土壤是青色可耕之土。這與「厥土赤埴」，正可互相發明。

我們以為⿰牛戠植特等字也都由戠演變的。這很容易看出：⿰牛戠又作植作特。戠又作可作⿰土戠及埴。

樴植持情形與之一樣，三字當也是同樣的變化的。茲列表於下：

樴	犆	特
戠（樴）	埴	
樴	植	持

由這種字形的變化看，樴植持義也應相同。而戠義為種植更由此可見。

說文云：

「樴，弋也。从木戠聲。」

樴與弋鄭玄謂是繫牛的木橛，或又以為是繫船的木樁。這實都是錯誤的。這都是假借的用法，而不是本義。（詳後）從字形看，很顯然弋就是可字所从作之干。這明是象一個加橫柄的農器的形狀。當是鋤一類的農器。說文云：

「弋，橜也。象折木衺銳箸形。厂，象物挂之也。」

箸即是鍺，即是鋤。弋象箸形，可知弋必就是鋤。弋為鋤，字形字義皆甚明白。說文又謂，「厂象物挂之，」實屬臆說。這顯因爾雅釋宮謂「樴謂之杙，在牆者謂之楎」而附會的。

說文云：「持，槌也。」玉篇云：「持，槌橫木也。關西謂之持。」「樢，古文。」玉篇又云：「槌植也」。段玉裁也謂持即方言之植。是持植即是一物，字義也應相同。玉篇謂槌是「蠶槌」。所謂「蠶槌」，就是攀折桑葉的鉤子。月令云：「具曲植籧筐」植也就是採桑的鉤子。但我們以為以槌、植、持為「蠶槌」實皆係假借，其本義必非如此。按植義又為種植，而後世稱鋤地亦稱「棏」田，「棏」就是持。說文謂持「特省聲」，玉篇謂持亦作棏，可知持實為「得」聲。持應即是棏田之棏。植持本義應皆為種植。其作農器，則為干。弋古實也是得聲。這由忒、代的讀聲便可推見。植持為蠶槌，蓋因採桑的鉤子形與干相似而假用的。

織是𡳿，植持也是𡳿。織植持三者即是一物。可知三字也必同義。𢦏義為種植，更由此可必・織植持。我們以為原義為種植，其義為𡳿，乃因𡳿即為種植之工具，而字音又相同，而致譌誤的。

由上所述，𢦏義為耕種當無可疑，而織也可知非為耕牛不可。

現在我們再考察一下卜辭𢦏字的用法。

「壬戌卜，行貞：王賓𢦏亡𡆥」（庫方一二四五、）

「癸卯卜，行貞：王賓𢦏亡𡆥」（戩二十、八、）

「乙卯卜，行貞：王賓𢦏亡𡆥」（零六三）

「戊口卜，旅貞：王賓𢦏亡𡆥」（戩二十、六、）

「丁巳卜，旅貞：王賓𢦏亡𡆥」（寧三、一九五、）

「戊申卜，尹貞：王賓𢦏亡𡆥」（戩二十、十一、）

「丙辰卜，大貞：王賓𢦏亡（缺）」（棃六七九）

「戊辰卜，即貞：王賓𢦏亡𡆥」（戩二十、九、）

「乙亥卜，宁貞：王賓𢦏亡尤」（甲二八八一、）

這裡𢦏學者多謂是祭祀。王襄又謂不是祭祀而是朝會燕享之禮，他說：「按卜辭之例，凡祭祖先，前言王賓，後均記無㪤，間記祭名。又卜辭習見王賓𢦏亡卟之文。此王賓雖非祭祀，當為朝會燕享之禮，即王所賓敬者。」（簠室徵文考釋）此處𢦏非祭祀，我們亦以為然。但王氏謂是朝會燕享之禮，也屬不確。這顯是誤解了王賓為王之賓客。我們以為𢦏在此意乃為禳祓，此辭最可注意者為辭中無所祭祀的祖先，辭末用「亡𡆥」。卜辭辭末往往用「亡𢦔」「亡𡿧」「亡尤」「亡𡆥」等辭。這種語辭皆有一定的用法，必有不同的含意。凡辭末用「亡囚」者皆非對祖先的祭祀。此辭末皆用「亡囚」，極少用「亡尤」者，可知可必不是祭祀。這與禳祓有關，我們想留待後面再討論。

「弜又可，辛酉貞：大乙可，一牢，二牢，三牢」（甲七四七、）

「戊申卜，尹貞：王賓大戊可，亡囚，在七月。」（庫方一〇三一）

「戊辰卜，旅貞：王賓大戊可，亡囚」（粹二一一、）

「戊寅卜，𠬝貞：王賓大戊可，亡囚」（粹二一三）

「戊午卜，賓貞：王賓大戊可，亡尤。」（粹二一四、）

「辛酉（缺）貞：王（缺）祖辛可，亡（缺）」（庫方一八六〇）

「（缺）辰卜，王（缺）翌辛巳又可于祖辛，物一，其祉上甲，亡巛」（粹二五二）

這皆有祖先，可似可當為祭祀。但這種卜辭辭末仍用「亡囚」，我們疑心這仍是禳祓。

「乙亥卜，㞢貞：生七月，王勿𡆥，入可。」（前四、六、三、）

「丁丑卜，王貞：余勿𡆥，占，余可三月。」（前八、十四、二、）

「貞勿𡆥，歸可」（藏二三、三、）

「貞勿𡆥入可。」（珠二一、）

這幾條卜辭辭意頗不易瞭解。𡆥是何字，其義為何，便不易知。此字王襄釋釋卒，商承祚列之待問編，孫海波甲骨文編又以為與衣一字。我們覺得此字義確與衣相同，與衣為一字。

我們試先說一下衣字，衣甲文作𠆢，在卜辭中，衣為祭名。又是地名。此外，還有一種用法、即用之於田獵的卜辭。卜辭云：

「戊申卜，在𣏌，貞：王田衣逐亡（缺）」（前二、十一、六、）

「壬寅卜，在𤛌，貞：王田衣逐亡巛」（同上）

「（缺）卜，在璠貞：王田衣逐（缺）」（粹五九一、）
「辛酉卜，在辜，貞：王田衣逐亡巛」（前二、十五、一、）
「戊午卜，在𠂤，貞：王田衣逐亡巛」（同上）

此處「衣」郭沫若也說是地名。（註一）但我們覺得這似不甚妥。田獵的卜辭記載地名，絕大多數只記載一處，即其田獵之所，極難看到王在一地而田獵又在一地的。這些卜辭都記載王在某處，這些地方當即他田獵的處所。决不能說王在一地，而他又往「衣」去田獵。這與卜辭的體例似不相合。而且商王既於「衣」田獵，何不就住在「衣」，而必另住在一個地方，從那裡再往「衣」田獵呢？這於情理似也說不通。我們以為「衣」在此必不是地名，它與逐連文，當是個動詞。卜辭有云：

「貞：不其衣。」（藏十二、二、）
「貞：不其衣，十月。」（庫方四九九、）
「乙口卜，㱿貞：王其衣，入亡巛。」（甲三九一四、）

這裡「衣」也皆是動詞。可證「衣」實可作動詞用。從辭看，「衣」於此也不是祭名，它與逐連文，我們以為必與捕逐禽獸有關。

現在我們再看卒字。此字字形與卒實相似。所不同者，只卒字中間筆畫較衣為多，但這些筆畫實是可省的。此字又作卒，這上半省去兩畫，或又作卒，是下半又省去兩畫。由此可知其中間的筆畫增省是無多大關係的。若全省去，即為衣字。此字在我們上舉的卜辭中，皆是動詞，而辭云：「勿卒入戎」「勿卒歸戎」。由辭意推測，此時必不在殷京，而在其「卒」之所在地。此字字義既非戰爭，又非耕作，解為祭祀又不可通，則似亦非田獵不可。這與衣字有捕逐禽獸之義也相符合。卒與衣形近義近當有即係一字之可能。按卜辭云：

·29·

「貞：王勿衮入」（徵田六四）

「貞：羽（缺）辰王衮入」（前六、三三、七、）

這與前舉「王其衣入亡災」句法完全一樣，更足見衮與衣必係一字。

衮字之作，有下列各種形狀：

衮藏二三、三、　衮前四、三、五、　衮前四、十、二、　（衮前五、十一、二、

衮前五、十一、三、

從字形看，此字之下半很顯然與网字相似，我們以為當係同類之物，亦即捕獸的網羅。上半之∧或仌，我們疑心係象驅獸入網之意。此字意蓋為張網捕獸，我們以為即是圍。「衣逐」意乃為圍逐。衣字的本義應為以網圍獸。因為以網圍獸與以布帛包裹身體意略近，故假為衣服之衣。

今包圍字作圍，從此字推考，也可推知衣始義為圍。說文云：「圍从囗韋聲。」圍當由韋得義。按衣韋二字古音相同，字可相通。如殷中庸作衣，呂氏春秋作鄣。韋字的字義說文云：「相背也」，這是以韋義為違背，這當是引申義。其始義恐不是如此。我們以為韋就是包圍的本字。韋甲文作韋，其字上下為足，中間之口與邑字所从作之口相同，當係城堡。此字蓋象環城堡而走之形。環城而走，非包圍而何。又韋義為獸皮，這與衣字引申為衣裳也相同。由此推溯，也可知韋初義當為包圍。圍獸謂之衣，圍城謂之韋，二字音既相同，義又相近，因此可以相通。殷稱衣又稱鄣，原因即在於此。以後衣字專用為衣裳之衣，遂以韋為包圍之韋，再後加囗為圍。又語有「依違」一辭，我們以為也即源於此。所謂「依違」，意為兩可。依違就是衣韋，這就因衣韋二字音義皆同，差別極微。二字可以通用。在用此二字的時候，可用衣，也可用韋，因此兩可之意，便以衣韋為喻。以後便成為成語，往後演變，又謂同意為依為韙，謂不同意為違，韙違皆由韋演變的。由這種考察，衣韋二字的發展變化甚為明白。其始義為包圍，由此可必。

衣字王襄釋卒。此字過釋卒自屬不妥。但我們以為卒與衣應即一字。小徐本說文云：「卒，隸人給事者衣為卒。卒衣有題識者。」若據小徐本，則已明言卒就是衣。從字形講，篆文衣作𧘝，卒作𧘝，相差極微。按卒之初義實也為捕捉。爾雅釋詁云：「卒、泯、忽、滅、罄、空、畢、殲、拔、殄、盡也。」卒與殲滅空畢同義，可知其義初非為終盡而為完全殲滅。其為終止，係由殲滅引申的。衣為圍捕，卒為殲滅，二字義實相同。這與畢為網獸又為殲滅完全一樣。卒孳乳為捽，說文云：「捽持頭髮也。」按呂氏春秋忠廉篇「（王子慶忌）乃與要離俱涉於江，中江拔劍以刺王子慶忌，王子慶忌捽之投之於江。」又漢書金日磾傳「日磾捽胡投，何羅殿下。」捽義實就是捉，不必一定是「持頭髮」。捽很明顯就是卒字，所以卒義實應為捉。卒義為捉必是由「衣」為圍捕禽獸引申的，而不是由隸人給事者引申的。由此也可知卒必即是衣。

我們既知衣為衣，義為圍獵禽獸，則我們上列的幾條卜辭便可以解釋。其曰「王勿衣」「余勿衣」「勿衣」意蓋謂勿圍獵。可與衣為對文，似應為耕種。「勿衣歸可」「勿衣入可」蓋謂不圍獵而回去耕種。

漢書公孫弘傳：「氣同則從，聲比則應」。師古曰：比，和也。

「弜可」（寧三、二三八、）

「丁巳（缺）𠭰廿（缺）六匁（缺）」（甲八七二、）

「弜又可丝用」（坊一、八一、）

「其牢又可」（中邨氏十、）

這裡可及又可皆是所用之牲。第一辭「弜可」語例與「弜匁」相同，可當為所用之牲。第二辭𠭰下有「廿」之數字，下又有六匁，也可知必是用牲。第三第四辭之又可更可明言是用牲了。可為用牲當為𣪘牛之省文。

「庚辰，貞：日又戠，非旧，隹若」。「甲辰貞，日戠」

「辛巳貞：日又戠，其告于父丁。」（後上二九、六、）

「貞：曰又可，其告于𠂇」（師友二、一九八、）

「庚辰貞：𢀛又𢦏其告于父丁用牛九，木禁」（粹五五）

「乙巳貞：酻，其古小乙，兹用。曰又可，夕告于上甲，九牛。」（甲七五五、）

「口戌卜，又可，其古口王受右。」（佚二五三、）

上面所舉的卜辭，「又可」是所用之牲。以此例之，則這裡的又可，意必為耕種。這必是天子將往耕種，告于祖先。

「丙申貞：王可」（庫方一八四○、）

「壬子貞：王可」（庫方一三八七、）

「丙（缺）貞：王其可」（庫方一五九○、）

此處可皆是動詞，語例與「王田」「王其田」相同。意也應為耕種。

「（缺）乞貞：乎（呼）行𡿧可𡴀亡」（前四、十一、一、）

這裡行是人名，𡴀是地名。𡿧學者釋从，或釋比，皆屬錯誤。我們以為這實是偕字的初文，象二人相偕。釋从釋比卜辭意皆不可通。釋偕則無往而不暢然無礙。此辭蓋謂呼行往可于𡴀，可義也當是耕種。

「（缺）可于（缺）入自（缺）㘝（缺）冓（缺）」（前六、五八、七、）

「（缺）可于（缺）令𡚬」（契十七、）

此云「可于」語例與「田于」某地相同，可是動詞，義也必為耕種。第一辭云「入自」可知此時必不在殷京。由此更可推見可意必為耕種。此辭當為耕於某地，將回殷京而卜遘雨與否。

「癸未卜，弜可田，其又歲于中己，兹用。」（甲三六三一、）

「辛酉卜，貞：弜𤔲，可禾。」（後下廿、十三、）

「在口卜，王往…可于…」（今五…續四、三、）

此言可田可禾，可更非為耕田、種禾不可。

「貞：令⿴行牛可」（前六、二三、七、）

⿴行牛商承祚釋牧。果爾，則可於此當為牛，即可牛之省文。但我們以為這似不是牧字。牧字甲文作𤘘或𢿯，象手執鞭以驅牛羊之形。又或加止作𢿯，表示行牧。但無論如何，必皆从攴。因只有从攴，乃能表示驅牧。今⿴行牛只从行作，而不从攴，只能表示牛行走而不能象驅牧。因此，我們疑心此仍是牛字，而不是牧字。如此說不誤，則本辭「令⿴行牛可」當謂令用牛耕。

可我們以為也就是𢦏字，亦即是鐵字的初文。說文鐵又作銕。可知𢦏當也就是鐵。

說文云：

「𢦏，利也。一曰剔也。从戈呈聲。」

𢦏義為何，學者甚少闡述。我們以為𢦏義也為耕種。𢦏義為利，利我們前面說過就是犂。剔，我們以為義也為耕。說文無剔字。段玉裁謂「剔當作鬄」。他說：

「司馬遷傳鬄毛髮，嬰金鐵受辱。師古，鬄音吐計反。文選作剔毛髮。韓非曰，嬰兒不剔首則腹痛，莊子：馬蹄燒之剔之。剔皆鬄之省也。」（說文鬄字注）

又說：

「或問大雅皇矣攘之剔之何謂也。曰：釋文云，字或作鬄。詩本作鬄，譌之則為鬄，俗之則為剔，非古有剔字也。又周頌狄彼東南，釋文法，狄韓詩作鬄，除也。鬄亦鬄之譌。」

如段氏之說，古只有鬄字，剔乃鬄字之俗，鬄義為剃髮，則𢦏義也當為剃髮了。

段氏此說實是錯誤的。他對剔字字形的變化未加深考，同時他所說的剔字字義的引申也不符合於中國文字字義引申的法則。我國文字的引申有其一定的軌道，引申義是將本義推衍一步。引申義與本義之間，其變化是很自然合理的。如我們上面所說的，利由犂田引申為銳利和利益。犛由耕田引申為引為坼為福，都是顯例。按剔字的字義有幾種。詩皇矣「攘之剔之，其檿其柘。

」是剔有伐除樹木，墾闢草萊之義。墨子明鬼篇「昔殷王紂……楚毒無罪，刳剔孕婦。」是剔有剖割之義。詩抑「用戒戎作，用逷蠻方。」鄭箋云：「逷當作剔，治也。」是剔又有征討攻伐之義。如依段氏之說，剔為鬄之俗，則剔之本義當為剃髮，試問剃髮能不能引申為刊伐樹木，闢除草萊，以及剖殺攻伐？這顯然不可能的。又凡字義引申，必原始義在前，引申義在後，如剔字的始義為剃髮，引申為刊伐樹木，墾除草萊，則剃頭刀的發明應在斧鑿及其他的農器之前了，這顯也不合乎歷史事實。

段氏所以有這種錯誤，很容易看出，主要的是因為說文無剔字而只有鬄字，韓非子及漢書又以剔為剃髮故遂以為鬄剔皆是鬄字之省俗。殊不知這於理不通。

我們的看法與段氏不同。我們以為剔字即是易字。說文也無易字。現在說文的易字乃是蜥蜴，而不是難易之易。但典籍中易字却所見極多，說文本身也有傷敭等从易作的字。易字有容易、平易、輕易、更易、交易等義。但這都是引申義，何者是其本義，似不易知道。我們以為易字的初義也為耕地。

詩甫田「禾易長畝，終善且有。」

孟子「省刑罰，薄稅斂，深耕易耨。」

荀子富國篇「裕民則民富，民富則田肥以易。」

詩傳云，「易，治也。」趙岐云，「易耨，芸苗令簡也。」楊倞云，「易，耕墾平易。」這種訓釋自屬不完全正確，但由文意看，易義為耕種或治地，必無疑問。剔字就是易字。詩皇矣「攘之剔之，其檿其柘。」攘即是襄，義為耕，引申為除。這是歌周人開闢岐周的詩。這是說周人刊除樹木，耕墾草萊。剔與攘為對文，其義也必為刊除樹木，耕墾草萊，這與易義為耕地實相同。剔字从易从刀，刀乃是後世增加的。這乃是表示所用的工具其銳利如刀。中國文字中从刀作的字大多是表示這種意思。則為俗字，我們以為實不如段氏所説，由於着彡，而是由於增刀。

又埸字，我們以為也是易字之變，與籍埸與疆總是連文。如詩信南山「疆埸翼翼，黍稷彧彧。」「中田有廬，疆埸有瓜。」但荀子富國篇云：

「觀國之治亂臧否，至於疆易而端見矣。」

疆埸作疆易，可知埸易必係一字。埸必是易之變。

由埸我們也可推知易義必為耕。説文也無埸字。按詩篤公劉云：

「篤公劉，匪居匪康，迺埸迺疆，迺積迺倉，迺裹餱糧。」

詩信南山云：

「疆埸翼翼，黍稷彧彧，曾孫之穡，以為酒食。」

又云：

「中有田廬，疆埸有瓜，是剝是菹，獻之皇祖。」

這裡的疆埸，舊都訓為田畔。但我們仔細推敲詩意，覺得這樣訓釋，實不無可疑。這幾章詩都是寫耕作良好，作物茂盛，或收獲豐稔的。這裡都將疆埸與作物或收獲連寫。我們讀此詩的時候，以疆埸為邊界或田畔，總覺得詩意隔了一層。例如信南山云：「疆埸翼翼，黍稷彧彧。」這是描寫耕作好，黍稷茂盛。如謂疆埸是田畔，我們覺得詩意便不能相接。因為田畔修理得如何整齊，與田中的作物總無直接的關係。而且田畔又不是耕作的主要部分。將田作非主要又與作物無直接關係的部份與作物茂盛合寫，以形容耕作良好，作詩的手法恐怕不至如此不高明。因此，我們認為疆埸似不能解為田畔，這應就是田。這兩句詩是説田耕治得很整齊，所種的黍稷非常茂盛。

又信南山「中田有廬，疆埸有瓜。」鄭玄謂「於畔上種瓜」。這也不正確。田畔上是決不能種瓜的，這稍有農業常識的人都知道。除了南瓜以外，其餘不論什麼瓜，其種植的土地也必須經過鋤翻以後，纔能栽種。決不能種在田畔上便可了事。就是南瓜雖可以不種在田裡，但也不能即種在田界上。因為南瓜也需要壅根。而且無論那種瓜都有很長的藤蔓，這也決不是田界所能容納的。即使古代的田界不像現在的窄狹，也決不能容下多少瓜藤。此處疆場也必不是田畔。只有解作種植作物的田，詩意才可通。這兩句詩也是說田中的作物。「中田有廬」廬與瓜為對文，決不如舊說是廬舍。有人以為是蘆菔，即現在所謂的蘿波，這也是错誤的。按瓜是夏季作物，蘿波是秋冬作物，不是同時生長的，以廬為蘿波，詩意也不可通。廬應是以葫蘆為是，葫蘆是與瓜同時生長的。此詩是說田中有廬又有瓜。「疆場」即是田中，兩句用詞不同，只是行文的變化而已。又按詩崧高「王命召伯徹申伯土田。」又云：「王命召伯徹申伯土疆。」這兩句詩詩意一樣，而疆田互用，更可証疆必就是田。

公劉「迺場迺疆」毛傳謂是「脩其疆場」，鄭玄更解為邰國的疆場。這也是不可通的。按此詩下云：「迺積迺倉，迺裹餱糧。」如「迺場迺疆」為脩理疆界，則文意也不能相屬，至少也隔也一層。「迺積迺倉」是謂倉廩貯積豐富，脩理疆界何能使倉廩蓄積豐富？這顯然是難通的。又此詩乃是公劉遷豳的。公劉遭夏之亂，被迫去邰而徙豳，正是不能保有其疆土，若謂「迺場迺疆」為脩理邰國的疆界，豈不適與事實矛盾？因此，我們以為此處疆場二字也必不能解為脩理疆界·這也必指耕種。這是說公劉勤勞耕種，倉廩豐積，所以當其遷豳的時候，「行者有資，居者有畜。」（夏本紀語）

總之，我們以為疆場本義實為耕田，引申而為田，再引申而為邊界。疆場就是疆易，易義為耕田。

又場字我們以為也是易字的譌變。場字漢唐經師們皆以為是空地。詩豳風七月「九月築場圃·」傳云：「春夏為圃，秋冬為場。」鄭箋云：

「場圃同地，自物生之時，耕治之以種菜茹。至物盡成熟，築堅以為場。

又周禮場人疏云：

「場圃連言，場圃同地耳。春夏為圃，秋冬為場，因圃而為之，故並言之也。」

這都是說場是兩用的。春夏為圃，秋冬為場。此說實是完全錯誤的。我們試稍微思索一下，便可知決無此理。如鄭孔之說，園圃秋冬築堅為場，次年春又鋤鬆以種蔬菜，殊不知蔬菜所需的土質，必須鬆細，土既築堅以後，就不適宜再種蔬菜。而且蔬菜不僅春夏有，秋冬也有，秋冬的蔬菜還不比春夏少。難道古人只春夏吃蔬菜，秋冬便不吃蔬菜嗎？還有，園圃這樣一年一度地築堅，鋤鬆，不但對作物不利，似也太不憚煩了。古代土地空曠，似不需如此罷！何況典籍所述，園圃還有栽種果樹的，難道果木也每年春夏栽植，秋冬伐去不成。由此可知毛傳、鄭箋、孔疏，場圃分譯，以場為空地，實是錯誤的。不過由此也可推知一事，即漢時農家門前必已有這樣一片空場了。

我們以為場也即是田及園圃。說文云：

「場，祭神道也。一曰山田不耕者。一曰治穀田也。」

場為治穀田，可見場就是田。

詩小宛「交交桑扈，率場啄粟。」

詩白駒「皎皎白駒，食我場苗。」

又「皎皎白駒，食我場藿。」

這裡場是種粟種藿藿苗之處，更足証場即是田。又周禮場人云：

「場人掌國之場圃，而樹之果蓏珍異之物，以時斂而藏之。」

墨子天志下云：

「今有人於此，入人之場園，取人之桃李瓜薑者，上得而罰之，衆聞則非之。」

場圃、場圃是種植果蓏、桃李、瓜蔓的，可知場必就是圃圃。

場也□田及圃圃，共場義全同。按場是昜聲，而場昜應讀愓。二字聲音也同。場場二字義同音同，形近，可知必一字之譌。

我們以為昜、剔、場、場等字的演變當是這樣：此字基本上是昜字，義為耕種土地。因為耕田是用銳利的農器，故後世增刀作剔。又因表示耕田，故增土作場。剔場實皆昜之俗字。後昜由耕田引申為剃髮，故又增髟為鬄為鬅。場又譌為場。其字義引申，因耕田裂土，引申為割剝剖殺，再引申為攻伐。又因耕田引申為所耕之田圃。由田圃又引申為疆界。其更昜、平昜、變昜、交昜，也由耕田平土及改變土地的形狀而轉輾引申的。

剔就是昜，義為耕，則戜字的字義便很清楚了。戜義為利為剔，必就是耕。秦風駟驖，說文謂驖馬赤黑色。由我們這樣看，驖實非赤黑色馬而應是耕馬。

戜義為耕，與戠正同。而戜戠又係一聲，二字原即一字，豈不是很可能的。

我們以為戠戜原即一字，即甲文戓字。以後因為在文字發展變化的過程中，筆畫增加不同，遂致字形有異，而成為兩個字。戠是由甲文戓、戓變而為金文之戜（趩尊戜豆閉毁）再變而為戠。其變化的情形，甚為明白。戜則由戓變而為戜及戜。按彝器有戓者鐘鼎毁及戓伯鼎諸器。鐘銘云：

「□三月初吉辛卯，戓者乍□鐘，用匄偁魯□，用妥眉彔，用乍文考宮白亯用是保。」

鼎銘云：

「戓者乍旅鼎，用匄偁魯□，用妥眉彔，用乍文考宮伯寶障彝。」

毁銘云：

「戓者乍宮白寶障彝。」

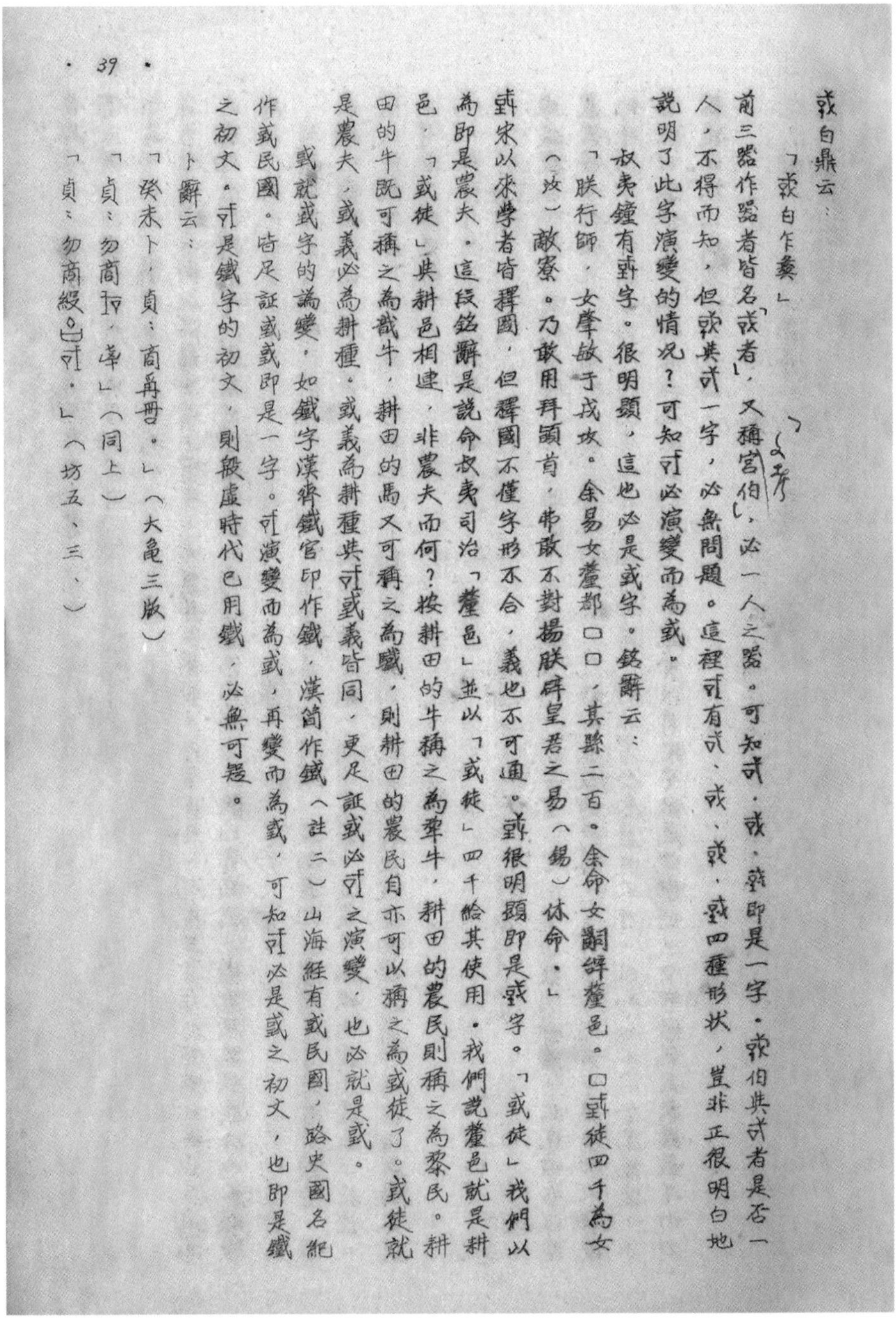

· 39 ·

或白鼎云：

「或白作彝」

商三器作器者皆名「或者」，又稱「宮伯」，必一人之器。可知戜、戎、或、戜即是一字。或伯與戜者是否一人，不得而知，但或與戜一字，必無問題。這裡戈有戜、戎、或、戜四種形狀，豈非正很明白地說明了此字演變的情況？可知戈必演變而為或。

叔夷鐘有戜字。很明顯，這也必是或字。銘辭云：

「朕行師，女肇敏于戎攻。余易女釐都□□，其縣二百。余命女嗣辝釐邑。□戜徒四千為女（汝）敵寮。乃敢用拜稽首，弗敢不對揚朕辟皇君之易（錫）休命。」

戜宋以來學者皆釋國，但釋國不僅字形不合，義也不可通。戜很明顯即是或字。「或徒」我們以為即是農夫。這段銘辭是說命叔夷司治「釐邑」並以「或徒」四千給其使用。我們說釐邑就是耕邑，「或徒」與耕邑相連，非農夫而何？按耕田的牛稱之為犂牛，耕田的農民則稱之為黎民。耕田的牛既可稱之為戠牛，耕田的馬又可稱之為驖，則耕田的農民自亦可以稱之為或徒了。或徒就是農夫，或義必為耕種。或義為耕種與戈或義皆同，更足証或必戈之演變，也必就是或。

或就或字的論變，如鐵字漢齊鐵官印作鐵，漢簡作鐵（註二）山海經有或民國，路史國名紀作或民國。皆足証或或即是一字。戈演變而為或，再變而為或，可知戈必是或之初文，也即是鐵之初文。戈是鐵字的初文，則殷虛時代已用鐵，必無可疑。

卜辭云：

「癸未卜，貞：商再冊。」（大龜三版）

「貞：勿商戈，辛」（同上）

「貞：勿商般戈。」（坊五、三、）

· 40 ·

商即賞字。殷周之時，賞皆作商或賞。商即是賞，則所賞者必是實物。此云「勿商[▽工]」[▽工]當是所賞之物，然則[▽工]是什麼呢？此處[▽工]似必不是牛。按一二兩辭是對貞的。第一辭卜問賞「爯冊」。「爯冊」是卜辭常見的。冊我們以為就是旝，是兵器，也是指揮軍隊的旌旗。（詳後）第一辭卜賞爯冊，第二辭似不能卜賞不賞牛。尤其第三辭[▽工]更不像是牛。[▽工]既不是牛，則應就是鐵。因為只有[▽工]義為鐵，字義辭意才可通。如我們這種考察不誤，殷已賞賜鐵，則更足証殷虛必已是鐵器時代了。

[▽工]字本義是耕種，其字从工从▽，從字形看，很明顯，這必是兩種農器。工是有横柄的，當是鋤一類的農器。▽，刃向下，是直刺的，當是鍬一類的農器。這蓋用鋤鍬兩種農器表示耕種。[▽工]又是鐵，鐵所以名鐵，可知也必和鏃一樣，是因用這種金屬製造這兩種農器的緣故。反過來說，工和▽必是鐵製的。

按栔甲文有下列各種形狀：

[▽工] 後下、二十、十三、 [▽工] 前四、十一、二、 [▽工] 前六、二三、七、 [Y工] 戩二十、九、

由這種字形看，我們覺得，也可推知Y必是鐵製的。這裡▽、Y、Y，很明白的，正說明了這種農器發展的情况。▽顯然是像一鑿形的工具。可能即象最的石鑿。▽、Y，則由▽進步而有尖銳的鋒鍔了。由鑿形的工具發展而有尖銳的鋒鍔，則非常金屬製造不可，因為如不用金屬製造，不可能由鑿形的工具發展成為尖銳的鋒鍔。由此可以肯定▽必是鐵製的。▽可能就是我國最早由石器進步為用鐵製造的農器。

註一　卜辭通纂第六六一片考釋

註二　漢晋西陲木簡彙編十八頁第十簡

二、釋鋄鋞

可是𢦏及鐵之初文。由文字講，丫應就是𢦏字所从作之呈。𡈼與丫是兩種農器，則「呈」義也應為農器。這是理所必至的。說文云：

「呈，平也。从口壬聲。」

若依我們的說法，這應是錯的。呈義為平，應只是引申義，而不是本義。按莊子徐無鬼云：

「郢人堊慢其鼻端若蠅翼，使匠石斲之。匠石運斤成風，聽而斲之，盡堊而鼻不傷。郢人立不失容。」

郢陸氏釋文謂是楚都。但楊雄解難云：

「獿人亡，則匠石輟斤而不敢妄斲。」

很明顯，楊雄此語即係用莊子的典故。由此看來，郢人應就是獿人。郢與獿同義。從文義看，以郢為楚都也不妥當。服虔漢書音義云：「獿人，古之善塗墍者」，是郢人也應是「古之善塗墍者」，換句話說，郢義也應為塗墍。說文有懮字，玉篇作懮，段玉裁謂即是獿字。說文云：「懮，墀地也。一曰著也。」懮義為墀地，實與郢獿為塗墍相同。郢與獿懮同義，懮義為著，郢義當也為著。著即是鋤。據我們考察，懮、𨐺與櫌都原係一字，義為鋤地及鋤。而這種鋤就是丫加橫柄而成的。（詳後）郢與懮、獿同義，當然也就是丫。郢顯就是呈，郢乃是呈字的譌變，可知呈必就是丫。呈之始義實為農器及鋤地，其義為平，蓋由鋤地引申的，這與易義為治地，夷義為除草，引申為平一樣。

我們以為𡈼以及挺、梃、侹、鋌等字也都由呈轉輾譌變的。說文云：

「𡈼，善也。从人士。士，事也。一曰象物出地挺生也。」

很明顯，這於壬字的字形字義皆未説清楚。按說文郢又省作[illegible]。由此可知呈實可省作壬，又呈壬一聲，壬為呈之省，實是很可能的。

挺、梃、侹、鋌等字皆从廷作，廷聲。這幾個字似皆由廷孳乳的。但我們從字義考察，覺得這實有難通。說文云：

「梃，一枚也。」

「挺，拔也。」

「侹，長皃，一曰著也，一曰代也。」

「鋌，銅鐵樸也。」

若梃、挺、侹、鋌等字是由廷演變，也即加偏旁而成的，則諸字的字義也應由廷引申。按說文云：「廷，朝中也。」金器銘辭也每言「立中廷」。廷義實為宮廷。廷義為宮廷，何能引申為「一枚」、「拔」、「長皃」、「著地」及「銅鐵樸」呢？這是必不可能的。因此，我們疑心梃、挺、侹、鋌等字必不是由廷演變的。

我們以為梃、挺、侹、鋌等字也皆由呈譌變的。考挺、鋌義與呈逞相同。廣雅釋詁云：「呈，解也。」方言云：「逞，解也。」隱公九年左傳「先者見獲必務進，進而遇覆必速奔，後者不救，則無繼矣。乃可以逞。」杜云：「逞，解也。」又論語鄉黨「逞顏色，怡怡如也。」逞義也為解。呈逞義同，呈逞即是一字，逞乃呈之變。按枚乘七發云：

「雖有金石之堅，猶將銷鑠而挺解也。」

是挺義也為解。又月令：

「仲夏之月……挺重囚，益其食。」

鄭玄云：「挺，猶寬也。」高誘云：「挺，緩也。」挺義為寬緩也就是解（註一），可知挺與呈逞義實相同。

又逞義為疾。廣雅釋詁云：「逞，疾也。」方言云：「逞，疾也。楚曰逞。」說文云：「楚謂疾行為逞。」按鋌義也為疾。文公七年左傳：「鋌而走險，急何能擇。」杜云：「鋌，疾走皃。」是鋌義也與呈逞相同。又呈、逞、挺、鋌古音同在十一部，是音又相同。挺、鋌與呈逞義同音同，我們以為當係一變。這種變化可能有兩種情形：一是因逞廷一聲，假廷為逞，又由廷變而為梃、挺、侹、鋌。一則即由呈譌變的。即呈變而為逞，逞又譌有而為廷。因廷與廷形近，遂致相亂。不論那一種情形，廷是呈及逞之譌，依然是相同的。

既知梃、挺、侹、鋌等字皆係呈字的譌變，則呈原義為農器，為鋤地，更屬可信。說文云：「侹，長皃。一曰箸地。」箸地就是鋤地。是侹義必為鋤及鋤地。侹是呈字的譌變，足知呈必是鋤。這與郢義為鋤正相符合。又梃義為一，挺義為拔。我們以為這也因呈為農器而引申的。梃義為一，與特相同。我們說特始義為耕牛及耕植，何以又為一呢？我們以為這就因為特是一件農器或一個人耕作的緣故。因為特是一個人耕作，故引申而為一。梃義為一，即與此相同。據我們考察，我國文字中獨、特、奇耦等抽象字義都是由農業勞動的情況引申的。挺義為拔，拔就是直。這與直置植義相同。這都是直立之意。這種字義也都由刺土引申的。這由置植義為刺，為種植，又為直立，便可推見。

說文云：「鋌，銅鐵樸也。」淮南子修務訓「苗山之鋌，(今本作鋋)羊頭之銷雖水斷龍舟，陸剸兕甲，莫之服帶。」許慎注云：「鋌，銅鐵璞也，銷生鐵也。」(註二)鋌能水斷龍舟，陸斷兕甲，必為鐵無疑。又鹽鐵論殊路篇「於越之鋌不厲，匹夫賤之。」鋌也是鐵。據此，是鐵又名鋌。鐵何以又稱為鋌呢？我們以為這即因以鐵製造「呈」這種農器的緣故。這就是因為以鐵製造「呈」這種農器，所以就以這種農器之名名這種金屬。呈字譌變則為鋌。我們說呈就是丫，丫是鐵製的，這豈非又是個証據。

許慎謂銷是生鐵，是鐵又稱為銷，鐵何以又名銷呢？我們以為這也必因「削」這種工具是鉄製的緣故。據我們看，削、銷、消、趙等字應是一系的字，也即是一字的演變。考工記云：「築氏為削。」削乃是工具。由「削」之工具引申為刻削，此即說文所謂「削，析也。」詩良耜「其鏄斯趙」，傳云：「趙，刺也。」趙字當也是削字的譌變，其義由削引申的。說文云：「趙，趍趙也。」又云：「趍趙，久也。」趙義為久，不可能引申為刺。又消滅也必是削之引申。這就由削引申為削去，由削去引申為消滅。銷就是削，可知鉄名為銷，必因以之製削之故。這不但証明鐵是由其所製造的工具而得名，也可証明削這種工具必是鉄製的。

丫，我們以為也是銍字的初文。

說文云：「銍，獲禾短鎌也。从金至聲。」自來學者大概多謂銍是刈禾的鎌刀。說文謂銍是獲禾短鎌，我們推測，大概是根據詩臣工及良耜傳的。詩臣工傳云：「銍，獲也。」良耜傳云：「挃挃，獲聲也。」大概許氏知道銍是農器，而詩傳又謂銍義為獲，挃挃是獲聲，所以他便合二義為一，謂銍是獲禾的鎌刀。

但，我們對臣工之詩稍加推敲，便可知詩傳訓銍為獲，實屬不確。不論以銍為獲或獲禾短鎌與詩意皆不合。詩云：「命我眾人，庤乃錢鎛，奄觀銍艾。」這裡所用的農器是錢與鎛，詩傳云：「錢，銚也。」釋名云：「鎛，鋤類也。」按銚鋤都係掘土種植的農器，而不是刈割的刀。錢鎛都是掘土種植的農器，何能用以刈禾呢？由此可知銍艾二字意必不是獲。詩傳之說顯然錯誤。由詩意看，銍艾意當為耕種。這是說命眾人準備銚鋤，前往種田。銍義為耕種，則銍必是掘土耕種的農器，耕種是其引申義。

銍是耕種的農器，其字从「至」作，從文字上講，「至」當就是農器，从金乃後世所加，表示這種農器是金屬製作的。

這還可以由其他从「至」作的字來推考。詩小雅甫田：「倬彼甫田，歲取十千。」傳云：「倬，明貌。」按韓詩倬作菿。（註三）說文云：「菿，火草也。」若以菿為火草，詩義不可通。於此菿義必不是火草，我們以為菿義也為耕種。按莊子外物篇云：

「春雨日時，草木怒生，銚鎒於是乎始修，草木之到植者過半而不知其然。」「到植」司馬彪謂「鋤拔反之，更生者曰到植。」這顯然是不通之論。草木鋤拔之後，便即枯死，何能再生呢？而且這樣解釋與文意也不相合。從文意看，這段話乃是說農夫乘春暖時雨而耕種的。我們以為「到植」意必為種植。這是說春日天氣既暖，雨水一降，草木便迅速地生長，農夫們便修理銚鎒，乘時耕種。到義為耕種，知韓詩之菿必就是到，義為耕種。「菿彼甫田」即種彼甫田，詩意甚為明白。

菿毛詩作倬，我們疑心倬之本義也是耕種。按釋文云：「倬，韓詩作菿，音同。云：菿，卓也。」據此，則倬菿不僅音同，義也相同。我們疑心卓也是農器。从卓作的字有倬、焯、淖、棹、踔、趠等字。從字形看，這必都是一字的演變。也即是所加的偏旁不同而已。其字應也是由卓一字的引申。說文云：

「卓，高也。」

「倬，箸大也。」詩傳云：「倬，明也。」

「焯，明也。」

「淖，泥也。」

「棹，動也。」

「踔，踶也。」

「趠，遠也。」

若卓之本義為高，不可能有這許多引申義，怎樣引申的，也無法解釋。若卓為農器、為工具，則這種引申義便可解釋無礙。

按卓有獨立之意。論語云：「如有所立卓爾。」說苑君道篇云：「踔然獨立。」踔即是卓。此字說文作𢴝。說文云：「𢴝，特止也。」徐鍇云：「特止，卓立也。」段玉裁云：「如有所立卓爾，當用此字。」卓義為特止，特就是戠，我們以為「卓」最初可能就是干或丫這種農器。「卓立」「立卓」「卓立獨立」，皆是比喻之詞，意為如「卓」之立。又焯字說文謂義為明。但此字義又與契、灼相同。契龜灼龜，說文作焯龜。我們以為「焯」原就與契是同一種工具。（詳後）我們疑心「卓」實就是丫，是農器，也是契刀。以後許多字義皆由這兩種工具引申的。卓義為獨立是因用丫一種農器耕作引申的，與特引申為特立一樣。淖義為泥，也是由「卓」義為耕種引申的，與褭義為耕，引申為土壤一樣。踔、趠義為跳躍則係假借。這乃因跳躍與用「卓」掘土起落相似的緣故。跳躍又稱卓起，原因也即在此。悼義為動自也由「卓」義為耕作而引申的。卓義為高，似由特立和跳躍兩種字義引申的。卓義為高，有兩種含義：一意為特立一羣，這當由特立引申的。一意為高大、高遠，如詩雲漢「倬彼雲漢」之倬，這大概是由跳躍引申的。倬、焯義為明，乃由以「卓」燃火灼龜引申的。與灼義為灼龜，引申為明一樣。

「卓」是農器，義又為耕種，「倬彼甫田」即是種彼甫田。詩意甚為明白。詩傳訓倬為明，乃是卓字的別一引申義，自屬錯誤。「卓」義為耕種，「到」義與之相同，可知「到」義必為耕種。

「到」義為耕種，是知「至」定是農器。銍與到原應即一字，後因所加的偏旁不同，遂分而為之。這與剞又作錡，栔又作鍥，又作剞一樣。

从「至」作的字又有㨖及挃字。方言云：「㨖、到也。」廣雅釋詁云：「㨖、至也。」㨖與到、至同義。按說文云：「㨖、刺也。」甘泉賦「洪臺崛其獨出兮，㨖北極之嶟嶟。」㨖義實為刺。廣雅釋詁云：「挃、刺也。」淮南子俶真訓「夫五子之更彈，不若捲手之一挃。」高誘云：「挃，擣也。」是挃義也為刺。挃義為刺，與㨖相同。從字形看，很明顯，㨖挃當是一字之變。㨖挃義為刺，義又與到、至相同，將這幾個字聯繫起來看，其義為刺，當也由耕田刺土引申的。詩良耜「穫之挃挃」，釋名器用引作銍銍，可知挃就是銍，此更足証㨖挃義為刺是由耕田刺土引申的。銍、到、挃、㨖，都是一字之演變。

由上所述，「至」為農器，似無可疑。但「至」何以至農器呢？至甲文金文皆作𦤳，篆文作𦤳。說文謂至是象飛鳥着地，近人謂象矢着地。由字形言，不論象飛鳥着地或象矢着地，總必不是象農器之形。而字義不論飛鳥着地或矢着地也不可能引申為農器或耕種。所以以「至」為農器和耕種，似又不可通。

我們疑心這中間蓋有譌誤。我們以為銍、到、挃、㨖等字所从作之「至」與義為到達的至字實原非一字。是因筆畫的譌誤而致字形相同的。這兩個字不僅形義不同，字聲也不相同。至音脂利切。銍玉篇音知栗切，釋文音珍栗反，讀若質，與至音似相同。但从至作的字還有垤及絰字，這也是至聲。詩東山「鸛鳴于垤，」釋文云：「垤音田節反。」玉篇音徒結切。又絰字也音徒節切。此外又有窒字，徐鉉音陟栗切。按莊公十九年左傳「（鬻拳）亦自殺也，而葬於絰皇。」而宣公十四年左傳云「屨及於窒皇。」是窒絰音同，窒也應音徒節切。我們以為銍、到、挃、絰、挃、垤、窒都是一系的，皆由「至」得聲。垤、絰、窒既音徒結切，則銍也必音徒結切。這與至音脂利切顯然不同。銍、垤、挃等字後世讀聲所以略與至相近，乃因質部、職部、德部字古音相

· 47 ·

同而譌轉的。這由戠音特，應屬德部而後世讀織，織聲屬職部便可知道。質職與至音實不相同。銍所从作之「至」與義為到達之至字音義皆不相同，其非一字，必無可疑。

我們以為銍、到所从作之至乃是𡉀字的譌變，換句話說，也就是由丫演變而來的。丫演變而為金文的𡉀。由𡉀一方面變為𡉀及𡉀，另一方面則又因𡉀「至」形近，譌變為「至」。按秦風駟驖，漢書地理志作四戜。山海經戜民國，玉篇作𢧢民國。鐵漢簡有作鐵者，（註四）顏元孫干祿字書也說鐵又作鐵。可知𡉀至二字自來就易相亂。

「至」就是丫，則此字的發展變化，便明白可見。「至」是農器，孳乳為銍、到、桎、挃、𢫦、絰、垤、窒等字。其字義由田器引申為耕種及刺。大概因為桎梏之桎形狀與農器之「至」相似，故假為桎。又因掘土成堆，故又引申為垤。說文謂垤為蟻封，這是不正確的。詩東山「鸛鳴于垤」，恐怕決沒有這樣大的螞蟻塚。垤自是土丘。又因掘土塞穴，故又引申為窒。到、𢫦又有到達之義，蓋因字从至作，與至相亂而致誤。

釋名云：「銍，獲禾鐵也。」是銍也是鐵。劉熙謂銍是獲禾鐵，這是不正確的。鐵有獲禾鐵，難道還有專為獲禾用的鐵，或別有非獲禾的不成？這在道理上是說不通的。銍應就是鐵，無所謂「獲禾鐵」。劉熙所以如此訓釋，大概是他將銍字的字義合在一起的緣故。銍本義為鐵，而另一方面，漢代的經師們又都訓銍為獲禾，這一點他又不能不牽就，所以他將二義合而為一。他不知道這是不可通的。銍是丫這種農器，同時又是鐵，這豈不很明顯。丫這種工具必是鐵製的。鐵所以又名銍，也必因製造丫這種工具的緣故。銍、鐵聲音完全相同，可由鐵也必由丫得聲的。

註一　參看王念孫廣雅疏證釋詁下

註二　文選張協七命注引

註三　薊今本作薊。按王篇引韓詩說作薊，今本應誤。

註四　見漢晉西陲木簡彙編廿五頁第九簡

三、釋弋

可从弋作，弋無疑的，也必無異器。

弋學者皆釋戈。釋戈自屬正確。不僅金文和篆文，即甲文也就有作戈的了。這顯是戈字。但我們覺得，這也應是弋字。換句話說，戈與弋實原即是一字。從字形看，弋為弋甚為明白。從字義看，弋也必是弋。卜辭云：

「貞：[illegible]（呼）弋[illegible]」（粹六九二）

「甲寅卜，王勿乎（呼）弋[illegible]。」（粹六二七。）

「（缺）弋[illegible]，亘戈」（前七、廿三、一。）

「逐虎（缺）弋虎。」（粹六四二。）

「王其乎弋，卑虎，亡象牛」（粹九八七）

「（缺）卜，叀牢，（缺）隹麃弋戒（缺）亡戈」（同上）

「甲午卜，貞：乎[illegible]尹弋卒」（龜一、二六、十八。）

這都是捕獵的卜辭。弋在此都是動詞，若釋戈來不可通，此非是弋獵的弋字不可。[illegible]，王國維釋羅，爾雅釋器云：「鳥罟謂之羅。」此字象張網捕豕之形，甚為明白。「弋[illegible]」當是弋捕野豬。

卜辭又云：

「己巳卜，㱿貞：邑方弗允弋。」（前七、三四、三。）

「癸巳卜，㱿貞：乎弋。」（後下八、十。）

這是戰爭的卜辭。弋釋戈也不通。此處弋意為攻伐，也必是弋。書多士云，「非我小國敢弋殷命

· 49 ·

50

」偽孔傳云，「弋，取也。」弋義當為攻取。弋原義為攻，引申為攻取。

弋射之弋說文作隿，而弋又別為一字，然典籍皆作弋。今證之甲文，可見說文弋、隿分為二字，實屬不確。弋射本字實應作弋，隿乃是後起字。

弋，或又以為是挂物，繫牛，繫船的木橛。說文云：

「弋，橜也。象折木衺銳著形，厂，象物挂之也。」

又云：

「橜，弋也。」

又云：

「樴，弋也。」

爾雅釋宮云：

「樴謂之杙，在墻者謂之楎。」

周禮牛人鄭玄注云：

「樴謂之杙，可以繫牛。」

史記西南夷列傳正義引崔浩云：

「牂牁，繫船杙也。」

這也是不正確的。弋字形決不象木橛，而字義卜辭弋訓木橛也不可通。我們以為弋為木橛必是假借，而不是其本義。

戈是兵器，我們以為也是農器，這由甲文从戈作的字很容易地可以推見。甲文从戈作的字有伐、戔、找、戕等字，這些字無一不是義為兵器攻戰又是農器及農作。

說文云：「伐，擊也。从人持戈。」廣雅釋詁云：「伐，殺也。」甲文伐作𢦏，實象以戈殺人之形，說文謂「从人持戈」恐屬不確。伐義為殺，但另有一方面，伐木、掘地也稱為伐。如詩伐檀「坎坎伐檀兮，寘之河之干兮。」說文「五寸為伐，二伐為耦。」伐義為殺人，又為伐木掘地，可知弋必既是兵器，又是農器。

甲文𢦔，很明顯，就是戔字。戔卜辭都以為攻戰字。

「貞：勿戔邑方。」（後二、五、十四、）

「（缺）登，人三千于戔。」（前六、三八、四、）

這無疑的必就是說文之戔字，也就是殘字。其字从二戈，我們以為當是表示加重字義的。于義為攻擊，二于則表示進一步殘滅。羅振玉謂象二戈相向，表示「兵刃相接」是「戰之初文」，似不可信。

戔，我們以為應也是錢及剗字的初文。這由字形明白可見。說文云：「錢，銚也。古田器。」詩臣工「庤乃錢鎛」，傳云：「錢，銚也。」錢是田器，必就是戔是田器。詩傳及說文皆謂錢是銚，這實不甚正確的。銚乃是臿，也即是鍬鍫，是直刺的農器。而錢從字形看，乃是橫掘的農器，當是鋤，二者是不同的。

廣雅釋詁云：「剗，削也。」這與殘義實相同。戰國策齊策「剗而類，破吾家。」高誘云：「剗，滅也。」又呂氏春秋觀世篇云：「彊者勝弱，衆者暴寡，以兵相剗，不得休息。」剗顯然就是殘。但另一方面，剗又是農業勞作字。詩甘棠「蔽芾甘棠，勿翦勿伐。」翦義為伐除。但翦韓詩作剗，是剗也有伐除草木之義。由此以推，也可知戔必為農器，也即是于必是農器。

說文無剗字，王念孫、段玉裁皆謂鏟就是剗。這當因剗產一聲而假借的。段玉裁謂剗是鏟之俗字。我們覺得恐不如此。我們以為這當是假鏟為剗的。

說文云：「鏟，鏶也。一曰平鐵也。」又云：「鏶，鍱也。」又云：「鍱、鏶也。」鍱鏶是

引文 齊民要術耕田篇「剗柄長三尺，刃廣二寸，以剗地除草」

史記陳列與今作「宋清何常山凡二十七縣52、殊东垣」。及豫日三孫為多所殺傷也」。史記傳完付、「扁相同參張博」。

什麼，自來講文字者皆沒有明確的解釋，我們現在也不知道。但照說文這三字的訓釋看起來，鏈、鏶、鍱，三者當即是一物。按玉篇云：「鍱，鐵鍱也。」是鍱是鐵器。又集韻有鏶字，云：「鋌也。」鏶顯就是鍱，我們說鋌也是鐵。由此推察，鍱似就是鐵。鍱是鐵，則鏶、鏈應也是鐵。說文謂鏈是「平鐵」。段玉裁說「謂以剛鐵削平柔鐵」，照我們的看法，其說似屬不確。照我們這樣推論，鏈實應就是鐵而不是鏈平柔鐵。我們疑心說文謂鏈謂「平鐵」，乃因許慎已不甚瞭解鏈鏶等字的字義，而將鏈字的兩種字義合而為一的。即鏈有鏈平及鐵二義，他將其合在一起，猶之銍有穫禾及鐵二義，釋名訓為穫禾鐵一樣。如我們這種考察不誤，則鐵似又名為鏈。鐵何以又名鏈呢？這當為是鐵製造的。鏈是由所製造的工具而得名的。

說文云「𢦏，傷也。从戈才聲。」卜辭𢦏習見的有兩種字義：一是與災同義，卜辭記田獵，每云「往來亡𢦏」。一是義為攻伐。如：

「（缺）卜，㱿貞：𠙵其𢦏雀。」（藏一、二、）

「𠂤弗𢦏周，十二月。」（藏二六、一、）

「乙（缺）㱿貞：弗其𢦏𢀛方。」（庫方六。四、）

「丙午卜，沐貞：翌丁未子商𢦏𢀛方。」（粹一一七四、）

由此可知，𢦏之本義當為攻伐，因戰爭殺傷引申而為傷。卜辭「往來亡𢦏」，𢦏義我們以為應就是傷，而不是一般的災。此蓋謂田獵的時候，沒有受傷。

𢦏，我們以為義也為種植。這就是栽的本字。甲文𢦏作[字形]、[字形]，[字形]等形，說文謂𢦏「从戈才聲」，𢦏似乎是個形聲字，才，屮，[字形]都只是表聲的。但我們覺得，這樣解釋是否正確，不無可疑。𢦏从才，自可以勉強這樣解釋，但其字又从屮及[字形]，屮，[字形]，尤其[字形]，是否就讀才聲，恐猶難必。因此，若說屮，[字形]也都只是表聲的，似不十分確切。我們以為𢦏仍是會意字，从才乃表示栽種。甲文中（才）我們以為其始義即為栽。其字是由▽演變的。▽就是臿，是種植的農器。▽演變而為中，乃表示以臿刺土之意，（許後）自即是栽臿。卜辭假為在字。𢦏字从𢆉从臿，蓋表示用𢆉這種農器栽種。其又从屮或艸，屮是草，艸是樹條，乃表示種植草木，後世加木則為栽。

𢦏，說文云：「絶也。一曰田器古文。」這已明白說𢦏是兵器又是農器。𢦏義為絶，類與殲同義，𢦏當就是殲字的初文。卜辭云：

「庚寅卜，賓貞：𢦏出𡴆。」（明二〇四）

這是田獵的卜辭，𢦏義必為殲滅。「𢦏出𡴆」，蓋謂殲獸有擒獲。卜辭又云：

「辛未貞：王令乙𢦏于敚」（明四九八、）

這不像是田獵的卜辭，也不是戰爭。𢦏於此是一不接物動詞，敚是地名，𢦏義似為耕種，此蓋令人往敚耕種。又卜辭云：

「（缺）卜，囗，令多農𢦏我。」（前四、十、三、）

此云：「令多農𢦏我」，𢦏我意非為耕種不可，此不僅証明𢦏義為耕種，我義為耕種也由此可見。

漢書王莽傳「公以八月載生魄庚子奉使，朝用書」，師古曰：「載，始也」。載與哉通。

說文謂𢦏是「田器古文」。𢦏與鐵音同義同，形也可知鐵是𢦏之變，很明顯，𢦏必是鐵字的「古文」。廣雅釋詁云：「鐵謂之鍤」。是𢦏就是鍤，前面我們說鍤就是𢆉，也即𢆉是鍤。現在𢦏也是鍤，也即𢆉是鍤，二者正完全符合。𢆉為農器之鍤，必無可疑。不過，古代的鍤和現在所謂的鍤似不相同。現在的鍤是直柄，與鍬相似，古代的鍤當是橫梱的，與鋤相同。這乃是古今農器名稱的變異。

說文有鑯字，云：「鑯，鐵器。一曰鐫也。」從文字上講，鑯應就是鐵及𢦏。鑯是鐵器，似𢦏也是鐵製的。

· 53 ·

由上面的考察，可知干最初既是兵器又無農器無疑。可是从干从丫作，這是兩種農器，由此也可以肯定，這兩種農器也必是鐵製的。

這裡還有一個問題似需要討論一下。即弋如何得義和戈如何起源的。

甲文干是戈，這是決無問題的。同時干是弋，我們從字形和字義看，也決無可疑。但這裡有一個問題，就是弋字的字形與其字義不相符合。弋，自來皆謂是繳射。

「惟，繳射飛鳥也。」（說文）

「弋，繳射也。」（詩女曰雞鳴鄭箋）

「弋，繳射飛也。」（呂氏春秋季春紀高誘注）

典籍也都以弋為射鳥。如：

「子釣而不綱，弋不射宿。」（論語述而）

「弋鳧與雁。」（詩女曰雞鳴）

「荊莊王好周遊田獵，馳騁弋射。」（呂氏春秋情慾篇）

可知弋實為射。所謂弋射是用矰繳射鳥。說文云：

「矰，惟射矢也。」

「繳，生絲縷也。謂縷系矰矢而以惟射也。」

「磻以石著惟繳也。」

是矰繳的形制是矰尾端繫一繩，稱之為繳，繩的另一端又繫一石，稱之為磻。弋即用這樣的矰矢射飛鳥。但，我們從弋字的字形看，顯然與此不同，弋當就是戈，以戈射飛鳥，顯然決不可能。所以這二者——字形與字義——之間，頗相牴觸。

這種矛盾是怎樣發生的呢？我們以為這種矛盾之發生，蓋由於戈源於矰的緣故。換句話說，就是戈乃是矰加柄而成的，矰，舊都釋為矢。但我們從其形制看，矰與矢決不是一物。我們以為矰乃是後世所謂的鏢鎗，也就是所謂飛鏢。這種鏢鎗是用手投擲的。可以擊獸，也可以擊鳥。鏢鎗的尾部繫有繩石，即所謂繳及磻。繳、磻的作用，舊都以為是繩繫鳥翼。這種作用是可能有的。但我們覺得，最初繳磻的作用恐還不在此。我們以為矰尾繫一繳磻，最初主要的目的蓋欲使投擲的時候，矰可比較穩定。方向可更為準確。這種鏢鎗最早是用手投擲的，以後才用弩機發射。戈就是這種鏢鎗加柄而成的。

甲文戈有作⿰扌朩、⿰扌朩等形者。在卜辭中，其用法與字義也與弋相同。

「丁丑卜，⿰扌朩羅。」（庫方一〇一四）

「丁丑卜，今日⿰扌朩羅。」（同上）

「其䧹口方。」（後上二二、一）

「甲辰卜，隹⿰扌朩戠侯。甲辰卜，戠侯⿰扌朩雀。」（佚六〇四）

「（缺）方出从北土，弗⿰扌朩北土。」（粹三六六）

戈又作⿰扌朩，「内」的尾部皆繫有繩，這與矰繳的繳磻豈不很相同。這種情形，商器上所刻的戈看得更為清楚。

由這些字形看，很明白地可以看出，戈的「内」尾所繫的與矰尾所繫的繳磻相同。我們說戈是由矰加柄而成的，似非無據。

戈是由矰演變而來的，則弋義為繳射便不難瞭解。這就是矰與戈本是一物，弋義為繳射，係用其原義，也就是未加柄時的原義。這不僅弋射字義如此用法，即弋假為拴物、繫牛、繫船的木檣，乃至鐵戟假為鐵、楔，都是一樣。

弋是用「內」安柄的，是用繩纏綁在柄上。我們說弋是初也是農器，是與鋤相同的。由此推測，我國最早的鋤也必是用繩纏柄的。

四、釋銕

說文云：「古文鐵從夷，」鐵何以又从夷作？照我國文字的構造講，這不外兩種原因：一、銕是由夷得聲得義。換句話說，夷原就是銕字，从金乃後世所加的，表示「夷」是金屬。一是「夷」只是表聲的。按銕字的讀音並不夷聲而仍讀鐵，是夷必不是只是表聲的，所以第二種理由似不能成立。銕之从夷作，當因由夷得義。

夷字的字義甚為複雜，它有東夷、平、易、傷、滅等義，何者是其本義，似不易確指。說文云：

「夷，平也。从大从弓，東方之人也。」

經師們釋經也多訓夷為平為易。如詩節南山「式夷式感，無小人殆。」傳云：「夷，平也。」又「君子如夷，惡怒是違。」傳云：「夷，易也。」又爾雅釋詁云：「夷，易也。」但平、易是否就是夷字的本義，夷義何以為平為易又為東夷，仍不能得知。

段玉裁謂說文夷「平也」乃「淺人所改」，而改說文為「夷東方之人也，从大从弓，」刪去「平也」二字。若如段氏之說，則夷字的本義當為東夷。但段氏這種釋是否可信，亦屬疑問。東夷之夷甲文金文皆作?，即是人字，根本就不是从大从弓，而且經傳中夷字確有平、易等義，即使說文「夷平也」，如段氏所說是淺人所改，經傳夷義為平，未必也是淺人所改。段氏之說實仍未能說明夷字的本義及夷義為平為易之故。

我們以為東夷之夷與銕字所以作之夷實際原非一字。東夷之夷，應為甲文及金文之乃，其作夷乃是後世的譌誤。而銕字所以作之夷，也即是訓平、訓易、訓傷、訓滅之夷，則係別為一字，乃是農器。因為後世二字混而為一，又不知其來源，所以便不得其解。

國語齊語云：

「美金以鑄劍戟，試諸狗馬；惡金以鑄鉏夷斤劚，試諸壤土。」

據此，可知夷是農器。周禮薙人云：

「凡稼澤，夏以水殄草而芟夷之。」

薙氏云：

「薙氏掌殺草，夏日至而夷之。」

又隱公六年左傳云：

「如農夫之務去草焉，芟夷薀崇之。」

經傳多以夷為除草，由此也可知夷必為農器。這就是夷是除草的農器，作為動詞用則為鋤草。猶之犂本是農器，作為動詞則為犂田。夷是農器是很明白的。夷是農器，用以除草平地，所以引申為平為易。

夷又有殺傷、夷滅等義，韋昭云，「夷傷也。」（註一）廣雅釋詁云，「夷滅也。」詩出車「赫赫南仲，玁狁于夷。」夷義為傷為滅，乃是由「夷」為兵器引申的。這仍是因為古代兵器與農器不分的緣故。

夷是農器，於是銕字从夷作便也就可以瞭解。這必因「夷」這種農器是鐵製的，因而就以其所製造的農器之名名這種金屬。夷字應就是銕字。後世因其是金屬，所以加金旁而成銕字。

不過，這裡有一個問題，就是夷是農器，這種農器是什麼形狀，從字形上無法推見。大凡工

· 57 ·

具字應都是象形的，否則便只是假聲。甲文金文夷方、淮夷之夷作夂，說文謂夷「从大从弓，」皆不是農器。若說是假聲，似也不合理。因為如果是假聲，則其字出現必比較晚，這種工具之發生也應很晚。但銕字說文謂是古文，而「夷」這種農器出現也頗早，所以，說夷是假聲是與理不合的。這兩種解釋皆不可通，我們不得不懷疑夷字或為譌誤。

段玉裁謂銕字所以作之夷「蓋弟之譌」。我們以為這實屬可信。弟夷二字形極相近，自來就易相亂，而且夷與鐵聲音不同，而銻鐵則係一聲，銕應當為銻。

說文云：

「銻，鎕銻也。从金弟聲。」

又於鎕字云：

「鎕、鎕銻，火齊也。」

是銻就鎕銻。鎕銻許氏謂是火齊。後世徐鍇、段玉裁注說文皆謂火齊是珠，而徐鉉則謂火齊「如珠」、按班固西京賦云：「翡翠火齊，流耀含英。」是鎕銻是珠或與珠相類的東西。但說文厂部又有厗字。云：

「厗，唐厗石也。」

玉篇云：

「厗，唐厗石。又古銻字。」

唐厗與鎕銻聲音全同，而厗又是古銻字，很顯然，唐厗必就是鎕銻。據此，則鎕銻實是石而不是珠。我們以為鎕銻、唐厗即是鐵及鐵礦石。鎕銻、唐厗正是鐵及銻字的反切。藝術叢編著錄鐵茜一件，題為「唐銕茜，」（註二）足証鎕銻必為鐵無疑。說文謂鎕銻為火齊，這當是鎕銻的別一種字義。

銕應為銻，則「夷」為何種農器及其得名之由，也就可得而解。玉篇謂銻之古文作厗，我們若將厗字還原，則應作㡿，从厂从[illegible]。按[illegible]就是剃刷，剃刷是刻鏤的刀，同是也是農器。（詳後）實也就是丫。是「夷」與剃刷、銻即是同一種工具，或者相類的工具。我們說丫是鐵製的，鐵、銻即由此得名，「夷」與丫既是同一種農器，則「夷」也必由此而得名，「夷」也必是鐵製的。我們由鐵及銻字推考，發現我國最早的鉄製農器是丫，今由銕字推考，也得到同樣的結論，我們由不同的起點，不同的途徑推考，而所得的結論完全相同，這必不能說是偶然。丫這種農器是鐵的，當可肯定無疑。而殷虛時代已使用鐵器，也由此可必。

由此又有一個問題必然會發生的，即厗是否就是兄弟的弟字。玉篇謂厗是古銻字，銻應就是弟，从金當是後世所增加的。依理厗應就是兄弟的弟字。

說文無兄弟的弟字。說文於弟字云：

「弟韋束之次弟也……从古文韋省」

這乃是次第之第，而不是兄弟之弟。段玉裁謂兄弟之弟乃次弟之引申。（註三）這種說法我們以為實不可信。這與理不合。若依說文及段氏之說，則弟字之發生為時必甚晚。說文謂弟為「韋束之次弟」又「从古文韋省」，果若如此，則弟字的形與義皆由韋字演變而來。按韋字，我們說其初義係為圍城，即是圍字的初文，以後引申為獸皮及束物。若弟又由束物引申而改變其字形，則為時必更晚。如兄弟之弟更由次第引申，則為時當益在後。這與事實便完全不符。甲文已有兄字，既有兄則必有弟。既有兄弟，則必有表示兄弟的字，決不能等到由韋字轉輾引申。由此可知段氏之說實不足據。

金文弟字作[illegible]，及[illegible]，與篆文沒有多少分別。但此字何以作為兄弟之弟字仍無法解釋。

我們以為厗字可能原就是兄弟的弟字。說文云：

· 59 ·

「𠪚，唐𠪚石也。从厂，犀省聲。」𠪚是犀省，則𠪚應原即是犀字。說文又有⿰亻屖字，音杜兮切，與犀相同。而其字廣韻作⿰衤屖。又玉篇有⿰氵屖字，云：「大兮切，研米槌，亦作⿰氵屖、」其字廣韻又作樨。可知𠪚、屖、犀實一字之變。

屖字的字義，說文云：

「屖，屖遟也。」

屖遟即是栖遲。但是恐是引申義而不是始義。我們從字形推考，覺得屖字的始義實也為耕種。按从屖作的字有稺字。稺字的字義說文謂是「幼禾」。然詩閟宮云：

「赫赫姜嫄……是生后稷，降之百福。黍稷重穋，稙稺菽麥。奄有下國，俾民稼穡。」

「稙稺菽麥」，稺義很明顯是種植。稺从屖作，也很明顯當由屖得義。由此可知屖字應有種植之意。

按屖與犀即是一字。上舉遟又作遲，此外，遟字又可作遲，皆可見屖即是犀。說文云：

「犀，徼外牛，一角在鼻，一角在頂，似豕，从牛尾聲。」

自來學者大概都以犀為熱帶的獨角獸。但我們覺得，犀字的本義是否為熱帶的獨角獸以及我國古代所謂犀是否即是熱帶的犀牛，實不無可疑。一、從文字上講，以犀為熱帶的獨角獸似說不通。我國文字凡禽獸字都是象形。如甲文虎、兔、猴、鹿等字，都是畢肖這些動物的形狀。即使不全繪其形狀，也必表現其特點，使人一望便識。如牛羊的特徵是角，犬的特徵是長尾，豕的特徵是短尾肥腹，象的特徵是長鼻，文字也就繪出這種特徵，而犀字顯然不是象形字。說文謂犀字是「从牛尾聲。」若謂尾是象犀牛之尾，也屬不通，因為犀牛的特徵實不是尾而是獨角。如說文所說，犀乃是形聲字。犀字既不是象形字，其作為熱帶的犀牛，必係假借。犀既是假借，則其本義必不是熱帶的獨角獸。

二、古代我國黃河流域是否產熱帶的犀牛，也是可疑的。甲文有象字，卜辭有獲象的記載，記載也有商人服象之說，殷時黃河流域實有象。但卜辭記載獲象的畢竟不多，與獲鹿豕等比較起來，相差甚遠。殷時象在黃河南北當已是稀少的動物。而從記田獵的卜辭看，平常所獵捕的野獸都不是熱帶動物。由此可知，殷虛時代黃河中下游已極少熱帶動物，殷虛時代黃河中下游既已無熱帶動物，甲文又不見犀牛的象形文字，足見殷虛時代中原地區必不產熱帶的犀牛。春秋以後，雖尚偶有楚用象戰的記載，但中原地區則絕不見有象了。春秋以後，中原地區既已無象，由此可以推知，也決不會有熱帶的犀牛。我國古代中原地區既不產犀牛，則謂我國先秦典籍中的犀是熱帶的獨角獸，我們覺得，實難令人相信。

三、我國古代以犀皮為甲，這也是可疑的。犀牛這種動物畢竟是比較稀少的動物，即在熱帶中也不太多，即使我國古代產犀，又何能有這樣多的犀皮可供作甲呢？如果說，我國古代已有大量的犀皮自南海方面輸入，似也不合理。我國與南海方面的交通，自戰國以後，因為楚國向南發展，才逐漸發達。迨至秦始皇略取嶺南，方始暢通。在春秋時代已前，我國與嶺南方面固不能說沒有交通，但謂其時已有這樣發達的交通和商業，而有大量的犀皮輸入，似屬不可想像。按國語齊語謂齊桓公患甲兵寡少，問計於管仲，管仲建議「輕過而移諸甲兵」，主張「制重罪贖以犀甲一戟，輕罪贖以鞼盾一戟。」管仲想用以犀甲贖罪的方法貯積多量的甲兵，犀甲可用以贖罪，可知春秋時代犀甲必是家家可有，人人可得的。並不是稀少的東西。由此也可知犀皮必是本國所產而不是來自南海。

由上幾點看，可知我國古代所謂的犀牛，決不是熱帶的獨角獸。宣公二年左傳云：

「宋城華元為植，巡功。城者謳曰：「睅其目，皤其腹，棄甲而復，于思于思，棄甲復來。」使其驂乘謂之曰：「牛則有皮，犀兕尚多，棄甲則那。」役人曰：「從其有皮，丹漆若何。」」

此謂「牛則有皮，犀兕尚多，」由這句話，可知犀即是牛，用以作甲的犀皮就是牛皮。

我們以為古代所謂「犀」即是𤉡及兕。說文云：「𤉡如野牛，青色，其皮堅厚可制甲，象形。」「兕古文从几。」國語晉語：「唐叔射兕於徒林，殪以為大甲。」𤉡皮可以作甲，正與「犀」相同，可知犀𤉡必是一物。𤉡段玉裁謂即是水牛，我們亦以為然。甲文𤉡字實酷肖水牛之形。檀弓云：「天子之棺四重，水兕革棺被之。」兕又稱水兕，更可知非為水牛不可。卜辭常見獲𤉡遂𤉡，詩吉曰「發彼小豝，殪此大兕，」大概殷周時代水牛猶未完全成為家畜。

古代的犀牛原就是𤉡，則犀牛的本字應為𤉡及兕而不是犀。以犀為𤉡，仍是假用或譌誤。犀義的本義既不是熱帶的獨角獸，又不是水牛，然則其本義為何？我們以為犀字的本義實也為耕種及耕牛。按犀義又為銳利，以犀作的字有墀字，說文云：「墀，涂地也。」若犀本義為熱帶的獨角獸，決不可能引申為銳利和涂地。這正因犀義為耕田而引申的。其義為銳利，猶利為犂田引申為銳利一樣；其義為涂地，其變義為鋤地引申為墀地一樣。

犀與犀即是一字。我們以為犀字之作，實為以犀从牛，尿乃犀之變。犀所以又从牛作，意蓋謂牛耕。因為犀為牛耕，所以耕牛便也稱為犀，以犀為𤉡，乃後世譌誤。戰國以後至於秦漢，中南與嶺南交通日趨發達，知道熱帶有一種有角的奇獸，於是又以古之犀名這種獸。這猶之秦漢時代以犛名康藏高原的氂牛一樣。秦漢時代以犀名熱帶的獨角獸，其原來的耕及耕牛之意便失。

按穉字又有幼小的意思。說文云，「穉，幼禾也。」這恐不完全正確。詩大田云，「彼有不獲穉，此有不斂穧，彼有遺秉，此有滯穗，伊寡婦之利。」這裡穉就明不是幼禾而是已成熟了的禾。我們以為穉蓋有幼小及禾兩種字義，說文乃是將二者合而為一。穉義為耕種及禾，自是由犀義為耕而引申的。其義為幼小，何由而來呢？這我們不能不疑心犀與弟字，由弟引申而為幼小。

甲文有□字，又作□、□、□等形。此字學者或釋犀，或釋辟。其所以有這兩種不同的意見、大概是因為對金文屖字解釋不同的緣故。金文屖字作□或□，而辟字有作□形者，二字形極相近，只辟字多一○而已。因此，自宋以來學者便都以二字為一字，釋屖為辟，近代一部份人便相沿不改。甲文□與金文□為一字，所以他們又釋□為辟。

考他們所以釋金文□及甲文□為辟，大概是根據說文以辟係从卩辛从口作的字，也即从□从口作的字。殷虛書契考釋云：

「□古金文作□，增○乃璧之本字。从○辟聲，而叚為訓法之辟，許書从口，又由○而譌也。」

這實完全是錯誤的。按金文辟字除作□以外，尚有下列的寫法：

□参尊　□師訇毁　□師周毁

由這些字形看，顯然可見，辟字決不是如許慎所說从卩辛从口，或从□从口，這實是从卩从□作的字。金文有作□者，乃只是書法略有不同，將□字稍加改變而已。因為書法有這一點改變，□變成□，說文便誤以為辟是从卩辛从口。隸變時將口移於尸下，原來从□作的字形，遂全改變。

辟字既非从□从口作的字，則金文屖字自不是辟字。金文屖字既不是辟字，則甲文□字自也不是辟字而是屖字了。

由卜辭及金文銘辭看，我們覺得，屖字實為兄弟的弟字。

「壬申卜，貞□」（前四、一、五、）

此處「屖」字是所貞問的事，訓弟或幼穉，辭意似皆難通。此「屖」義似當為耕種。

「乙巳卜，㱿貞：王弗其子□。」（甲三○一三、）

「戊午卜，王上求子□，我。」（徵、人名一○。）

「戊午卜，王勿卸子□。」（同上）

「中子子𠃬」（同上）

這裡皆子孱連文。不過這裡的「子孱」其義是否就是子弟，似猶是疑問。第一辭「子孱」似為動詞，但本辭乃是否定語，可能有省文，似不能確定其辭意。第二、第三、第四三辭同在一版，王襄以「子孱」為人名。惟第三辭「上求」二字拓印不清晰，王氏釋為「上求」是否正確，不無可疑。如二字不誤，則「子孱」是否為人名便屬疑問。因如「子孱」為人名，又為王之中子，則便不能稱王「上求」。不過，無論怎樣，我們還不能據此便謂「子孱」就是子弟。也即是不能據此便謂孱就是弟字。

「癸酉卜，貞：宰豖之逐字孱兄𠂤蔡魔豖。翌日戊寅（缺）王（缺）𢦏（缺）早」（纂六一五）

「丁丑卜，貞：宰逐，孱兄𠂤蔡魔豖。翌日戊寅，王其㓝（缺）𢦏王弗每早」（同上）

這裡孱兄二字連文。郭沫若釋這二辭云：

「『宰逐孱兄，侯蔡魔豖』宰與孱兄人名，侯蔡地名，言宰於孱兄所領之侯蔡追逐魔豖也。」

這一解釋，也難令人同意。不但卜辭無這種語法，以宰及孱兄為人名也沒有根據。而且這樣解釋，辭意也不相接。按此辭下云「翌日戊寅王」云云，如謂這是「宰於孱兄所領之侯蔡追魔豖」，則與王似無關，何下文忽又說到王呢？我們以為這乃是卜王與其弟兄一道田獵，逐捕魔豖之辭。宰字為說文所無，字不可識。在卜辭中，多用為地名。（註三）其字義也很難知道。但其字从午作午，我們以為就是杵，杵後世用以舂米，但最初也用以掘地擊獸。宰从午作，又與逐連文，當也有捕殺之意。「宰逐」意蓋謂捕逐。「孱兄」，我們以為蓋就是弟兄。𠂤字不識，釋侯實不可信。蔡字學者皆以為麓。卜辭中的蔡字學者幾乎盡都訓麓，這實也是不完全正確的。蔡誠然假為麓，但並不是卜辭中所有的蔡字皆假為麓。甚至就以麓為蔡字的本義。我們以為彔最初也是工具。說文云：「彔，刻木彔彔也。象形。」又於剝字云：「剝，裂也。从刀彔。彔，刻也。」彔字是」詩破斧「既破我斧，又缺我錶。」韓詩云，「錶，鑿屬。」作𩁹，當即象這種工具的形狀。彔字的本義是工具，則彔蔡就不能全釋為麓。我們以為彔蔡也有獵捕之意。卜辭云：

「辛巳，王圍武（缺）彔隻（獲）白𪊨。丁酉（缺）」（佚四二七）

「𢀛乙（缺）王比（缺）彔逐（缺）」（佚六五八）

彔與獲逐連文，可推知其意必為獵捕。「逯蔡」，我們以為意也為獵捕。這兩條卜辭蓋謂王與其弟兄圍獵，逐捕麋豕。「屖」與兄連文，義當為弟。

「（缺）申卜，多卲貞其（缺）」（粹一二八〇、）

此辭郭沫若釋為「乙口卜，多辟臣其……」並云，「辟臣蓋是嬖臣」（註五）這也是錯誤的。貞決不是臣字，卲更不是嬖字。我們以為卲乃屖字，貞則為食字，只下漏刻一橫畫而已。此辭當是「多屖食」，食義與饗相同，此應是「多屖鄉」。此辭與「叀多生鄉」（新獲一九七）「甲寅卜彭貞：多子其鄉」（甲二七三四）語例畧同。這裡「屖」是個名詞，「多屖」與「多毓」「多父」「多妣」「多兄」「多子」「多生」相同，屖義為兄弟之弟，可斷定無疑。

商器有麋婦觚（註六）其銘辭云：

「麋婦口貝口杋用口卲日乙隮彝。」

卲與甲文卲顯係一字，當為屖字。「屖日乙」與「兄日癸」、「父日辛」、「祖日乙」等等語例完全一樣，屖更非為弟不可。

又叔夷鐘云：

「丕顯皇祖，其作福元孫，其萬福屯魯，龢協而九叓（事）卑若鐘鼓，外內剴屖，騂𧭈。」

· 65 ·

屖字舊釋辟。其下二字或釋都俞，或釋都誉。不論釋都俞或都誉，句法辭意皆不能通。按此實係兩個疊字，上一字不識，下一字我們以為是共字。此辭乃祖、魯、鼓、共為韵。「共共」本有恭敬之意。論語云，「君在，踧踖如也，共共如也。」「□□共共」意也當為恭敬和睦。這段銘辭是說須內外和協恭敬，屖共剴速文，其義必與剴弟之弟相同。屖為剴弟之弟，也可証明也必是兄弟之弟。

最有趣的，從弟夷二字相亂也可推知「屖」就是「弟」。夷字甲文和金文都作ㄋ。玉篇云：「𡰥，古文夷字。」書泰誓「受有億兆夷人，」夷字敦煌本作𡰥，可知夷又作𡰥。按說文有遟字，云，「遲或从𡰥。」遲字又可以从𡰥作，可知屖、屖，也可以譌為𡰥。又甘泉賦「靈遟迡兮光煇眩耀，」文選作迟迡，則屖、屖更可譌為尸了。弟容易譌為夷，屖、屖也容易譌為𡰥及尸，這必不是偶然。屖、屖之譌為𡰥，尸，必即弟之譌為夷。屖、屖當為弟，更由此可見。又詩四牡「四牡騑騑，周道倭遲。」倭遲韓詩作倭夷。又玉篇稺字又作稊。據此，不僅屖、屖可譌為𡰥及尸，更可遲譌為夷了。弟字可以譌為夷，屖、屖也可以譌為夷，屖、屖與弟為一字，決無可疑。這不僅說明屖必是弟，而且更証明銕字所从作之夷，必即是弟、是屖。

我們疑心錐、椎、推等字也是由屖譌變的。錐、椎是工具，義又為銳利。說文云：「錐，銳也。」推義則為耕。月令云：「天子三推，三公五推。」這幾個字，很明顯，必係一字之演變，共字義也是一字之引申。即錐本義為工具，為農器，引申為耕，為銳利。但錐何以是工具，是農器也？這從字形上無論如何無法解釋。因此，我們疑心此字乃由其他的字譌變而來的。

共从隹作的字還有稚及雉字。玉篇幼稺之稺又作稊及稚。稺从屖作，又可以夷或隹作，我們疑心隹、屖、夷之間必有相當的關係。由此我們疑心錐、椎之从隹作，可能也就由這樣的關係譌變而來的。薙字　也就是雉字　義為除草，與椎略同，而錐、推與雉形又相近，我們疑心錐象農器。雉甲文作[illegible]或[illegible]，象鳥形而不是象農器之形。而卜辭注也為野雞而不是耕作。

雉（薙）義為除草，也必不是本義而是譌誤的。

按雉與夷相通。周禮序官薙氏，鄭玄云：「書薙或作夷。」而夷義為除草，與薙也相同。同時雉與弟也相通。如鬍鬚亦稱薙鬚。又春秋感精符云：「雉之為言弟也。」（註六）由此可知弟、薙、夷三字皆相通。因此，我們以為雉義為除草蓋由厗義為耕而來。這就是厗義為耕為除草，厗與雉音同，後世假雉為厗，於是雉義也為除草。由雉而譌變為錐、推、稚等字。至於夷字，我們以為即是雉字之省。這由字形明白可見。甲文雉从夷，這很明顯就是夷字。如我們這種考察不誤，則不僅薙、錐、推、夷以及犂、稚、稊等字變化源委，瞭然可見，即東夷、淮夷之夷，其來源亦可得而知。這也因字形變化而致誤的。東夷淮夷之夷，甲文金文作尸，又可作𡰥，而厗字也可省作𡰥，二字形同，故遂致相亂。又𡰥（厗）與夷相通，故又譌而為夷。說文謂「夷，从大从弓，東方之人也。」可知實是望文臆說。茲將此字變化列表於下：

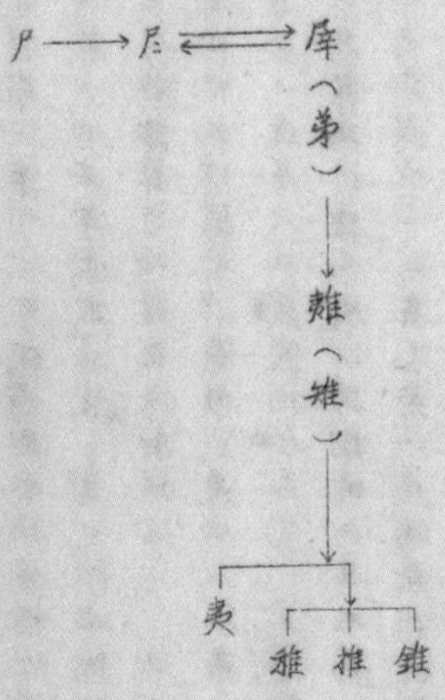

屖字為古弟字，大概是無可疑的了。這裡只有一個問題，就是甲文和金文的屖字如何變而為金文及篆文的弟字還不清楚。這，恐怕誠如說文所說，弟原是次弟的第字。而其作為兄弟的弟字則是因屖與弟聲音相同而假用的。

屖字甲文作[illegible]、[illegible]等形，是从人从辛，或从人从丫作。辛，丫就是剞劂及錍，應也是錐。這皆是農器。屖是人與農器相合為文，其意當表示人耕種或耕種者。屖義為耕及種植，原因當即在此。因為屖為耕種，所以耕種的工具也稱之為屖。同時由耕種又引申為禾，其作為兄弟之弟，我們以為乃是假借。因為兄弟乃是抽象的稱謂，不可能用具體的字形來表示，所以非假用他字不可。按兄與祝為一字，兄當是假借祝字的。兄是假借祝字，弟則假借耕種者。在假用這兩個字的時候，意必是說，司祝祭者為兄，從事耕種者為弟。由此二字的假借也可推知當時家族制度的情況，當時必兄司祝祭，而其餘諸弟則從事耕種。由此又可推知當兄屖二字創造的時候，必不僅家長制業已確立，長兄繼承制似也已發生。

由上面的考察，銕字的變化源委當很清楚地可以看出了。銕字最初實為甲文[illegible]或[illegible]字（屖），由屖又譌而為夷，後世加金旁遂成銕字。[illegible][illegible]為銕字的初文，其義又為耕種及農器，殷虛時代是用鐵耕，豈不很明白的！[illegible]从丫作，丫這種農器必是鐵製的。這與我們以前所考見的丫是我國最早的鐵製農器完全符合。

註一　國語晉語注

註二　此件上有文字，惜拓印不清晰，疑唐銕二字即係上面的原文。

註三　如「（缺）寅，王卜貞，其田宰，往來亡巛」（前二、三一、四、）「辛丑卜貞王其

註五　殷文存著錄
註六　郝懿行爾雅義疏引古書徵

五、　釋辛䇂契

我們說丫是我國最早的鐵製農器。此外，我們以為甲文辛䇂也是與丫同樣的工具。甲文丫（辛）與▽（辛）是否一字，過去學者曾不一致。王國維謂不是一字，郭沫若則謂即係一字。并謂辛䇂即是剞劂。郭氏之說，實全完正確。這很容易看出的，甲文从辛作的字，無不也可以从辛作。如妾作[illegible]，又作[illegible]。商作[illegible]或[illegible]，又作[illegible]或[illegible]。[illegible]又可作[illegible]。這都足證辛辛必是一字。我們說，辛為刻鏤的刀，和農器，則辛自也是刻鏤的刀和農器了。按詩小毖云：「莫予荓蜂，自求辛螫。」辛義實為刺。由辛字這種字義看，也可知辛原必為刻鏤的刀和農器，這蓋由其原為刻鏤的刀和農器引申的。

「辛」這種工具，我們以為也應是鐵製的。因為辛與辛是同一種工具，丫既是鐵製的，則「辛」當然也是鐵器的了。又商器上的辛字有作下列各種形狀者：

冈夕辛尊

口父辛殷

趠卣

令口父辛卣

中中父辛殷

這都是將「辛」這種工具的形狀繪出。由這些字形看，「辛」顯已不似丫之簡單，其鋒鍔部份已有各種不同的形式。這種複雜的形式的鋒刃，也可推知，必不是石所能製造的，這非用金屬製造不可。

・69・

「辛」是鐵製的工具。由此推溯，則當十干制定的時候，我國當已用鐵了。十干與十二辰制

· 加 ·

定的時代，我們不能確知。但殷代已用干支記日，殷之先公先王又以十干為名，夏也有孔甲、履癸，而傳說更早遠有高辛氏，其制定的時代在殷以前，必無問題。當十干制定的時候我國即已用鐵，則殷墟時代是用鐵器，尚有何疑？

甲文又有䇂字。此字王國維謂即是辛字。（註一）郭沫若從王氏之說，以䇂也就是剞劂，䇂乃是象剞劂「縱剞的側面」。（註二）䇂也就是剞劂，實屬正確。但謂䇂是象剞劂「縱剞的側面」，似猶不無可疑。因為「辛」或「辛」是刻鏤的刀和農器，是直刻直刺的，並不彎曲，其「縱剞的側面」不成䇂形。這由上列商器上所刻的辛字的字形便可推見。我們疑心，䇂字所加的「勹」乃表示動作的，或者也用以別於辛字。卜辭有一現象，辛字只用為十干字，不見有其他用法。按「辛」乃是當時的重要工具之一，用「辛」刻鏤、耕地應也是主要的勞動之一，卜辭何以不見辛字作為工具和勞動字用呢？我們疑心當時辛字已成為十干的專用字。因為辛是十干的專用字，所以不用作工具和勞動字。又因辛已成為十干的專用字，而「辛」又是一重要的工具，於是便不得不用一個字來代替它作為工具和勞動字用，我們疑心䇂字就是這樣產生的。䇂字是在辛下增一「勹」，這乃表示用「辛」掘地、刻鏤。

䇂，我們以為就是屰字，也就是剞劂字的初文。說文云：

「屰，不順也。从干下凵屰之也。」

說文這種解釋顯然是錯誤的。說文謂屰从干作，干義為犯，這還勉強可以說，這說明了屰為「不順」之意。但下云：「下凵屰之」如何解釋呢？所謂「凵」所指的是什麼？這實無法解釋。說文這種解釋顯是不知屰為何物，而只就屰字義為不順，臆解字形的。按屰與咢、辥聲音相同，咢甲文作[illegible]，辥甲文作[illegible]，皆从䇂作，皆由䇂得聲。由此可知屰、䇂也必一聲。而從字形分析，也可知屰為劂字的初文，所以屰必就䇂，䇂後世作屰，這乃是字形的演變。

說文云：「剞劂，曲刀也。」甘泉賦應劭注云：「剞，曲刀也。劂，曲鑿也。」應劭又以剞劂為兩種不同的工具。按詩豳風七月「既破我斧，又缺我錡。」傳云：「鑿屬曰錡。」錡當就是剞，是剞也是鑿，應劭將剞劂分而為二，實不足信的。王逸注哀時命云：「剞劂，刻鏤也。」剞劂實就是一物。

剞劂是刻鏤的刀，我們以為也是農器。這由文字的變化上即可以推見。按劂从厥从刀。此字應從厥得聲得義。說文云：

「厥，發石也。从厂欮聲。」

厥義為發石，自然也是掘土。山海經海外北經云：

「共工之臣曰相柳氏。……相柳之所抵，厥為澤谿。禹殺相柳，其血腥不可以樹五穀種。禹厥之三仞三沮，乃以為衆帝之臺。」

郭璞注云：「厥，掘也。」可知厥義實也為掘土。又莊子秋水篇云：

「子獨不聞夫埳井之鼃乎。謂東海之鱉曰：吾樂與？出跳梁乎井幹之上，入休乎缺甃之崖。赴水則接腋持頤，蹶泥則沒足滅跗，還虷蟹與科斗莫吾能若也。」

「埳井之鼃」「蹶泥則沒足滅跗」。蹶義也必為掘，此蓋謂用足掘泥也。又襄公十九年左傳云：

「衛石共子卒，悼子不哀。孔成子曰：是謂蹶其本，必不有其宗。」

杜預云：「蹶猶拔也。」實則這也應就是掘。所謂「蹶其本」，譯為今語，就是「挖老根」。深義為掘，更足証厥、蹶義必為掘。

厥、劂義為掘，由字形的變化上也可窺見。剞劂之劂說文作劂，又作劂，玉篇也作劂。淮南子俶真訓「百圍之木，斬而為犧尊，鏤之以剞劂，雜之以青黃。」是劂可以變為劂。又左氏文公十年經「楚子蔡侯次于厥貉。」羊公作屈貉。左氏襄公元年經「夏晉韓厥帥師伐鄭」，公羊作

72

屈。更可知屈實為厥之變。說文屈作屈。劂、掘、堀，从屈作的字說文皆从屈。由此可知，屈也必是厥之譌變。這大概厥譌為屈，後世隸變又省為屈。屈是厥譌變的，則掘、堀、窟等字必也即由厥演變的。由此以推，則厥應原就是掘字。厥義為掘土，豈不更為明白。厥義為掘，則剞劂當然也是農器。剞劂是刻鏤的刀，又是農器，這必最初二者即是同一種工具，以後工具進步，刻鏤的刀和農器才分而二。

厥義為掘，其字从厂从欮。玉篇云：「欮，掘也。」是厥義為掘係由欮得義。从欮作的字又有闕字。說文謂闕為門觀。按隱公元年左傳云：

「對曰，君何患焉。若闕地及泉，隧而相見，其誰曰不善。」

國語吳語云：

「吳王夫差……乃起師北征，闕為深溝，通於商魯之間。」

闕前人皆以為義為空。我們以為闕義也應為掘。「闕地及泉」即掘地及泉。闕為深溝，即掘為深溝。闕義為空乃是引申義。這乃因掘地成空穴而引申的，與掘地引申為窟穴一樣。由空再引申為闕之。其為門觀及兩山相對為闕，皆係假借。闕从欮作，也必由欮得義。厥、闕从欮作，義皆為掘，欮義為掘，必無可疑。欮字不見於說文，但字形甚為明白，此乃从欠屰聲字。必由屰得聲得義，由此可知屰義必為掘地。

劂、厥、闕、欮、屰義皆為掘地，由這些字的字形看，這些字當皆就是屰字的孳乳。這就是由屰演變而為欮，由欮演變而為厥及闕，由厥演變而為劂及[illegible]。劂又譌為屈及屈。由屈又演變為掘、窟及堀。屰是這許多字的初文，可知屰必就是剞劂，是刻鏤的，又是農器。以「屰」掘地故引而為掘，其義為不順，當也是引申義。

从屰作的字還有㡿及逆字。由這些字我們也可以推知「屰」當是工具。說文云：「㡿、卻屋也。从广屰聲。」此說㡿字的字義實不甚明瞭。按从㡿作的字有⿰土㡿（坼）及⿰木㡿（柝）字。說文云：「⿰土㡿，裂也。」「⿰木㡿，判也。」灼龜之兆又稱之為⿰土㡿兆。是㡿必有裂土、判木、及契刻之義。㡿何以有這種字義呢？這必因㡿也是工具，這種工具可以掘土、可以伐木，可以契龜。按莊子天下篇：「禹親自操橐耜而九雜天下之川。」崔譔謂橐是囊。司馬彪謂橐是盛土器。（註三）也不可靠。橐也就是⿰木㡿。易繫辭「重門擊⿰木㡿」，說文引作欜。可知⿰木㡿欜一物。「禹親自操橐耜」橐耜相連，非為農器不可。由此更可知㡿實為工具。㡿為農器或判木、契刻的工具，也就是屰必是農器和判木、契刻的工具。我國古代擊柝以警夜，易謂「重門擊柝，以待暴客。」我們疑心最早擊以警夜的「柝」，即是農器。

說文云：「逆，迎也。」按逆義又也為不順，與屰相同。屰逆應就是一字。逆只是屰之變。又逆與㴑（溯）義相同。如逆流㴑流意相同。由此可知屰、逆、㴑都是一字的變化。逆義除迎及不順以外，還有另外的字義。周禮鄉師云鄉師之職「則受州里之役，以考司空之辟，以逆其役事。」鄭玄云：「逆，鉤考也。」又女史「掌以詔后治內政，逆內宮。」鄭玄云：「鉤考六宮之計。」是逆義為鉤考。又墨子貴義篇云：「今若遇之心者數逆於精微。」逆義蓋謂深入。逆何以又有鉤考深入之意？逆義為「逆」及「不順」不能引申為鉤考及深入。我們以為逆字這種字義也是由屰為農器及契刀引申的。因為農器掘土及契刀刻鏤，故引申為刺，由刺又引申為深入鉤考。說文有𢆏字，云：「𢆏，撥也。从干倒入。」此字與屰形聲皆近，我們疑心即一字之變。又禹貢云：「（導河）北過降水，至于大陸，播為九河，同為逆河。」「逆河」鄭玄謂「下尾合名曰逆河，言相逆受水。」王肅謂「同逆一大河，納之於海。」偽孔傳謂「北分為九河以殺其溢。……同合為一大河名逆河而入於渤海。」諸家解釋紛異而皆不可通。我們以為此處逆義實為分。逆河即是分水、河。這是說大禹導河至大陸北，將下游分為九河，這九河都是分水河，以流入渤海。經師們對於逆河所以不能有明確的解釋，就因為他們不知逆義為分而扭於逆義為迎之故。逆義為分，與庌、埒、梈等字實相同，所以這也必由屰為農器、契刀和掘土、刻鏤引申的。至於逆義為不順和迎，實也是這樣引申的。因為以屰掘土刻鏤，在被掘、被刻的一方面言，自屬與之相反，故引申為不順。由不順又引申為迎。這與倒（即撝）義為撥，引申為反一樣。這種情形在我國文字實所見非鮮。如讓如責讓、退讓二義便是顯例。

屰我們以為也就是咢（咢）字。屰咢乃是一字的變化。說文將屰、咢二字分開，屰義為不順，咢義為譁訟。又逆遻（遌）二字也分而為二：逆義為迎，遻義為「相遇驚」。我們以為這實是錯誤的。說文云：

「咢，譁訟也。从吅屰聲。」

又云：

「遻，相遇驚也。从辵咢，咢亦聲。」（註四）

是咢、遻基本上都讀屰聲，與屰、逆相同。尤可注意者，遻字如說文所云，則不僅字聲與逆相同，字形也應與逆相同。逆遻形聲皆同，何以猶謂不是一字呢？我們以逆遻應就是一字。逆義為迎，按爾雅釋詁云：「遘、逢、遇，遻也。」試問遻義為遇，與逆義為迎有什麼不同？迎與遇意思顯然也一樣。班固幽通賦云：「乘高而遌神兮，道遐通而不迷。」遌義顯然也是迎。又逆義為不順。按莊子達生篇云：「死生驚懼，不入乎其胸中，是故遌物而不慴。」遌物意即為逆物。又莊子寓言篇云：「使人乃以心服而不敢蘁。」釋文云，「蘁，逆也。」按蘁與咢、堮相通。如垠堮之堮，玉篇又作壚，而驚咢也可以作噩，此處蘁可知也必為遻。蘁義為逆，可知遻義也為不順。又釋名云：「遻，不順也。」又云：「逆，遻也。」更足証遻義為不順，與逆即係一字。逆遻一字，則屰咢（咢）自也就是一字。總之，我們屰咢必本即一字，後因變化，乃致字形不同。

芈笰即是一字，更足證芈必為工具。說文有剟（剟）字云：「剟，刀劍刃也。」剟顯然就是笰。笰既就是芈，則剟也就是芈字的演變。是芈也應就是刀劍刃。說文又有鑿字，云：「鑿，剟也。」鑿就是尖，是芈也就是刀尖。芈是刀尖，可知芈必是銳利的工具。

總括以上所述，芈是㡿、㨗、欳、㵐、㓾、掘、剟等字的初文，可知必為農器及刻鏤刀無疑。芈，我們以為即是甲文弓字。除前面所述芈與㫒、辥一聲以外，還有一個證明。朔字从月从芈，而甲文作㓿，可知芈必是弓之變。茲將此字的演變列表於下：

荀子榮辱篇：「俳優以狐父之戈钃牛矢也」。楊倞註：「钃，刺也」。郝懿行曰：「钃訓刺，亦……向」。

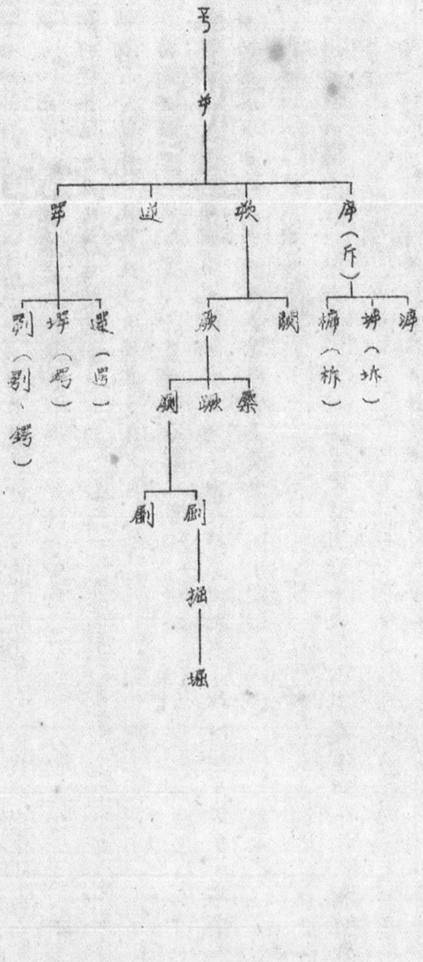

·75·

現在再看一下弓字在卜辭中的用法。

「癸丑卜，賓貞：亩「貝」，令眾舉弓。」（後下三四、五、）

「丙寅卜，兄貞：令好禹弓、十月。」（前五、四、二、）

𠦪及好高皆人名。𠦪上一字作罒，舊釋目。釋目義不可通，我們以為應釋眔。眔我們以為即奴隸之隸字的初文。其字作眔，係象奴隸痛苦流淚之形。眔字演變則為臣字。此處眔義蓋為臣。此蓋謂命𠦪及好高丂。丂意究為耕抑為契刻不能明瞭，但為動詞，則顯然可見。卜辭又云：

「貞：勿乎（呼）丂」（龜二、二十、五、）

「癸丑卜，口貞：乎眔𠦪丂」（後下、三四、五、）

呼丂與呼耤同語法一樣，丂義當為耕。

从丂作的字有咢字。此即說文之啇字。說文云：

「啇，語相訶歫也。从口辛，辛惡聲也。讀若櫱。」

我們以為此字的本義蓋為墾闢土地」。我們前面說過，辟字从此作。辟即闢及劈字。辟字从啇作，也當就是從此得義。由此推考，可知啇義應為墾闢。又卜辭云：

「貞：乎啇于西。」（戩二六、七、）

呼啇語例也與呼耤呼黍相同，啇訓為「語相訶歫」不可通。我們以為啇當闢，此蓋謂呼人往西方耕闢。又卜辭云：

「丙（缺）㞢（缺）令乍啇」（後下十、五、）

啇義為闢也可通。卜辭又云：

「貞：令啇畯于（缺）」（前四、二八、五、）

「丙寅卜，賓（缺）子高啇畯（缺）」（後下、八、一、）

這二辭辭意不能瞭解。但無論如何，以啇義為「語相訶歫」，也必不可通。畯說文及爾雅釋言皆謂是農夫，詩七月傳謂是田大夫。於此畯與啇連文為一動詞，以為農夫或田大夫皆不妥。我們疑心畯初義也為掘地耕種。與浚係一字之變。其為農夫或田大夫也由其義為耕種而引申的。如我們這種推測不誤，則此處「啇畯」意當仍為墾闢耕田。

我們說辟从啇作。辟義為墾闢土地，但同時辟義也為君。爾雅釋詁云：「辟、君也。」辟義為君，不見於卜辭，（註五）但我們想，殷代必已以辟為君了。詩殷武云：

「天命多辟，設都于禹之績。」

又大盂鼎云：

「隹殷邊侯田（甸）粤殷正百辟」

這所述皆是殷代的事，辟義皆為君。可知殷時辟字義必已為君。然則辟義何以為君呢？我們辟義為君，乃是假借。因為君乃是個抽象的名稱，不容易用字形表達，所以不得不假借他字。其所以假辟為君，我們疑心就因為「辟」工作效力大，以此表示君的權力。按辟和闢引申的字義皆有有力和大的意思。如開墾荒地為闢闢，雷聲為霹靂，大母指名擘，首領稱為鉅辟，⋯等等。我們疑心假辟為君也就與此一樣。如我們這種推測不誤，我們可以推見一事，即𢆉這種農器在當時必是很主要而且有力的農器。我們想，這樣有力的農器必不是石或青銅製造的。

从𢆉作的字還有辥[illegible]二字。辥，王國維釋辪。甚的。不過，王氏對於此字字形及其本義的解釋，我們覺得，則猶不正確。王氏云：

「殷虛卜辭有辥字，其字从𠂤从𢆉，（𢆉即說文辛字）與辟字从人从𢆉者同意，𠂤者衆也。金文或加止，蓋謂人有辛，𠂤以止之，故訓為治。」（釋辪，觀堂集林卷六）

王氏的解釋係根據兩點：一辥从𢆉作，𢆉就是辛，說文謂辛義為辠，所以辥應有辠意。二、辥从𠂤从𢆉，與辟从人从𢆉同義，辟義為法，所以辥應也有刑法之意。但在我們看，這兩點論據全不可信。我們以為𢆉乃是農器和契鏤的刀，初實無辠意，辥字从𢆉作，初義也不應為罪。又辟我們以為係从人从啇，而不是从人从𢆉，啇義為開闢土地，初應也沒有刑法之意。王氏兩點論據既不能成立，則以辥義為止罪，自屬錯誤。又王氏謂辥从𠂤从辛，意謂「人有辛，𠂤以止之」，這也不合理。甲文止是否已有禁止、制止之義，甚屬可疑。而人有罪何以由眾人禁止呢？這在事理上也說不過去。而且辥金文纔「或加止」，甲文並不从止作，怎麼能用金文增加的筆畫解釋甲文呢？這在方法上也是本末顛倒的，王氏所以有這種錯誤，完全由於他見金文辥義為治，便以甲文辥本義就是治的緣故，辥之本義為治，而說文又謂辥義為辠，於是他就合此二義以辥為治罪。因以辥義為治罪，於是又由解字形（註六）。這種方法的錯誤正與說文根據引申義解釋字形一樣。

卜辭辥字義都為孽。意為災禍。

「貞：茲鳳（風）不隹辥」（前六、四、一、）

「貞：茲雨，隹辥」（龜一、二五、十六、）

「貞：王寢，帚好不隹辥」（藏一一三，四、）

「貞：王寢，隹之（是）辥」（坊五、四。、）

「貞：不隹辥」（龜一、二五、十九、）

「（缺）固曰，不之辥」（坊五、四一、）

我們以為這乃是假借，與假𢦏為災一樣。

我們以為辥之初義乃是開闢山地。辥字从𠂤从辛，辛是農器，𠂤是小山，農器與小山相合成文，其義非開闢山地而何。說文有𨐨字，云：「𨐨，斷也。」𨐨顯然就是辥，辥義何以為斷呢？我們以為這即由辥初義為開山掘土而引申的。這正與剛義為耕引申為斷一樣。又王國維業已指出嬖、艾、乂等字皆辥字之譌變。說文云：「乂，芟草也。」乂即俗之刈字。乂義為芟草，則辥義也當為芟草。這更証明辥義當為墾地。辥義為墾地，因而引申為芟草。又詩臣工云：「命我眾人，庤乃錢鎛，奄觀銍艾。」我們前面說，銍艾意應為耕種，由此可知辥義也必為耕種、除草。由上數証，我們覺得，辥之始義為開山墾地必無可疑。其義為治，我們以為當是引申義。農業勞動字，往往引申為治。如釐、易皆訓治便是顯例。

此字關係甚為重要，因為它說明了當時生產的情況。由這個字我們可以推知殷虛時代，甚至此字創造的時候，必已進行山林的開闢了。卜辭又有許多卜焚的卜辭，我們試以之與辥字聯繫起來，便更可推知當時必已焚燒山地的草木而進行新地的開發了。殷虛時代有那樣進步的文化，由此我們也就不難理解，而這樣能進行山地的墾闢，從而創造殷虛時代的高度文化，如不是有鐵製工具為前提，我們覺得，似也難以想像。

甲文号字，王國維釋辪，即辥國之辥字的本字。（註七）但我們以為這應是朔字。此字从月从亏，字形正與朔相同。卜辭云：

「貞：勿号。」（龜一、二六、二、）

「貞曰：其号。」（龜一、二六、三、）

号皆是動詞，釋辥我不可通。又卜辭云：

「知疾止，于父乙号。」（輔十七、）

這裡号很明顯意必為告。這正與愬同義。由此，我們以為号非為朔不可。辥國之辥原應是朔，後世作辥乃是字之譌，非号即辥字也。惟此字何以从月从亏，最初造字的用意如何，猶不易推知。若謂朔之本義是朔望之朔，从月係表示月之始生，但如不能確定殷虛時代已有朔望之稱，似也不能這樣揣測。其何以从亏仍不能解釋。

号是剞劂，我們以為也應就是栔字的初文。按栔字有幾種寫法：

1、契 這是一般的寫法，說文以為券契。

2、栔 說文云：「栔，刻也。」說文以栔為契刻與契分為二字。

「勿王号」（京六·六七七）

「𢦏爯冊（𢦏）王号」（京三四）

「貞王号𢦏帝若」（乙綴147）

A）「貞𢦏爯冊王号帝若」（同上C）

這是說王以我美爯冊告𦥑于上帝，帝允諾

79

3、挈　詩緜「爰契我龜」，釋文云，一作挈。

4、栔　班固幽通賦「皐于稷栔，咸佐唐虞。」

5、鍥　荀子勸學篇「鍥而舍之，朽木不朽，鍥而不舍，金石可鏤。」

6、楔　大戴禮記勸學篇「楔而舍之，朽木不折。」

此外猶有栔字，說文云，「栔，斷栔，刮也。从㓞夫聲。一曰栔，畫堅也。」栔義為刮；為畫堅，刮及畫堅豈非依然還是刻。我們以為契也應就是栔。於此，鍥、楔自是契之俗，而栔也應就是契。此外，契字至少有契、栔、挈、契四種不同的寫法。契字何以有這種幾種不同的作法呢？這不難推見，必契字的基本部份只是㓞，而其所从作之大、什、木、手、夫等皆是後加的。因此我們以為契字原應就是㓞。說文云：「㓞，巧㓞也。」巧㓞還不是刻。

㓞字之作，說文謂「从刀丯聲。」丯是什麼這裡沒有說明。是否就是「草蔡」之丯，也未說。我們以為㓞就是㓟字，㓞乃㓟之變。換句話說，㓞也即从刀从丯作的字。說文有⿱㓞各字，云：「⿱㓞各籒文㓟从㓞各。」㓟何以又作⿱㓞各呢？這必是㓞就是㓟，各乃是表聲的。各丯一聲，古音同在五部。㓞原就是㓟，因為後世不知，故又加各以表聲。於是㓟字的字形也就變而為⿱㓞各。我們已經說過，㓟即丯，也即是丐，所以㓞之初文也必就是丐。

⿱㓞各就是㓟，也就丯及丐，從字義上也可以推知。按⿱㓞各也就是畧字。玉篇云：「⿱㓞各今作略。」詩載芟「有略其耜」，釋文云，「略，字書作⿱㓞各。」張揖字詁云：「略、古作⿱㓞各。」皆謂⿱㓞各畧一字。是畧必又為⿱㓞各之變。詩載芟「有略其耜」，略義為銳利。按㓟義為刀劍刃，又為夫，共畧相同。可知㓟、⿱㓞各、畧實為一字之變。

又略義為疆界。說文云：

「略、經略土地也。从田各聲。」

莊公二十一年左傳云：

「鄭伯享王于闕西辟，樂備。王與之武公之略，自虎牢以東。」

僖公十五年左傳云：

「賂秦伯以河外列城五，東盡虢略。」

略義皆為疆界。按玉篇有埒字，云：「埒，圻埒也。」圻埒也是疆界，是略埒義相同。埒很明顯就是丯（𤰔），由此又可知略與丯同義，也就是略是由丯（𤰔）轉輾演變的。

又說文有垠字，云：「垠，地圻丯也。」字又作圻。玉篇云：「圻，圻埒也。」是垠、圻也與埒同義。按集韻謂垠古作塈。塈，很明顯，形與畧相近。我們以為塈畧本即一字。畧以各作是以各表聲，塈从土作，則以土表義。畧與塈為一字，而塈就是埒或𡕒，由此又証畧必即是埒、或𡕒。

由上面的情形看，此字的發展變化當是這樣：此字最初就是甲文丯，演變而為𡕒（𤰔）、埒及剟，由剟變而為㓞，由㓞變而為畧及塈。畧又變而為略，塈變而為垠。至於圻，我們疑心係由圻訛變的。這些字都一字的演變，所以其字義相同。又因為在演變中，有各種的字形，所以形成許多不同的字。

㓞字就是剟字，然則剟何以變而為㓞呢？這我們以為乃由於丯、𡕒、𤰔、手皆一字之訛變的緣故。丯、𡕒、𤰔諸字的關係，前面已經講過了。手為丯之訛，我們也可以考見。按朔字是从月从丯。考朔漢以後多作朔，如漢簡「五鳳元年十月丁巳朔」「五鳳元年十二月乙卯朔」漢虎函題字「光和六年十二月丁丑朔」。晉荀岳墓誌「元康五年七月乙丑朔」。後秦宋憲墓表「弘始四年十二月乙未朔」。元魏元顯儁墓誌「延昌二年二月丙辰朔」。這許多朔字都作朔，可知朔字所以作之丯，自漢以至南北朝時代都作手，而手為丯之變也由此可見。丯可以變為手，則㓞為剟之變

·82·

，豈不很明顯。說文謂剄「籀文」作㓞，集韻謂垠「古文」作垔，由此看來，似未必正確。㓞、垔之出現，恐猶是秦漢以後的事。

甲文有□字。此係何字，學者解釋甚為紛異。卜辭云：

「（缺）未卜內□貞（缺）」（龜一、二六、十、）

「癸未卜，賓□貞旬（缺）」（同上一、二六、十一、）

「（缺）□□貞旬亡囚」（同上一、二七、十、）

「（缺）□貞旬亡囚」（同上）

「（缺）□貞旬（缺）」（徵貞二九、）

「癸未卜，□□貞：旬亡囚。」（同上）

「癸酉卜，□貞：旬亡囚」（甲、三一七七、）

「癸酉卜：□貞：旬亡囚」（同上）

「癸未卜，□□（缺）」（寧二、二二、）

這種卜辭句法與一般卜辭微有不同。一般卜辭皆卜人人名與貞字相屬，云某貞。其不著卜人者則逕云卜貞。而這種卜辭在卜人與貞字之間或卜字與貞字之間加一□字。郭沫若謂此係人名。此為二人共貞。但我們覺得，這樣解是否的確，似不無疑問。卜辭二人共貞者除此以外，絕無所見。何以與人共貞者只有這一個人而無別人呢？這豈非顯然是有問題？我們以為這不能解為人名。這恐就是契龜之契。按此字字形很清楚是象兩手持□之形，□也必是工具。而□很明顯與▽相同，只上加一柄而已。▽就是剞劂，可知此字義必為契刻。此蓋謂契龜而貞問。

此字我們以為乃是朕兆的朕字。說文云：「朕，我也。」爾雅釋詁云：「朕，我也。」說文只有義為我之朕，而無朕兆之朕。段玉裁謂朕本義為舟縫。引申為朕兆，其義為我，乃係假音。

（註八）這實是錯誤的。我們以為朕兆之朕與義為我之朕初實非一字。義為我之朕見於甲文，作𠂢，此即朕字，必無可疑。但朕，卜辭義即為我，必不可能引申為朕兆。我們以為朕兆之朕原即是㓊，朕兆即以㓊契龜所呈之兆。㓊又可省為𠂢，此與朕所从作之𠂢形幾全相同，𠂢、𠂢形近，故後世遂致相亂，而以朕為㓊。按朕兆又稱坼兆。坼，我們說就是丂，坼兆即以丂契龜所呈之兆。㓊義與丂相同，其義為契龜更必無可疑。而▽、丂一物，也由此可證。

總上所述，可知辛、辛、𢆉（丂）是農器又是刻鏤的刀，必無疑問。我們說鐵字所从作之丫是農器，由此更可肯定。

註一　見釋辥，觀堂集林卷六。

註二　見釋干支

註三　見莊子釋文

註四　徐鉉本作「从辵䇂，䇂亦聲。」此據段氏本。

註五　商承祚殷虛文字類編，孫海波甲骨文編皆無𨑀字。此字唯見於殷虛文字甲編一〇四片，辭殘，不能知其義是否為君。

註六　参看王氏釋辥。

註七　見釋辥，觀堂集林卷六。

註八　見說文朕字注

六、釋𠧪

𠧪也是我國古代重要的農器之一。說文云：

「疀、臿也。」

「苿、两刃臿也。」

「梠、臿也。」

「鏕、臿屬。」

「銛、臿屬。」

「銚、臿屬。」

這許多農器雖未必真的就都是臿，但由這裡所列舉的情形看，臿是主要的農器，可以想見。釋名云：

「鍤，插也，插地起土也。」

鍤即是臿，臿當是直刺的農器。方言云：

「臿，燕之東北、朝鮮洌水之間謂之斛，趙魏之間謂之喿。」

淮南子精神訓高誘注云：

「臿、鏵也。」

斛就是銚，也就是鍫。臿蓋即是現在我國農民猶使用的鏵鍫。

臿這種農器我們以為最早也就是[字形]，與辛、銍即是同一種農器，以後改進逐成為後世的鏵鍫。

臿字我們以為其初文也就是[字形]字。此字以及此字所从作之[字形]及[字形]，學者解釋，甚為紛異。[字形]及[字形]唐蘭釋才，即臿。

「（略）[字形][字形]二體當以[字形]為正體，[字形]為變例。[字形]即才字也。卜辭才字有作[字形]者，當是原形，蓋與午（杵）為同類而銳首，即臿也。其後由[字形]變為[字形]為[字形]，而所象之形晦，說文訓為艸木

之初而其義更晦。」（天壤閣甲骨文存）

此說實完全正確。只[甲骨文]共中，及臿共杵的關係，我們覺得，還微有不夠明白。[甲骨文][甲骨文]就是臿這種工具，則[甲骨文]乃是象兩手持臿勞作之形。臿我們以為原是[甲骨文]，是個動詞，後乃作為工具。猶犂原為動詞，後餕為農器一樣。

說文云：

「臿、舂去麥皮也。从臼干聲。一曰，干所吕臿之。」

又云：

「舂、擣粟也。从廾持杵以臨臼，杵省。」

臿是舂去麥皮，舂是擣粟，二者顯係一事。是以臿舂二字義實相同。又這兩個字都是會意字，都象用工具舂米或麥，是此二字創造的時候，構意也是相同的。這兩個字字義相同，字形所表示的意思又相同，我們以為最初必原即是一字。其字形所以不同，乃是後世文字在發展變化中形成的。舂字篆文作[篆文]，彝器伯舂盉作[金文]，皆象「从廾持杵臨臼」之形。但毛公鼎「命女辪我邦家內外，惷于小大政。」舂作[金文]，惷字所从作之舂只作[金文]而不从臼，可知[金文]即是舂，[金文]共甲文[甲骨文][甲骨文]形狀顯然相同，至少其所表示的意思一樣，二者必係一字。由此可知[甲骨文][甲骨文]必為舂臿字無疑。[甲骨文]、[甲骨文]既為舂臿字，則其兩手所持之工具必為午臿了。這也就是說[甲骨文]及[甲骨文]，必就是工具之杵及臿。又說文有䑐字，云：「齊人謂舂曰䑐，从臼屰，」䑐共舂、臿同義而字从屰作。我們前面說屰就是[甲骨文]、[甲骨文]共[甲骨文]即是一種工具，由此更可証臿必就是[甲骨文]。

這裡只有一點須稍說明。即臿義為插地起土，何以又為舂？這也就是說，臿是起土的農器，何以又是舂米的杵？段玉裁謂臿義為鍫臿，乃是舂之引申。他說：

「凡穀皆得云臿也。引伸為凡刺入之偁，如農器刺地曰鍫臿。」

「丁巳卜王余[甲骨文]」（乙缀110）

「[甲骨文]王余[甲骨文]」（同上）

[甲骨文]是動詞

「[甲骨文]王[甲骨文]」（同上）

「丁巳卜王自[甲骨文]」（同上）

[金文]白舂盉，三代卷十四，八頁

這實是不正確的。凡文字字義引申，必原始在前，引申義在後。若如段氏之說，臿地起土係由舂引申，則舂米舂麥的發明當在臿地種田之前，這與歷史的事實顯然不合。我們以為臿與舂字形相同，字義相同，乃因杵臿原即是一種工具的緣故。往後發展，杵臿乃分而為二，一用以舂米，一用以起土。最初在石器時代，石杵的功用，大概與石鑿並沒有多少分別，它可用以舂米，也可用以掘地起土。後來金屬發明，掘地起土用的改用金屬製造，而舂米舂麥用的則仍用石製造，於是杵臿遂分而為二。因為杵臿原是一物，所以舂臿二字猶保存了相同的字形和字義。又因為臿改用金屬製造以後，有銳利的鋒刃，所以臿字又增加一▽形。甲文臿作⊽和⊽，乃是从午从▽，這就說明這一發展的情况。

⊽之演變則為中（才）。中卜辭假為在字。但我們覺得中之本義實為栽。按中卜辭除假為在以外，又與𢦔相通。如𢦔義為災，𢦔或作巛，但也有逕作中者。

「乙亥，貞：王于田，亡中。」（續三、三三、六、）

「貞：𠱠方出，不隹𠱠我中囚。」（珠一七一、）

隹𠱠我中冎」（鄴五.二二.五）

「亡中」顯就是「亡巛」「亡𢦔」，「中囚」必更是災禍。又卜辭每云「亡𢦔中䀠」。我們疑心中義也為災，這乃是說無𢦔、無災、無禍。由此可知巛應就是中，巛乃是中之變。又𢦔義為殺伐、殺傷，中義也為殺傷。如卜辭云：

「貞：勿令中北𢀛廾人。」（續五、二六、九、）

「五牛用中」（粹五五二、）

中義顯為伐及殺。中與𢦔相通，而𢦔又从中作，因此，我們疑心這兩個字字義完全相同。𢦔義為栽，中義也為栽。按卜辭又云：

「□子貞：王比（偕）沚或中，中月。」月上原脫一字（續六、二二、十、）

「貞勿中」（藏九〇、三、又續六、二三、四、）

此處才皆是不接物動詞，無論訓在、或災、或伐，皆不可通。我們以為這義必是栽。按第二辭同版猶有一辭云：「貞：勿乎圃。」這必是同時卜問栽種的。將此二辭對照起來看，更足見中義必為栽無疑。中是由㞢演變的，㞢是農器，中直畫中貫，我們疑心即表示以臿刺地之意。

臿，我們以為應也是鐵製的。因為臿與辛、錖是同樣的工具，辛、錖是鐵製的，臿自也是鐵製的了。又說文有銚字，云：「銚、臿金也。……一曰銚，鍫鉄也。」徐鉉本云：「銚、臿屬，一曰鍫鉄也。」銚是鍫鉄，又是製臿的金屬，是臿非鐵製的而何。銚徐鉉本謂是農器，是鐵所以又名銚，也必因是用以製造銚這種農器的緣故。只是銚究是什麼農器，是否就是臿，我們猶不能考知。

又說文有鏊字，云：「河內謂臿頭金也。」鏊顯然就是敄。說文云：「敄，敏也，一曰歅也。」按甲文也有敄字，作敄或敄。卜辭云：

「王其圉敄鹿。」（拾六、十一、）

「丁卯，王獸敄麋車馬（缺）」（續五、四十、二、）

敄義蓋為捕獲，應即為鶩字的初文。此字初義為捕獸，引申為鶩，為敄敗。敄从巾从攴，巾當是捕獸的武器。臿頭金名鏊，鏊也即因敄是金屬鍛造的。臿頭金既是鐵製的，則敄也應是鐵製的。這也可証明鐵是以其所製造的工具之名為名。

臿字既已明白，則十二辰的午字也就為可以瞭解了。午字說文謂是「象形」、「與矢同意」。羅振玉謂「象馬策」。而郭沫若又謂象索形，是馭馬之轡。

「午，牾也。五月陰氣牾屰，冒地而出也。象形，與矢同意。」（說文）

「說文解字，御使馬也，从彳从卸。古文作馭，从又从馬。此从彳从𢆶，8與午字同形，殆

· 87 ·

象馬策。人持策于道中，是御也。或易人以攴而增止。或又易彳以人，或省人，殆同一字也。」（增訂殷虛書契考釋）

「𢆶羅氏以為象馬策形。余疑當是索形，殆馭馬之轡也。其作𢆶者，亦猶𢇍之作𢇛。从午作者之丨乃是策形，金文之作𢆶者，殆誤以為杵形而譌變。知其為杵者，蓋舂字古文均从此作也。」（釋干支）

許氏之說，不用說，一望便知是錯誤的。這類由午篆文作个，形略與矢相似而附會的。羅郭二氏之說，我們覺得，也難令人首肯。羅氏謂午是馬策，郭氏謂午是馬轡，主要的原因是他們由卸字推測午字的字義的。他們以卸字的本義為御馬，卸義為御馬，所以午不是馬策，便是馬轡。這種推測的方法是否正確，我們覺得，實屬疑問。因為這樣的推測，必須首先肯定卸字的始義是御馬。但卸字的始義是否是御馬便不能定。御字的始義既不能確知其是御馬，則又何由而推知午是馬策或馬轡呢？說文云：「御，使馬也。」古文作馭。由此看來，則御義為使馬實不是古義，而是後世假用的字。又從卜辭看，我們也看不出卸義就是使馬。卜辭卸除為祭名外，有下列的用法：

「丙辰卜，貞：𢀛（缺）卸方（缺）𡆥。」（坊三、六二、）

「丁巳卜，王令卸方。」（師友一、六〇、）

「（缺）殼貞：乎吳卸羌。」（粹一一六八、）

這裡卸義顯為抵禦。

「（缺）宗卜，王勿令𠂤朕黍卸。」（佚二一五、）

「（缺）来卜，王勿令𠂤朕黍卸，四月。」（佚六一八、）

此處卸義必非抵禦，也不能訓為御馬之御。以辭觀之，卸義當為治。「黍卸」意蓋謂治黍，由這種卜辭看起來，可知卸字的始義必不是御馬。而且從字形看，卸也毫不見有使馬之意。卸字的初義既不是御馬，則由卸字推測午字的字義自屬錯誤，而午字義不易馬策或馬轡，也由此可見。

我們以為午字的字義仍當由舂臿二字尋求。午即是杵。午字甲文作[字形]、[字形]、8、[字形]、丨等形。僅第二種象繩索之形，餘皆不象。金文午作[字形]、[字形]、[字形]、个，無一作8者。我們以為午正象杵形，甲文或作8，乃因契刻僅刻線條輪廓的緣故。實非繩索。又秦字說文云：「从禾舂省。」按甲文秦字作[字形]，（戩三七、七或[字形]後下三七、八，或[字形]甲五七一、）秦所从作之舂也从8作，總不能說這也是繩索馬轡了。郭沫若謂金文誤以索為杵，似未免錯誣古人。

卜辭云：

「（乙巳卜，[字形]）[字形]，[字形]8。」（佚四一四、粹九五九、）

8商承祚釋午，郭沫如釋幺，云，「不知何意。」按從字形看，8，很清楚，必是午字無疑。「[字形]午」，由辭意看，蓋謂擒擊。[字形]乃是說逐麋而擒擊之。午義為擊，可知也必是捕擊禽獸的武器。由此可知，杵最初必是用以舂穀，用以植地，也用以擊獸。以後進步，杵演變而為臿。杵臿分而為二。午就是杵，則卸字字義便可得而知。卸从午从人，意必為人以杵種地，用杵禦敵。卸義為治，當是引申義。其義為使馬，應是假借。

七、釋㗊（褱、譣、鉶、䛦）

甲文有㗊字。此字學者或釋戰，或釋龠，或釋褱。因為在卜辭中，此字的字義比較難解，所以此字應釋何字便也不易確定。我們以為此字可以釋龠，也可以釋褱，即說文之𤕦字。龠、褱、𤕦乃一字的演變。換句話說，三字係屬同源。

說文云：「𤕦，亂也。从爻工交吅，一曰窒𤕦。讀若禳。」從字形講，𤕦與㗊顯然不同。說文又謂𤕦籒文作[字形]。玉篇謂𤕦古文作[字形]。[字形]、[字形]與㗊依然不同。由此，㗊似乎不能釋𤕦。不過，我

· 90 ·

們覺得𢿌字的構造似不無可疑。說文謂𢿌是从爻从吅，這對於𢿌字構造的意義未能說出。徐鍇解釋此字云：

「二口嚾嚣也。爻，物相交質也。工，人所作也。己，象交構形。」

這顯然也是望文臆說。我們覺得，𢿌字的字形實看不出其意義。此字既不能由字形看出其造字的用意，我們不能不疑心此字的字形是後世改變了的，而不是原形。若此字是後世改變了的，則便不能據此推斷它與□是否原即一字。

从𢿌作的字只有襄字。說文云：「襄从衣𢿌聲。」金文有□字，學者或釋襄。如□是襄字，則□應即是𢿌字。不過金文又有□及□字，學者或也釋襄。如此字是襄字，則□便不是襄，□也不是𢿌。這是很自然的推論。

□字僅見於散氏盤，只是人名，不能據以推知其字義。

□及□解釋頗複雜，或釋克、魁，或釋□，劉心源、郭沫若謂是襄字。劉氏云：

「襄或釋魁，非。說文襄作□，云：『漢令解衣耕謂之襄。』从衣𢿌聲。𢿌，亂也。从爻从工交吅。一曰窒𢿌，讀若禳。□籀文从□……考古貨幣文襄垣字作□，又作□，餘甫人匜襄作□从衣，□象人側身伸兩手解之之形。从土从屮即又之變，致力於土，耕意也。□即□形，攴，又即中，幣文蓋省衣从土，乃□字也。□即□譌，工為土譌，爻為攴譌，己為□省而移於左。……以此知叔弓鎛□公即襄公也。」（奇觚室吉金文述）

郭沫若據此更謂金文□，□，□等字皆是襄字。他說：

「余案劉氏此釋，確有至理。依此讀法以讀其他與此類似之金文，字字可通。如毛公鼎之『□辥氏辟』襄字也。克鼎之『惠□乃心』讓字也。劉氏已言之。如邾公華鐘之『□龏威忌』實亦襄字。郘鐘之『余□公之孫』，實亦襄公。」

註一）

但此說是否可信，實不無疑問。劉氏對於此字的分析，完全是根據褰是「解衣耕」這一觀點的。但嚴格地說，漢今謂褰是「解衣耕」是否正確就大有問題。農民勞動耕作的時候，為着便於工作或因勞動而覺得熱，誠然往往脫去外衣。但這並不是農民耕作時獨有的特點，一切勞動用力時都是往往脫去外衣的，古人何以獨為「解衣」耕而特造這個字呢？這於理似屬難通。我們以為褰字義原就是耕，無所謂「解衣」。所謂「解衣」耕，乃知漢代無知的法官望文臆說的。他們見褰字从衣作而不知其故，故胡亂解釋。這和「馬頭人為長」、「人持十為斗」，以及「苛之字止句」同樣的無稽。褰字義既不是「解衣」而耕，則劉氏謂「□」象人側身伸兩手解之之形」便靠不住。又劉氏所說□□二字的演變也是無根據的臆說。□是否就是褰字，便大有可疑，而劉氏所說□譌變為□的情形，除劉氏自己的想像外，在文字的演變上，也找不出任何根據。至於郭氏謂□就是□及□字，依此而讀金文「字字可通」，我們更覺得實未必然。以□及□為褰字就不甚妥當，而以毛公鼎「□辪氏辟」為「褰辪氏辟」，克鼎「蔥□氒心」為「蔥讓氒心」，邾公華鐘「□辪威忌」為「褰辪威忌」，辭意也不通順。我們覺得，不論從字或字義講，釋□及□為褰實皆難通。這兩個字既不是褰字，自也不是斁字了。

我們以為此字的關鍵仍在金文□字。此字僅見於疐鼎。其銘辭云：

「王令遣（？）載東反夷，疐肇從遣征，攻□無商（敵）」

□舊釋戰，郭沫若釋龠，即逾。

「攻□無商，實亦龠字。當讀為逾或躍。許書「逾，趠逾也。」趠逾即跳躍。易萃之六二「孚乃利用禴。」釋文云，「蜀才作躍。」知禴躍可通，則知龠躍亦可通矣。故「攻龠無商」實是攻躍無敵。」（釋言龢）

釋幾自屬錯誤，但以咢為趯躍，亦未見其當。以咢義為跳躍，辭意仍然不甚妥貼。戰爭既不是比賽跳高跳遠，何能說攻躍無敵呢？咢字於此義自為攻擊。我們以為就是襄字。詩出車「赫赫南仲，玁狁于襄。」襄義實為攻擊。襄孳乳則為攘。「攻咢無敵」意乃謂攻擊無敵。咢演變為趨，義為趙趨，乃咢字另一引申義。

還有一個字也可以証明咢當是毀及襄字。玉篇有剮字，云是「古文刻」。此字正从咢作，當由咢得義。說文無剮字而有剫字，云是古文刻字。段玉裁以為此乃剮之譌變，而誤繫於則字之下者。按叔夷鐘有剻字，薛尚功釋刻。此字字形與剮剫略同，薛氏所以釋刻，不難推想，必因他以剫為古文刻之故。由此可知，說文剫字實誠如段玉裁所說，原在刻字之下而誤繫於則字下者。由此，剮剫應即一字。叔夷鐘銘辭云：

「及其高祖，虩虩成唐，又（有）敢（嚴）在帝所，尃（敷）受天命，剻伐頣司，敗氒靈（？）師，伊小臣隹補（輔）或有九州，處禹之堵。」

這段銘辭是述成唐伐夏而王的。頣是夏字。古鉢夏侯囗，夏侯癸，夏皆作頣，與此相同。從文意上講，也非是夏字不可。夏字秦公鐘𩠜，秦公𣪘作𩠜。說文云，「夏，中國之人也。」由字形看，夏字實象人形。上為人首，中為人身，下為人足。頣字蓋將足移於左側。司當為祀之假借．古祠祀相通，司即是祠。卜辭記年多稱「某祀」，而有一片則作「廿司」（萃五九七）可證司義必是祀。此辭「剻伐頣司」必即是剻伐夏祀。此是述湯伐夏的，釋剻為刻，「刻伐夏祀」文義仍不可通。剻與伐連文，義非攘伐之攘不可。剻字即剮字，是剮義當為攘。剮由咢得義，即咢字的孳乳，可知咢義必為攘。咢義為攘，必即是毀及襄字無疑。剮義為刻，蓋也是咢字的別一引申義。我們以為應即鑲字的初文。

說文謂襄義為解衣耕。我們以為咢之初義即為耕。往後因耕田剌土，引申而為刻，又因耕田將土翻亂，引申而為亂。「擾攘」「室攘」這種成語也都起源於耕田。此字字形的演變，籀文作[illegible]，古文作[illegible]，說文作[illegible]，皆不可信，這都是後世訛變的。

由字形看，我們以為兩就是耦耕　這乃是象兩件農器同時剌土之形。正是所謂「二耜為耦。」

關於耦耕，近人多以為是二人共發一耜，這實是完全錯誤的。二人共發一耜，於理就不通。試問農人耕田為何必需二人共發一耜呢？如果說耦耕是二人共發一耜，當不外下列幾種理由：一、耜這種農器太重，非一人之力所能舉，必須二人合力。二、土地堅硬，必須二人合力始能剌入。三、二人合力，力量較大，剌土可以更深入。此外我們似再想不出其他的理由了。但我們稍思索一下，便知這幾種理由實皆不能成立。第一耜這種農器並不是很重，一人之力不能舉的，而是一人之力可以拿得起的。無需二人合力。而且我們可以推想，也決不會有這樣笨重的農器必須二人合力才舉得起。因為農人耕作不需要這樣的農器。第二、耕田的時候，欲起堅土或深入，二人合用一件農器，不唯無益，反而有害。因為二人共使一件農器，互相牽制，極不方便。反使工作緩慢，不能達到起堅和掘深的目的。與其如此，反不若二人各執一耜，工作靈便迅速，起堅掘深，只須多掘幾下便可。所以，以耦耕為二人共發一耜，無論如何是說不通的。這只是毫無農業勞動知識的書呆子的話。

近人又往往將耦耕與牛耕對立起來，以為在牛耕未發明以前，用人力耕種便是耦耕。論語「長沮桀溺耦而耕」，有人便據此以為春秋時代還是人耕而不是牛耦。這也是錯誤的。最早牛耕未發明以前，誠然是用人力耕田，耦耕誠然也是用人力的，但卻不能將此二者混為一談。耦耕是耕作方法的一種，是二人共同耕作，此外也還有一人單獨工作，或三人共同耕作的。在牛耕未發明以前固然有耦耕，在牛耕發明以後，依然可以耦耕。它與牛耕並沒有前後因果相連的關係，怎能以之與牛耕對立，而謂耦耕便別無牛耕呢？

耦耕實是二人各執一耜，共同耕作。

周禮匠人「耜廣五寸，二耜為耦。」

說文「耦，耕廣五寸為伐，二伐為耦。」

詩噫嘻鄭箋「耜廣五寸，二耜為耦。」

吳語韋昭注「二耜為耦。」

賈公彥周禮匠人疏「耜為耒頭金，金廣五寸，耒面謂之庛，庛亦當廣五寸。云二耜為耦者，二人各執一耜，若長沮桀溺耦而耕。此二人耕為耦，共一尺一寸。」

可知自來釋耦耕者皆謂二耜共作，從來就未見有人說二人共發的。賈公彥謂二人各執一耜，尤為明白。

學者謂耦耕為二人共發一耜，大概是誤解周禮匠人鄭玄注的緣故。鄭注云：

「古者耜一金，兩人並發之。……今之耜頭兩金，象古之耦也。」

學者大概即誤以「古者耜一金，兩人並發之」意為兩人並發一耜。按這句話實不如此解釋。鄭玄箋詩注論語，皆謂二耜為耦，何忍於此又謂兩人共發一耜？他必不自相矛盾如此。他這裡第一句「古者耜一金」是說耜的形制。他說古者耜一金，蓋欲別於漢時的耜頭兩金。「兩人並發之」，乃謂二人同時發土，並非說二人合用一耜。所以下面又說「今之耜頭兩金象古之耦。」若耦耕是二人共發一耜，則這句話便屬不通了。由此可知，以耦耕為二人共發一耜，實全屬錯誤。

耦耕是二人各執一耜，共同耕作，𠔏豈非正象這種形狀。𠔏當就是二耜，〇則表示耜入土之形。𠔏為耦耕，由此字的引申義也可以推知。由此孳乳而來的字，有皆、輔助、和諧等義，例如襄字，就有佐助之意。這種字義皆由耦耕共同合作而引申的。這一點，我們後面再討論。

畐是耦耕，象二耜剌地之形，則耜是怎樣的農器便也可以推見。畐所从作之丫丫，又作丫丫及丫丫，可知耜也就是丫。說文云，「相、臿也。」我們已經說過，臿就是丫，與此完全相合，更足証耜即是丫。我們以為耒耜也就由此發展而來的。說文耜从㠯或台作，學者或以甲文㠯即是耜。據我們看，這實是錯誤的。㠯究是何種農器，我們還不得而知，但決不是耜。耜字所以从㠯从台作乃由文字發展時為變而成的，不能據此便謂㠯是耜。這我們以後研究耒耜的時候再討論。襄義為耦耕，孳乳則為壤、穰、攘、讓、纕等字，其字義則引申為土壤、豐穰、責讓、退讓、毀壞等等。由此又可証勞動對於文字的關係。不僅勞動創造文字，大多數的文字也由勞動字孳乳的，字義是由勞動引申的。

金文的畐字以及襄攘義又為攻伐。很顯然這必因這種農器既是農器又是兵器的緣故。這種兵器，從文字上看，當即是劍之濫觴。劍字从僉作，金文作鐱（吴季子劍）及鐱，（邻口句鑃）僉應就是劍字的本字。金文从金，篆文从刀或刃皆是以後增加的。僉，很明顯，就是丫丫加亼。丫丫加亼作僉，形正與僉相同。僉金文又作[illegible]，這顯也即是畐加亼的。劍這種兵器學者或以為發生很晚，劍這種兵器在我國始於何時，現在還不知道。現在所得的劍雖然只有春秋時代的，但不能據此便謂劍到春秋時代始有。即使說劍這種兵器發生較晚，但這也只應說，這種兵器形成後世劍的形制，為時不十分早，因為由農器的丫丫，發展演變而成為後世的劍必定經過一個相當的時間。然劍是源於農器的丫丫，從文字的變化看，似無可疑的。如不拘泥於劍的形制，我們說丫丫就是原始的劍，亦未始不可。

劍源於丫丫，從字義上也可以推見。按僉義為皆。說文云：「僉、皆也。」舜典「僉曰伯禹作司空」，「帝曰疇若予工，僉曰垂哉」，「帝曰，疇若予上下草木鳥獸，僉曰益哉。」僉史記都改為皆。僉義何以為皆呢？我們以為這也由耦耕，二人共同耕作而引申的。僉義為皆是由耦耕引中的，反過來說，可以証明僉字必源於卩卩。僉既源於卩卩，則劍必濫觴於此。兩就是僉字的初文，按玉篇云，「鐱，金。」很明顯，鐱當就是僉。金何以又名鐱呢？這必因僉是金屬製造的緣故。僉是金屬製造的，則卩卩必是金屬製造的。——姑且不說它是鐵製的。

說文有𢝊字，云：

「𢝊，疾利口也，从心从冊。詩曰，相時𢝊民。」

「相時𢝊民」乃是尚書盤庚語。𢝊今本作憸。又書立政「國則罔有立政，用憸人，不訓于德，」釋文云，「憸，本又作𢝊。」又漢簡憸作𢝊。是憸𢝊二字相通。這兩個字所以相通，學者似不知其故。段玉裁謂憸與𢝊，「異字，異音，異義，」盤庚作憸，立政或作𢝊，皆淺人所改。但我們覺得，這恐不如此簡單。說文謂𢝊義為「疾利口，」而於憸字云，「憸，詖也，憸利於上，佞人也。」馬融云，「憸，利佞人也。」「疾利口」與「利佞人」不是一樣嗎？二字字義有什麼不同？憸音息廉切，𢝊，徐鉉亦謂息廉切，聲音也是一樣。二字義同音同，writing典又通用，我們似不能說這兩個字沒有關係。

我們以為𢝊憸二字乃是同源。𢝊也是喦字的省變。這就是𢝊是喦有口加心而成的。憸𢝊二字皆是喦字的孳乳，所以其音義皆同，又可以通用。

𢝊字既明，則刪字也就可以解釋。說文云：

「刪，剟也。从刀冊。冊，書也。」

若依許氏之說，刪字的聲義實皆不可通。若照許氏的說法，則刪字的本義應為刪書。也就是孔子刪詩書。按孔子刪書乃是一件偶然的事，怎麼會為他一人的偶然的事情而特造一個字呢？這顯然是於理不通，於事必無的。說文又謂刪是从刀冊。若此字之作是从刀冊，則又何由而得刪聲呢？這也顯屬難通的。由此可知說文對刪字的解釋必是錯誤的。

我們以為刪，和[illegible]一樣，也是龠字的譌變。即龠譌為冊，由冊變為刪。刪義為剟，即是除。這與襄義相同。詩牆有茨「牆有茨，不可襄也。」傳云，「襄，除也。」刪義為除，也必由龠義為耦耕而引申的。刪之字聲也是襄、險之轉。

玉篇有銏字，云：「銏，所諫切，鐵器也。」銏聲與刪相同，可知也必與刪一樣是由冊得聲得義。由此可知，銏刪應即一字，旁立之刀金，皆後世所加，一表示是工具，一表示是金屬製造的。銏是鉄器，是冊必是鉄製的工具。冊乃是龠之省，可知龠——也即是YY——必是鐵製的。龠，郭沫若釋龠，釋龠也是正確的。不過，郭氏謂龠是樂器象編管之形，我們所見則與之不同。

以龠為樂器，有許多地方不能解釋無礙。孟子云：

「禹疏九河，瀹濟漯而注諸海；決汝漢、排淮泗而注之江。」

又莊子知北游云：

「孔子問於老聃曰，今日晏閒，敢問至道。老聃曰，汝齋戒，疏瀹而心，澡雪而精神，……將為汝言其崖略。」

瀹瀹義為疏通。字皆从龠作，也即是由龠孳乳的，顯然由龠得聲得義。瀹瀹義為疏通，自是引申義，但若以龠為樂器，何能引申為疏通呢？若龠為樂器，則龠為名詞，而瀹瀹為疏通，則為動詞。換句話說，瀹瀹乃只是將名詞當動詞用。但凡以名詞當動詞用，必名詞與動詞有相連的關係，或即係一事。例如歌字，可作名詞，義為歌曲，又可作動詞，義為歌唱。但所歌唱者就是歌曲。又如犁是農器，作為動詞用則為犁地。犁地所用者就是犁這種農器。如龠為樂器，試問樂器能不能用以掘土疏河？由此可知，以龠為樂器決不能引申為疏通。

又莊子胠篋篇云：

「彼曾史楊墨師曠工倕離朱者，皆外立其德而以爚亂天下者也。」說文云，「爚，火光也。」此處爚如訓火光，文義難通。釋文云，「司馬引崔云，散也。」訓爚為散，文義仍不安。我們由文意看，爚義應就是亂。「爚亂天下」，就是擾亂天下。爚應也由龠得義，如龠為編管，似也不能引申為亂。

此外，瀹義為火光，鑰或闟為門鍵。若以龠為樂器，也皆不能有這種引申義。我們仔細地考量，覺得以龠之始義為編管，實有困難。

我們以為龠始義為耦耕。瀹、禴、爚、籥、鑰、闟、龢等从龠作的字，皆由龠孳乳，其字義則由耕田起土引申。由耕田起土引申而為疏浚，疏通。耕田起土將土翻亂，故引申而為亂。這與擾、攘、殽義為亂，引申的方法是一樣的。爚與殽義相同，更足証其原為一字。鑰、闟、籥義為門鍵，蓋門鍵的形狀與農器的龠相同而假用的。這猶之植假為門植一樣。

龠義為管樂我們以為也是引申義。龠是何種樂器，其形狀如何，自來就無定說。許慎、鄭玄應劭皆謂龠是三孔。詩傳(簡兮)則謂六孔。廣雅又謂就是笛，七孔。郭璞又謂三孔，似笛。學者對於籥有如此不同的解釋，足見籥是何種形狀的樂器，大家實都不知道。他們對於籥的解釋，我們很容易地可以看出，都只是根據某一點而臆度的。許慎、鄭玄謂籥是三孔，乃是根據龠字从三口的緣故。說文云，「龠，樂之竹管，三孔以和眾聲。从品、侖。侖，理也。」許慎謂龠从品，正道出他以龠為三孔之故。但即從文字上講，我們以為，龠實不从口作。即使說是从口，也不是三口而是二口，這由甲文的龠和金文的龠與龠明白可見的。所以許慎、鄭玄等謂龠是三孔，顯屬臆說。詩傳謂龠六孔，張揖謂龠七孔似笛，乃是根據樂理推測的。因為管樂決沒有三孔的，三孔不能成聲。凡管樂不論橫吹或笙簫，必須有六孔或七孔，這樣始能成聲。因此，詩傳便謂龠是六孔，廣雅便謂是七孔。其實，他們對於籥並無任何真實的知識。大家對於籥只有臆度而無具體正確的知識，古代有無籥這種樂器，我們覺得，實大有疑問。

我們以為古代實沒有籥這種樂器，籥乃是管樂的泛稱。因為竹管中間是空的可以吹所以稱之為龠。禮記明堂位云：「土鼓，蕢桴，葦籥，伊耆氏之樂也。」葦决不可能作成三孔、或六孔七孔的樂器，這必是葦中間是空的，可以吹，所以稱為葦籥。龠義為空，也是由耕田掘土引申的。耕田掘土，將地掘成穴洞，這種空洞，就稱之為龠。這與掘引申而為窟，欲引申而為闕，挂引申而為窪一樣。因為管樂的竹管是空的，所以假龠稱一切管樂。龠又為容量的單位，古代十龠為升。龠所以為容量的單位，也同樣的由掘地成穴引申的。我國古代度量衡的單位以及貨幣大多是以農器為標準的。

爚義為火光，又為爇。我們疑心這仍是由龠為工具引申的。這是由用這種工具灼龜引申的。灼龜所用的工具，杜子春謂是用木燃火，而鄭玄則謂用契。周禮大宗伯「華氏掌共燋契以待卜事。」杜子春云：

「燋謂所爇灼之木也，故謂之燋。契謂契龜之鑿也。」

鄭玄云：

「士喪禮曰，楚焞置於燋，在龜東。楚焞即契。」

近人言殷時卜法者，見出土之龜版卜骨上有鑽鑿之孔，便以鄭玄之說為誤，謂契乃是鑽鑿龜，灼龜則別為一事，契後始灼，灼龜則用木燃火。（註二）但我們從文字上看，此說實未必即當，而鄭玄之說未必即非。說文云，「焌火在前，以焞焯龜。」士喪禮云「楚焞置於燋在龜東。」是用以灼龜的實名為焞。焞當即是甲文之䇂及「敦彼淮鋪」之敦。䇂敦義為攻伐，可知必是兵器。說文云，「鑿，一曰千斤椎也。」鑿當也即是䇂。䇂是兵器，灼龜的工具也稱之為焞，這二者之間不能說沒有關係。灼龜的焞自不能說即是兵器之䇂，但二者同源，即同一種工具的發展，當是可能

· 97 ·

的。灼龜之煒與兵器之韋同源，我們以為忍不是木。又周禮華氏云「凡卜以明火爇燋，遂歙其焌契以授卜師。」由這幾句話，似不能不承認灼龜是用契。若以契為鑽鑿，契後再灼，則此處「遂歙其焌契」便屬不通。說文云，「焌，然火也。」焌義為燃火，則「焌契」自是以火燒了的契。契用火燒，必是用以灼龜，如契是鑽鑿，則無需燃燒。由此可知，灼龜實用契。契煒皆是用以灼的，所以鄭玄說煒即是契，實屬不誤。灼龜是用契，契是契刀，更是知必不是木。灼龜蓋用金屬製造的契刀燒熱，以灼龜骨。這乃因為龜甲及牛骨非常堅緻，必須這樣才能灼入甲骨，使之坼裂而呈兆璺。如用木枝燃火，則木枝觸及甲骨，火即熄滅，必不能使甲骨灼裂。這於理也是很明白易知的。

契龜又稱灼龜。灼義為炙，為爇。灼義何以為炙為爇呢？這我們以為仍起於以契刀灼龜。按灼與燭、爝同義。灼義為炙，但也為明。詩桃夭「桃之夭夭，灼灼其花。」燭，說文謂「庭燎火燭」。但義也為明。說文無爝字。按東都賦云：「散皇明以爝幽。」爝義顯為燭。韻會云，「爝，照也。一通作燭。」可知燭爝一字。爝、燭、灼三字義同音同，其間當有關係。我們以為燭、灼，皆爝之省。即爝省為燭，燭省為灼。此字應由屬得義，屬實由厥、蜀為變的。（詳後）推原其始，仍為丫。灼字是源於丫，可知契龜又稱灼龜，也必因用丫燃火灼龜的緣故。爝、燭、灼義為明，灼義為炙為爇，當也由此引申的。

又灼與焯相通。灼龜說文作焯龜。書立政「灼見三有俊心。」說文引作「焯見三有俊心。」這兩個字相通，我們覺得，不能僅用二字聲音相同假借來解釋。我們以為這兩個字相通，也由於二者是同一工具，也就是二字同源的緣故。前面我們已經說過，卓與到同義，也是∇形的農器。豈不很顯然，這也就是灼龜的契刀。玉篇有鋽字，云，「鋽，燒器也。」鋽是燒器，但玉篇並未說是什麼燒器。更未說是炊爨烹飪的用器，這必是顧野王不知這什麼用器而只是搜集的古義。我們以為「卓」即是灼龜的契刀，錍訓燒器即因燃以灼龜的緣故。而灼焯相通，原因亦即在此。

按爚與灼義相同。說文云，「爚，火光也。一曰藝也。」於灼字云，「灼，炙也。」廣雅釋詁云，「灼，炙藝也。」灼義又為明。是爚灼二字義全相同。又禴礿二字也相通。說文云，「礿、夏祭也。」而周禮大宗伯云，「以禴夏享先王。」又詩天保「禴祠烝嘗，于公先王。」釋文云、「禴本又作礿。」由此更可知勺龠也必同義。我們說，灼，也即是勺，推原其始，實是丫，而龠則是丫丫，二者即是同一工具。由此可知爚也必和灼一樣是由燃契灼龜而得義的。爚灼、禴礿字義相同，原因也必即在此。

總之，我們以為龠決不是編管，龠乃是農器和是契刀。其他由龠孳乳的字，字義皆由農器及契刀二者引申的。

龠字字義既明，則龢字之得義便也可以理解。龢字是龠字的孳乳。其義為和諧，我們以為實不是因其為樂器，而也是由耦耕引申的。因為耦耕是二人合作，故引申為和諧。在我國文字中，與龢相類的，如獨、特、奇、耦、協等表示抽象觀念的字，實都是由勞動引申的。

畾，我們以為也就是諧字的初文。諧說文作龤，而龤又與龢同義，可知龤也必由龠得義。又廣雅釋詁云，「諧，耦也。」又云「耦，和、諧也。」諧與耦同義，更足証諧必是起於耦耕。

金文有勵畾二字，我們以為也應釋諧。勵字郭沫若也釋龢，還有釋酮的。按彝器銘辭云，

「畾念奉聖，保祖師華父，勵克王服，出納王命。」（大克鼎）

「丕顯皇考穆穆，克哲奉德，嚴在上，廣啟奉孫子于下，勵于大服，番生不敢弗帥井皇祖考不杯元德。」（番生設）

「乍朕皇祖幽大叔隮彀，即其□□，降余多福緐釐，廣啓叔身，勵于永令。」（叔向父設）

「皇考其嚴在上，數數□□，降余魯多福亡疆，住康右屯魯，用廣啓士父身，勵于永□。」

（士父鐘）

「女（汝）乃聖祖考，克□右先王，乍氒□，用夾輔氒辟，亶大命盭，扁雩政□，皇帝亡旲（？）臨保我氒周。」（師訇設）

「𢅥乍朕皇考龏彝，𢅥用亯孝于朕皇考，用易康𠡠魯休屯右，眉壽永命霝冬。」（微𢅥鼎）

「……克其日龏朕辟魯休，用匄康𠡠屯右，眉壽永命霝冬。」（小克鼎）

從大意看，此處𠡠、扁，釋嗣皆不可通。此處𠡠、扁意皆為龢諧，但釋龢似也不妥。按龢从龠从禾，是以禾表聲的。𠡠、扁不从禾作，當不讀龢聲，也即不能逕釋龢。我們以為𠡠扁應釋龤。釋龤文意依然可通。

又彝器銘辭云：

「奠井叔霝龠鐘，用妥賓。」（奠井叔鐘）

「易汝史小臣霝龠鐘鼓。」（大克鼎）

「協于我霝龠，俾龢俾孚。」（者減鐘）

龠、郭沫若釋龠。謂「是以龠為調協鐘鼓之器」（註三）又謂「古人調鐘似以龠為音媒。」（註四）我們以為這也應為龤。霝龠鐘鼓意蓋謂鐘鼓之聲和諧。

又彝器銘辭云：

「甬（用）乍宗彝尊壺，後𤔲用之，職（職）在王室。」（曾姬無卹壺）

𤔲與士父鐘及師訇鼎之扁相同，自即一字。𤔲字在此，很明顯地，必不能釋龢。此字學者或釋嗣。於此釋嗣固可通，但卻不能解士父鐘及師訇鼎，所以以𤔲為嗣仍不妥。我們以為此處𤔲義當為皆。「後𤔲用之」即「後皆用之」。𤔲義為皆，益可証明𠡠扁必不是龢而是龤。

總之，我們以為龤與龢相同，實源於龠。後演變為金文之𠡠及扁。說文作龤，从皆乃是表聲的。這乃因為喌、勵之讀皆聲後人不知，故加皆以表聲。

我們疑心鍇字即由龤為變的。說文云：

「九江謂鐵曰鍇。」（三蒼同）

廣雅釋器云：

「金、鍇、鐵也。」

方言云：

「鍇、堅也。自關而西，秦晉之間曰鍇。」

鍇為鐵，義又為堅固。這從文字上看，實不易知其得義之由。鍇从皆作，皆字的初文，我們以為是甲文的竹字。竹是象二人同行，實為偕字。偕不可能為鉄，也不能引申為堅固。所以此字必不是由皆得義。這裡最簡單方便的解釋，自為假聲。即鍇是假皆聲，其義為堅固，則由其為鉄引申的。不過，這樣方便的解釋能否令人首肯，恐不無問題。

據我們考察，鉄的各種不同的名稱都由其所製造的農器而得名的，鍇似也不能例外。因此，我們疑心鍇也皆農器，「鍇」這個字是由文字的變化而來的。

說文龠部字的變化有一種現象，即龠逐漸地有變。例如龢字，金文就有龢、龣、咊（余義鐘）味、亦（鄦鑪）等五種寫法。又如吹字，說文作龡，周禮作歈，而說文又作吹。（註五）由此，龠字逐漸變化而丧失，顯然可見，龤字，我們以為，也與此同樣的變化。說文有龤、諧、喈、等字，而訓釋皆不同。

「龤、樂龢也。」

「諧、詥也。」

「喈、鳥鳴聲也。」

「湝，水流湝湝也。」

我們以為這必是一字之變。堯典「八音克諧」，說文引作「八音克龤。」諧顯然是龤之變。詩雞鳴「雞鳴喈喈」，卷阿「鳳凰鳴矣……雝雝喈喈。」鼓鐘「鼓鐘喈喈。」喈喈都是狀聲音之和諧的，可知也必是龤諧之有變。詩鼓鐘「淮水湝湝，」湝湝是狀流水之聲的，當也是龤諧之變。不僅龤、諧、喈、湝字義相同，而且字形的變化也與龢、訸、咊、禾相同，其為一字之變，似無可疑。

龤字既有這樣的變化，即：「龠」漸漸地省去，而只餘「皆」。因此，我們疑心鍇字之來，也即如此。鍇原就是咼，因「咼」、「皆」聲同，後世假「皆」為咼。又因鐵是金屬，故加金。又詩北風「北風其喈，雨雪其霏。」傳云：「喈，疾貌。」此處喈恐不僅狀風之迅速，當也狀風之强大。喈當有强勁之意。這與鍇義為堅固略近。由此也可知喈鍇當係同源。

如果我們這種考察不誤，咼就是鍇，則咼所从作之ⅡⅠ，當是鉄製的。

現在，我們再考察一下咼字在卜辭中的用法。

「壬子卜，旅貞：王賓咼亡囚。」（前五、十九、二、）

「乙丑卜，貞：王賓咼亡囚。」（前五、十九、四、）

「（缺）賓咼（缺）囚」（龜二、七、四、）

此處咼，學者都以為是禴祭。這實是錯誤的。按禴祭乃是祭祀先公先王的，而這種卜辭從未見有祖先之名者，可知必不是對祖先的祭祀。我們以為此處咼應就是禳。這裡可注意的有兩點：一是無先公先王，一是辭末用「亡囚」。卜辭辭末往往用「亡𢦏」，「亡巛」，「亡冎」，「亡它」、「亡尤」，「亡囚」等語。這種語辭的用法是不同的。大凡田獵的卜辭，辭末都用「亡巛」，「亡冎」、「亡𢦏」。祭祀的卜辭，則用「亡它」，「亡尤」。至於「亡囚」，則用於卜夕、卜旬、卜外出。這種用法雖不是決對的嚴格，但絕大多數是如此的。這種語辭的用法既有區別，其含意必也不同。「亡㞢」、「亡冎」，「亡𢦏」，很明顯，意為無災。「亡𡿧」，「亡尤」，意當為無過。舊學者釋禍，這是正確的。卜辭每言「夕福亡𡆥」及「埶福亡𡆥」，𡆥與福為對文，其義非為禍福之禍不可。卜辭中卜夕、卜旬、卜外出的卜辭，都云「亡𡆥」，當是問這一夜，一旬、或外出，有無意外之禍的。我們這裡所舉的卜辭辭末都用「亡𡆥」，與卜夕，卜旬，卜外出問有無意外之禍相同，足見必不是祭祀。咼，我們以為是襄字，襄、禳顯係一字之變，所以此處咼非為禳不可。說文云：

「禳，磔禳，祀除殃厲也。古者燧人禜子所造。」

鄭玄云，「卻災異曰禳」，禳是卻除災殃的，所以說「咼，亡𡆥。」

卜辭又云：

「戊戌卜，口貞：王賓中丁彡，咼、亡𡆥。十月。」（粹二二〇）

「戊戌卜，尹貞：王賓父丁彡，咼，亡𡆥。」（佚三九七．）

「戊午卜，旅貞：王賓大丁彡，咼，農、亡尤。十一月。」（戩二九）

「壬辰卜，旅貞：王賓太丁彡，咼，農，亡尤。十一月．」（續一九、二、）

「（缺）甲彡，咼，叡，亡尤。在十二月。」（庫方一七六九、）

「乙巳卜，旅貞：王賓戔甲彡，咼、叡，（缺）」（粹二二六、）

這種卜辭皆有祖先，咼似可釋禴。但我們以為這仍應釋禳。這裡值得推敲的依然是「亡𡆥」和「亡尤」的用法。在這種卜辭中，顯然有一種現象，即：與咼直接相接者，往往仍用「亡𡆥」，其不與咼直接相接者，則用「亡尤」。這其間也必有原因。

於此，彡是祭祀，毫無問題。叡，學者也以為是祭祀。這我們覺得恐不完全正確。在卜辭中可以看到一種情形，即：叙之舉行往往是在祭祀之後，而且也不記祖先。

「癸酉卜，行貞：王賓父丁歲三牛，眔兄己一牛，兄庚，亡尤。」（後十一、十九、十四）

「癸酉卜，行貞：王賓叙亡尤，在十月一。」（同上）

「乙卯卜，行貞：王賓毓祖乙歲宰，亡尤。在九月。」（遺一、十二、十五）

「乙卯卜，行貞：王賓叙亡尤。」（同上）

「乙亥卜，行貞：王賓小乙𠚤，亡尤。在十一月。」（粹二七九、）

「乙亥卜，行貞：王賓叙亡尤。」（同上）

「丁丑卜，行貞：王賓父丁𠚤，亡尤。」（同上）

「丁丑卜，行貞：王賓叙亡尤。」（同上）

這裡叙顯然可見都與祭祀同日，而且在祭祀之後舉行。說文云：「叙，楚人謂卜問吉凶曰叙。」但，我們從卜辭本用「亡尤」看，覺得恐未必如此。我們以為叙乃是問祭祀之當否的，即在祭祀之後，再卜問一下祭祀是否合禮。我們疑心贅字義即源於此。說文云：「贅，以物質錢。从敖貝，敖者猶放，謂貝當復取之。」這一望便知其錯誤。詩桑柔云：「哀恫中國，具贅卒荒。」贅字已見西周之詩，若贅字的本義是「以物質錢」，豈非遠在西周以前就有高利貸了。這恐與歷史事實不合罷？許氏之說，顯然是由戰國以來的贅婿附會的。按叙贅一聲，說叙作數，贅或作贅，贅，贅顯是叙字的孳乳。贅，我們以為其義即起於叙。因為叙是祭祀之後照例舉行的，久之，成為一種「例行公事」，幾乎是多餘不必要的。因此，以後多餘和不必要的，便稱之為叙，文字演變，則成為贅。

叙字還有一種用法：

「丁未卜，行貞：王賓父丁歲五牛，叙亡尤。」（戩十八、十三、）

「戊午卜，行貞：王賓父丁歲二牛，叙亡尤。」（粹三〇六）

「（缺）酉卜，行貞：王賓祖丁（缺）奴己歲，叙亡尤。」（庫方一〇四四、）

「壬申卜，尹貞：王賓（缺）奉，罘兄庚岁，亡尤。」（粹一一一、）

「乙巳卜，尹貞：王賓妣庚歲，叙亡尤。」（戩八、三、）

「丙寅卜，尹貞：王賓父丁歲三牢，叙亡尤。」（虛方一一九〇。）

由上一種卜辭辭例推察，這種卜辭，顯然可見，乃是上一種卜辭刻辭的省略，這乃是將上一種的兩條卜辭合而為一。卜辭這種辭例既已明白，則前面所舉的「彡龠」和「彡龠叙」的卜辭也就可以瞭解。這也必和上面的卜辭一樣是刻辭的省略。這樣，則「彡龠」乃彡祭之後又龠。「彡龠叙」乃是彡祭之後又龠，龠以後又叙。第一種因為最後是龠，所以辭末用「亡囚」。第二種最後是叙，所以用「亡尤」。由此分析，可知此處用「亡囚」，依然與「賓龠亡囚」是一樣的。因此，龠應當還是禳。

前面我們曾說亢也不是對祖先的祭祀。按亢卜辭的語法作「賓亢亡囚」，與龠一樣，此二者的性質應大致略同。龠是禳除災厲，亢應也是相類的。論語云：「鄉人難，朝服而立於阼階。」鄭玄注云：「鄉人禓，孔子朝服而立於阼。」二者所記的係一事，難當就是禓，段玉裁謂禓本是禓。按禓與亢一聲，疑亢就是禓。月令「季春之月……命國難，九門磔攘，以畢春氣。」鄭玄注云：

「此難……難陰氣也。此月之中，日行歷昴，昴有大陵積尸之氣，氣佚則厲鬼隨而出行。命方相氏帥百隸索室毆疫，又磔牲以禳於四方之神，所以畢止其災。」

·10·

又月令「季冬之月，命有司大難，旁磔。」鄭玄注云：

「此難……難陰氣也。此月之中，日歷虛危，虛危有墳墓四司之氣為厲鬼，將隨陰氣出害人也。」

郊特牲鄭注云：

「禓，強鬼也。謂時儺，索室毆疫，逐強鬼也。」

周禮方相氏云：

「掌蒙熊皮，黃金四目，玄衣朱裳，執戈揚盾，帥百隸而時難，以索室毆疫。」

據此，禓實是驅鬼，這與禳為命除殃屬類者相類。我們說，禓與禳性質是相同的，禓與禳也相同，禳就是禓，豈不是很可能的。這種原始的宗教習俗，大概在周代的統治階級中已經沒有了，而民間直至秦漢亦還保存着。

宋本「徽作禓五祀」(宋本御覽五百二十九)

我們說，在我國文字中，有許多表示祈禳禮儀的字原都即是農藝或農業勞動的字，這些字義是由生產勞動引申的。前面，我們曾說過禘、禮、醜、特、奇、禍、齡、諧等字。此外還有怪異等字，我們以為也是由農業耕作引申的。這裏再略討論一下。

怪字，我們前面已經說過，甲文作𡉚即圣字。說文謂汝潁之間謂致力於地曰圣，圣義有為耕種。圣很明顯必就是怪字。怪義為異，必是轉譯引申的。

說文云：「異，分也。从廾从畀，畀予也。」我們以為異之本義實為耕。呂氏春秋為欲篇云：「晨寤興，務耕疾庸。」高誘云：「𢱭，古耕字。」𢱭就是異，从木是後加的。可知異義必為耕無疑。甲文有𤰔字，我們以為就是異字。這從字形上明白可見的。𤰔从田从廾，廾後世變為共。如糞字甲文金文皆作𡊍，而後世作糞，便是顯例。說文謂異从廾从畀實誤。異、卜辭是國名：

「甾伐𤰔」(後下、二六、十一、)

「貞多犬及𤰔𠬝。」(續二、二四、一、)

「貞多犬弗其及𤰔𠬝。」(同上)

但我們從字形看，此字的構意顯然與丞相同。此字初意也必是說双手致力於凵。其義為[illegible]

申義。

協義是由合力耕作引申的，是很容易看出的。說文云：「劦，同力也，从三力。」這已說明劦是三人合力工作。協从劦作，即協字的孳乳，所以協義必由劦引申的。甲文有𠙹字，或有作[illegible]。這是劦字學者已無異義。卜辭云：

「（缺）大令衆人曰，劦田，其受年。十一月。」（徵、歲五、）

「庚子卜，貞：劦，其彫于祖辛，壽（禱）㞢牛歲用。」（佚八八七、）

劦義為耕田，甚為明白。劦蓋象三個農器同時工作。

甲文有[illegible]字，金文作[illegible]，此字宋代學者釋協。金文銘辭云：

「帥秉明德，叡敷明井，虔敬朕祀，㠯受多福，[illegible]龢萬民。」（秦公鐘）

「[illegible]于我靈龠，卑龢卑孚。」（者減鐘）

「[illegible]龢萬民」與堯典「協和萬民」完全相同，者減鐘之[illegible]，義也非為諧協不可。此字釋協實甚的。此字上為三耒，（註六）下為三犬，其意也必為三耒同時耕作。甲文从二耒二犬，其意蓋為二耒同時耕作。不論三耒或二耒，其表示共同耕作，實無不同。只是此字从三犬，不知何意，豈最古用犬耕耶。

劦[illegible]始義皆為耕田，又皆即是協字的初文，協義為和協是由合作耕種引申的，顯然可見，這裡只有一個問題，即劦[illegible]二字義雖相同，但是否即係一字，恐猶有問題。此二字字形不同，而甲文又同時皆有，應當原是二字。協字由字形可知必是由劦孳乳的。因為協與[illegible]義相同，後世便以協代[illegible]。如秦公鐘「[illegible]龢萬民」，堯典作「協和萬民」，便是顯例。協既代[illegible]，於是[illegible]字遂廢。

又感脅、迫脅，我們以為其義也由此引申的。說文云，「脅，兩膀也。」以脅為兩膀，似不

· 109 ·

易引申為威脅，迫脅。按說文引山海經云，「雞號之山，其風若劦。」今本劦作飈。郭璞云：「飈、急風兒。」按「其風若劦」，劦乃比喻詞，郭璞謂飈是急風兒，則是形容詞了，與原意不合。郭釋實誤。我們以為「其風若劦」必謂風力強大，若三人合力而耕也，劦是大力之意。劦義為大力，故以威力相迫謂之脅。脅為兩膀，蓋係假借。而飈也可知是由劦孳乳的俗字。

說文云：

「能，熊屬，足似鹿，从肉，㠯聲。能獸堅中，故稱賢能，而彊壯稱能傑也。」

說文謂「能」是獸，引申而為賢能，才能。我們以為這實不足信。不論從字形或字義講，這種解釋都是難通的。我國文字中的禽獸動物字不外兩種：一是象形，一是形聲。象形字是原始的，形聲字則是後起的。往往假用他字的聲音。說文所說的能字，既非象形，又非形聲。由此可知其必誤。

能字的字義除賢能才能外，還有一種含義。

「柔遠能邇，惇德允元。」（舜典）

「父往哉，柔遠能邇，惠康小民，無荒寧。」（文侯之命）

「柔遠能邇，以定我王。」（詩民勞）

「亦惟君惟長，不能厥家人。」（康誥）

「范鞅與欒盈為公族大夫而不相能。」（左氏襄公二十一年傳）

「入而能民，土於何有。」（左氏僖公九年傳）

「蘇子叛王即狄，又不能於狄。」（左氏僖公十年傳）

「不能其大夫至於君祖母以及國人。」（左氏文公十九年傳）

「昔高辛氏有二子，伯曰閼伯，季曰實沈，居於曠林，不相能也，日尋干戈，以相征討。」

（左氏昭公元年傳）

能字這種字義舊時學者皆沒有正確的解釋。如王肅釋「柔遠能邇」為「能安遠者先能安近。」杜釋「入而能民」為「能得民」，皆於能下另加一字為解，而且將能字解為能否之能，這與能字的字義顯不相合，故王引之斥之為謬。（註七）王氏謂能當釋伽，義為伽順，訓能為伽順，誠較王杜略勝，但仍不明確。

我們以為此處能字義當為和協。番生毁云：

「用諫四方，嚘遠能狱。」

毛公鼎云：

「卬卲（昭）皇天，緟豳大命，康能四國俗。」

叔夷鐘云：

「虔、女康能乃九吏（事）眔乃敵寮。」

此處能字的用法與上舉經傳的能字完全一樣，字義當也相同。按叔夷鐘又云：

「龢協而九吏（事），卑若鐘鼓。」

「龢協而九吏」與上「康能而九吏」語法一樣，而且所述即係一事，可知「康能」意必即是「和協」。由此以推，可知能義非為和協不可。能義為和協，則上舉經傳之語，便無往而不可通。「柔遠能邇」意為安遠和近。「不能厥家人」即不和於家人。「入而能民」即入國而與人民和協。范鞅與欒盈「不相能」，閼伯與實沈「不相能」，即他們不和。

能之初義，我們以為也是幾種農器同時耕作。說文有⿰金能字，云：「⿰金能、枱屬。」由字形可知⿰金能必由能得義。能雖不是枱，其為農器，由此可見。甲文無能字，金文能作[illegible]、[illegible]、[illegible]等形。字應从㠯从夕从匕作。夕很明顯是農器，這是甲文常見的字。㠯學者以為即是枱的初文，以㠯為枱，恐不足信。但此也為農器，必無問題。匕匕當也是農器。能蓋是三種農器相合為文的。又能古共龢相通。郘子妝簠云：

「郘子妝𡖈其吉金，用鑄兵簠，用媵孟姜秦嬴，其子子孫孫永保用之。」

嬴非龢字不可。而其字从女从能，是能龢必為一字。又左氏宣公八年經敬龢，公羊作頃熊，更足證能龢一字。按金文龢又作劦，（系同殷）正象三個農器，由此可知能也必為三種農器。能之初義為三種農器共同耕作，因此引申為和協。又因三種農器共同耕作致力大，故引申而為能力。由此又引申為才能、賢能。這與協字的引申完全一樣。

註一　王國維亦以[illegible]及[illegible]為鼓，見史籀篇疏證。

註二　董國賓：商代龜卜之推測

註三　兩周金文辭大系

註四　音減鍾韵讀

註五　說文龠部僅有龢、龤、龣、龥四字。龤亦有作𪛆。

註六　此字所以作之夕，學者釋耒，此是否為耒，雖不可必。但為農器，則無可疑。

註七　經義述聞秦遠能邇條

八、釋鏤

說文云：「鏤，剛鐵也。」是鐵又名鏤。鐵所以又名鏤，我們以為，也因為鏤是工具，是以鐵製造的。鏤義為雕刻，這當因鏤是雕刻的工具。鏤从婁作，由婁得聲得義，是「婁」當就是雕刻的工具。這是由字形上很自然的推測。鏤是工具又是鐵，這種雕刻的工具，當是鐵製的。

若我們以為也是農器。說文云：「廔、一曰所以穜也。」又云：「𨯓、種𨯓也。」𨯓、樓二字皆从婁作，義又皆為種，是婁義當種。㜢，樓玉篇、廣韻作耬。玉篇云：「耬，犂也。」廣韻云：「耬、種具也。」可知「婁」也是種田的農器。婁是種田的農器，作為動詞用，則為種。婁是雕刻的刀又是農器，這乃因這兩種工具同源的緣故。婁是農器又是鐵，可知這種農器也必是鐵製的。鏤義為鐵，原因也即在此。說文云：「婁空也。」字或又作㜢及窶，這都是引申義。這與窟窿的引申是一樣。

甲文有卯字，此字除為十二辰之外，又為用牲之名，卜辭每言卯牛，卯牢。王國維謂假為劉字，義為殺。卯是劉字，甚為正確。這實就是劉字的初文。不過，王氏之說猶有未盡。我們以為這也就是丣、留、坐、劉、挫等字的初文。

說文無丣字，而玉篇有之。玉篇云：「丣，力九切，劉也。」丣聲義與劉完全相同，字形也顯然是卯字的孳乳，可知丣必即是卯。我們疑心劉字可能即直接由丣演變的。

說文有無劉字，自來學者意見就不一致。徐鉉徐鍇本皆只有鎦而無劉。羅泌也謂古無劉而只有鎦。（註一）惟段玉裁謂說文鎦應作劉。按玉篇云，「鎦古劉字，」由此可知劉鎦實即一字。

說文云：「留，止也。」按莊子山木篇云：

「莊周游乎雕陵之樊，覩一異鵲南方來者，翼廣七尺，目大運寸。感周之顙而立集於栗林。莊周曰：此何鳥哉，翼殷不逝，目大不覩。蹇裳躩步，執彈而留之。覩一蟬方得美蔭而忘其身，螳螂執翳而搏之，見得而忘其形。」

留，司馬彪謂為「宿留伺其便」。此增字為解，顯屬想像。而且這樣解釋也非常紆曲。按留與下文搏為對文，義自為殺。留義為殺，也與劉相同。留、鎦與劉實原係一字，後世文字發展變化，致字形不同，乃形為幾個字。留可知也當是卯字。

留字从卯从田，由字形推考，其初義當為種田或耕田。莊子天地篇云：

「執留之狗，成思猨狙之便，自山林來。」

又應帝王云：

「且也，虎豹之文來田，猨狙之便，執斄之狗來藉。」

此二者所述，即是一事，一作「執留之狗」，一作「執斄之狗」，可知留斄必相通。我們說，斄義實為耕，是留義也當為耕。司馬彪釋是竹鼠，陸氏釋文謂留「一本作狸」。這都是錯誤的。按天地篇這句話乃是解釋上面「是胥易技，係勞形怵心者也」的。這是「執留之狗」笨拙，想往山林中去學習猨狙的便捷，這是「易技」，是「勞形怵心」，若「留」是竹鼠或狐狸，則狗能執竹鼠或狐狸，便不能說它不便捷了。所以謂「留」是竹鼠或狐狸，是說不通的。若以「留」為耕，則大意便暢通無礙。留蓋謂耕牛，執留之狗，力大而笨，它想學習猨狙的便捷是不可能的，所以這是「易技」，是「勞形怵心」。

又山海經南山經云：

「柢山，多水，無草木。有魚焉，其狀如牛，……其音如留牛，其名曰鯥。」

東山經云：

「樕螽之山……食水出焉。……其中多鱅鱅之魚。其狀如犂牛。」

郭璞郝懿行皆謂留牛即犂牛。留牛即犂牛，益足證留義必為耕。

說文云：

「坐，止也，从土从留省。土所止也。此與留同意。」

坐與留同意，可知二字必原即一字。唯說文謂坐是从留省，恐誤。坐篆文作㘸，應即从卯从土，从土从田，意思一樣，留與坐蓋同是卯字的孳乳，所以其字義相同。坐顯然即剉挫之本字。說文云：「剉，折傷也。」玉篇云：「剉，斫也。」說文云：「挫，摧也。」剉挫義為斫傷，摧敗，

史記律書：北至於留，索隱：「留即曰卯也。毛傳亦以留為卯」。

與劉留義為殺略同。是坐也必有所殺、摧敗之意。按左氏桓公十二年傳云：

「楚人伐絞，軍其南門。莫敖屈瑕曰，絞小而輕，輕則寡謀，請無扞采樵者以誘之。從之。絞人獲三十人。明日，絞人爭出，驅楚役徒於山中。楚人坐其北門，而覆諸山下，大敗之。」杜預云，「坐，猶守也。」這顯係想當然爾的話。此處「坐」意必為敗。此蓋謂敗其北門的守軍，使不能接應城外的軍隊，然後將城外的軍隊殲滅也。

由上面的考察，可知卯、劉、留、坐、剉、桎，皆卯一字的孳乳。諸字義皆為殺，留義又為耕，由此可知，卯不特為殺牲的刀和武器，也必是農器。

卜辭云：

「丙辰卜，㱿貞：𢀛卯（缺）」（甲三四二九、）

「丁未貞：王令卯[illegible]（缺）方。」（粹一一九六、）

「𢀛卯」語與「𢀛伐」同例，卯義為攻伐。這當就是「咸劉厥敵」之劉。卯義為攻伐，也必是兵器。這也就是劉。書顧命「一人冕執劉，立于東堂。」劉，偽孔傳謂鉞屬，鄭玄謂是鑱斧（顧命疏引），可知皆屬錯誤。

卯，我們以為也即是婁及鏤字的初文。說文云：

「婁，空也。从毋中女，空之意也。」

說文所説婁字構造顯是臆說。這乃是附會婁義為空而胡謅的。我們以為婁實係由卯轉輾演變而來的。史說劉敬傳云：

「婁者劉也，賜姓劉氏。」

劉邦以婁劉相同，賜婁敬姓劉。照這句話的意思看，這非因婁與劉音同而已，這實因劉婁即是一字。又說文云：

「罶，曲梁，寡婦之笱，魚所留也。从网留。」

又云：

「⿱罒婁，罶或从婁。」

是罶⿱罒婁一字，留、婁相通。廣雅釋器云：

「曲梁謂之⿱罒卯。」

是⿱罒卯也就是罶⿱罒婁。所以玉篇以罶、⿱罒婁、⿱罒卯為一字。由此可知，卯、留、劉、婁四字實皆相通。卯、留、劉諸字何以與婁相通？我們以為這恐不僅由於其字音相同，這乃因為字形的變化。換句話說，留、劉、婁皆直接或間接由卯演變的。由卯變為留，及劉，前面已經說過。婁，我們以為乃由留演變的。說文云：「㨨，引也。」又云：「㨨或从由。」又說文籀字云：「籀，讀也。」而方言云：「抽，讀也。」由此可知，籀、㨨、抽一字，留可省作由。素問「古之治病，可祝由而已。」惠士奇云：「祝由即祝籀。」史記太史公自序「紬史記石室金匱之書」紬即是籀，學者早經言之。由此也可證留可省作由。由婁形近，婁蓋又從由演變。史記歷書「紬績日分」索隱云，「紬音宙又如字。紬績者女工紬緝之意，言造歷運算者若女工緝而織之。」可見紬績必即縷績，紬縷係一字之變。又縷義為線，縷縷意為纖細，不絕，也可見是由抽紬之義引申的。此字字形的演變，蓋由卯變為留，由留省為由，由由又變為婁。

卜辭卯又為祭名。

「奉年，來其卯上甲（缺）受年。」（甲三五六七、）

「（缺）午卜，方帝三豕，出犬，卯于土，奉雨。」（佚四〇）

「乙丑卜，貞：王賓武乙歲，征至于上甲卯，亡尤。」（佚一七六、）

「癸巳貞：叀甲午彡卯于上甲。」（明四七八、）

· 117 ·

「癸巳貞：于乙未彭高祖亥，𢀛卯于（缺）」（同上）

「𠦪甲午彭卯」

此處卯，我們以為應釋𥛚。說文云，「𥛚，祝𥛚也。」前華素問云：「古之治病，可祝由而已」祝由即祝𥛚，是卯乃是祝禱求福。按卜辭，卯祭的時候，往往同時又奉年，奉雨，也可見卯當與祝祭祈福的。

卯，我們以為也可以釋膢。說文云：

「膢，楚俗以二月祭飲食也。……一曰，祈穀食新曰膢。」

三蒼云：

「膢，八月祭名。」

不問二月或八月，膢是祭名必無問題。風俗通云：「嘗新始殺食曰貙膢。」這與說文所說「祈穀食新曰膢」正同。是膢即是貙膢。又後漢書劉玄傳云：「以立秋日貙膢時，共劫更始。」後漢書禮儀志云：「立秋之日，武官肄兵，習戰陣之儀，斬牲之禮，名曰貙劉。」是貙膢就是貙劉。按劉留一字，由此以推，膢當也就是𥛚。卯、𥛚、膢、貙膢、貙劉即是一種祭祀。祭祀的儀式，漢代的膢及貙劉或與殷時的卯和古代的𥛚不同，性質也許容有差異，但這乃是演變形成的，膢、貙膢及貙劉出於卯及𥛚必無問題。卯、𥛚、膢、貙膢、貙劉是同一種祭祀，由此也可以証明卯、劉、留、婁，原係一字。

由上所述，可知婁鏤實由卯演變的，換句話說，卯是婁及鏤字的初文。鏤義為鐵，必因卯這種工具是鐵製的。因為卯是鐵製的，所以鐵又名為卯。後世文字演變，則成為鏤。

九、釋鑰

甲文有𠕋字。學者釋冊，說文云：「冊告也。」但我們試考卜辭，覺此字釋冊訓告，實屬不確。卜辭云：

「癸卯卜，（缺）百牛（缺）冊宰。」（藏六五、一。）

「（缺）于父乙，冊宰，卯（缺）」（藏一〇五、三、）

「（缺）午卜，㱿貞：卯于祖辛，冊十（缺）」（藏一七六、三、）

「丁丑卜，（缺）出祖辛，宰，冊十宰九。」（師友一、四二、）

「丁卯（缺）冊卅宰。」（後上、二三、十一、）

「丁亥卜，賁于兕，冊二牛。」（福十八、）

「其冊十宰又羌。」（佚二三五、）

「貞：大（缺）冊卅宰。」（佚四九八、）

「貞：桒季于丁，豆三勿牛，冊卅勿牛，九月。」（佚四六、）

「貞：卯于父乙，豆三牛，冊卅，伐卅宰。」（佚八八九、）

「貞：卯于（缺）于兄丁，豆羊，冊小羊，今日彭。」（粹二八八、）

「庚子貞：夕酉，冊羌，卯牛一、」（甲八八四、）

「貞：福于妣己，冊艮，卯宰。」（徵、帝系、二二三）

「貞：賁于高妣己，出南，冊三艮，㞢卯宰。」（珠上、十七、）

「冊艮一人，冊艮二人。」（佚二二五、）

冊皆是用牲之名，意為殺牲，若訓告，辭意便不可通。「冊艮」艮也是犧牲，殺人是以俘虜為犧牲的。

卜辭又云：

「（缺）戠冉冊𠕁告（缺）」（前七、二五、一、）

「（缺）㱿貞：（缺）戠冉冊𠕁土（缺）王比（缺）」（粹一〇九八、）

「（缺）㞢戠（缺）𠕁土方（缺）」（龜一、六、十五、）

「↓𢀛方（缺）𠕁𢀛方白炎（缺）田中正（缺）」（粹一一九〇。）

這都是卜征伐的卜辭。前三辭語法「㞢戠冉冊王比伐土方」完全一樣，𠕁意必與伐略同。若訓為告，也不可通。

以𠕁為告既不可通，則𠕁必非說文之𠕁字。我們以為𠕁蓋是會劊膾及删字的初文。說文云：「會，合也。从亼曾省，曾，益也。」

這種解釋，會字形聲義三者皆不清楚。按說文云，「劊，斷也。」劊義為斷，斷實就是殺。近代俗稱殺人者猶謂之劊子手。又膾字說文云，「細切肉也。」廣雅釋詁云，「膾，割也。」膾義蓋為斷割。膾義為斷割，與劊相同，二字乃係一字之演變。劊膾皆从會作，由會得義，因此我們以為會字的本義也應殺。其義為合，乃是引申義。𠕁字若釋會、劊、膾，則卜辭之𠕁𦍩、𠕁牛，意即為殺羊，殺牛，辭意便可通暢無礙。

廣雅有删字，釋詁云，「删、斷也。」曹憲謂音苦拜切。删音義與劊完全相同，我們疑心二者原係一字。

按說文有𦗿字，云，「聵或作𦗿。」廣雅有叡字，釋文云，「叡又作嘳，」說文又有郙字，云，「汝南安陽鄉，」路史國名紀謂「郙或作費。」由此可知聵、嘳、費所以作之貴必是叡及甫之譌，這顯因叡甫與貴聲音相同，假貴為郙及甫的。按會也可以假貴為之。如繪字又可作績。說文云，「績，織餘也，一曰畫也。」績義為畫與繪相同。考工記「凡畫繢之事後素功，」這顯然與論語「繪事後素」意思一樣。鄭司農注引論語即作「繢事後素」論語釋文也謂繪「本又作繢，」

·119·

」可見檜繢是一字。繢又作繪，必因會貴音同，假貴為會的。又莊子漁父篇「曾子居衛，縕袍无表，顏色腫噲。」郭慶藩謂「噲當為膾，病甚也。通殨。」是噲與殨相通。噲又作殨，這也必因二字音同，假貴為會的。詩小旻「如彼築室于道謀，是用不潰于成。」召旻「如彼歲旱，草不潰茂。」傳云，「潰，遂也。」訓潰為遂，詩意既不明暢顯豁，似也沒有根據。按釋文云，「潰，戶對反，」正與會音同。我們疑心潰也是會字的假借。此處潰意蓋與常語會與不會相同。「如彼築室于道謀，是用不潰于成。」是說築室而謀之于道旁之人，所以不會成功。「如彼歲旱，草不潰茂」是說天旱的年歲，草不會茂盛的。⿰冎又、冎可以假貴為之，會也可以假貴為之，⿰冎又、冎、會原係一字，豈不是很可能的。

又爾雅有⿰冎又字，釋文云，「苦怪反，孫本作快。」是⿰冎又與快相通。按三蒼云：「噲，此亦快字也。」（註一）詩斯干「噲噲其正，噦噦其冥」箋云，「噲噲猶快快也。」是噲也與快相通。⿰冎又可以作快，噲也可以作快，這豈不是又可証明⿰冎又、噲一字。

由上所述，⿰冎刂、⿰冎又與會、劊、膾、噲音義皆同，而从冎、⿰冎又作的字與从會作的字又有相通假的關係，我們以為冎、⿰冎又、⿰冎刂、會、劊、膾、噲當係同源字。

⿰冎刂、⿰冎又、⿱艹⿰冎又、⿰冎阝等字皆从冎作，顯由冎得聲得義，換句話說，這幾個字實都是冎字的孳乳。

從字形看，冎字與甲文的冊字顯然相近。我們以為冎當就是冊字的譌省。

我們以為冎、會原都就是甲文的冊字。後來在文字發展變化的過程中，因為筆畫的增損變化同，乃分而為二。冎是冊之譌省，而會則是冊加亼。冊甲文作□，加亼則為會，這豈不很明顯就是會字了。從甲文到金文的變化中，有好些字都加亼。如前面所說的龠字是冊加亼。此外又如龠字甲文作□，金文加亼作□或□。食甲文作□，又作□，鄉字甲文作□，金文則有加亼作□者。由這些例証看，會是冊加亼，不能說不合理。至於這些字何以加亼作，則不得而知。

左成九年引詩「雖有絲麻，無棄菅蒯。」（注疏：「[illegible]」、蒯[illegible]佳如，草中為[illegible]字。左氏傳[illegible]無棄菅蒯，」

是瞰删文乃。

毋就是會，也即是劊⿰耒會，義為殺，我們以為會原是殺牲的工具，引申為殺。玉篇有⿰耒會字，云，「耕具」，⿰耒會當就是會，可知會也是農器。不過會是怎樣的農器，已不能確知。若照字形看，似是四齒耙。會甲文作[甲文字形]、[甲文字形]、[甲文字形]等形，上面的卌和𠕁的縱畫或作三畫或作四畫，這可能即象耙齒之形。說文有⿰耒圭字，云，「卌又可以劃麥，」玉篇云：「⿰耒圭田器。」段玉裁謂即四齒耙。⿰耒會⿰耒圭一聲，或就是一物。

會，即毋，當也是鐵製的。玉篇有⿰金會字，云：「⿰金會鐵器。」很明顯，⿰金會就是會，這與⿰耒會當是同一種工具。从耒，从金皆後世所加，一表示是農器，一表示是金屬製造的。⿰金會是鐵器，「會」必是鐵製的。這裡值得注意的，是玉篇只說是鐵器而未說是什麼工具。由此可以推知顧野王也必不知⿰金會是何種工具，他訓⿰金會為鐵器必不是他自己的訓釋而是摭集的古義。古義相傳⿰金會是鐵器，益足証毋必是鐵製的。

在卜辭中，毋又是祭名。

「（缺）戻虎允來，毋㞢（缺）使壴，五月。」（前四、四五、一、）

「㞢毋于王。」（藏一八五、二、）

「貞子漁㞢毋于（缺）」（東三八）

「（缺）酉（缺）貞：子漁㞢毋于㚇，彭。」（藏二六四、一、佚四四、）

「乙酉卜，貞：王又毋于祖乙、」（粹二三〇、）

「其又毋」（粹八八九、）

「辛亥貞：其毋于唐，九牛，一月」（四中七、）

「（缺）毋于父乙，爭彭。」（徵、帝系、一八三、）

「弜毋，亡大雨。其毋𢆶，又（有）大雨。」（粹七七七、）

· 121 ·

「丁酉卜，王其𠕁岳，𤎩，叀大采㲋十，又（有）大雨。」（粹二七）

．㞢．

𠕁若訓告，義也不可通。我們以為𠕁當是禬。說文云，「禬，會福祭也。」周禮天官女祝「掌以時招梗禬禳之事，以除疾殃。」又春官大祝「掌六祈以同鬼神，」「三曰禬。」這種祭祀的性質，鄭玄謂「除災害曰禬，禬猶刮去也。」（女祝注）但同時他又說「禾閑」。（太祝注）可知禬祭的性質鄭玄實不知道。他只望生意，隨文為解。我們合卜辭、周禮、說文三者觀之，禬大概是一面禳災一面祈福的。

卜辭還有一種情形，即𠕁與冊可以互用。卜辭每云「爯冊」。

「乙卯卜，𡧊貞：沚戠爯冊，王比伐土方，受（缺）」（散、征伐三六、）

「（缺）𡧊貞：沚戠爯冊，王比伐土方。」（庫方一五四九、）

「（缺）未卜，㱿貞：沚戠爯冊，王（缺）」（佚五三七、）

「己巳卜，𡧊貞：㞢告爯冊口衣𢦔。」（粹一三二五、）

但間時又有「爯𠕁」。如「爯冊」又作「爯𠕁」。如

「癸巳卜，商爯𠕁」（大龜第三版）

「爯冊」「爯𠕁」語法相同，意應相同。又卜辭云：「貞：勿商𣪘爯冊」（師友二、四八、）語

貞：𠬝𠬝爯𠕁乎歸」（乙綴二三三、）

與「商爯𠕁」一樣，益可證「爯𠕁」即是「爯冊」。𠕁冊可以互用。

又𠕁是祭名，但有時也用「冊」。如：

「辛丑卜，𡧊三羊，冊五十五牢。」（佚八七二、）

這與前所舉「𡧊三勿牛，𠕁卅勿牛」語法一樣，可知冊義也必與𠕁相同。又𠕁是祭名，冊也見祭。卜辭云：

「辛卯卜，其冊妣辛。」（明六七三、）

「（鐵）冊从口 方支」（鐵）（寧「四二九」）「貞（鐵）冊旨方支ヌ」（同上）（鐵卜，爭冊爭入」（上文五九）

此辭語法也與前所舉「王其𠕋岳」一樣，冊必也與𠕋同義。

𠕋與冊這樣互用，最簡单的解釋自是誤刻，即「禹𠕋」之𠕋多刻了口，而「冊五十五牢」之冊少刻了口。不過，這樣解釋能否令人同意，恐大有疑問。我們以為𠕋冊二字相通，蓋因二字同義。𠕋从冊作，必本由冊得義。𠕋由冊得義，𠕋冊二字字義必基本上相同。𠕋所以加口，可能是表示掘地之意，與□、□，从口作略同。又□、□可以省口作□及□而字義不變，則𠕋自也可以省口為冊而字義相同。由此也可認𠕋冊即是一字。

𠕋就是冊，這必然會發生一個問題，即冊字的本義為何。甲文冊或𠕁，很明顯，必是冊字。

說文云：「冊，符命也，諸侯進受於王也。象其札一長一短，中有二編之形。」（說文：符文即是符命。）

近代董作賓又創為新說，謂冊是龜版，冊字是象以韋穿龜版之形（註二）董氏自詡他這種說法是「新貢獻」。

但我們看，這兩種說法恐皆不可信。若據許氏之說，冊是象編札之形，則在我們文字創造的時候，在殷虛時代以前，文字當就寫在簡札上了，這是否合於歷史事實，恐不無疑問。董氏謂冊是龜版，更屬錯誤。董氏所根據者為一龜版上有「冊入」二字。董氏以為是「冊六」，因此便謂六片龜版「裝訂」成一冊。按「冊入」之「入」，明白可見，必不是六字，所以董氏之說實根本不能成立。而且不論甲文或金文，冊字的縱畫都只有三畫或四畫，從未見有六畫的。若謂六片龜版合為一冊與字形也不相符。尤其重要的，若以冊為符命，簡札，或龜版，則卜辭的冊字便皆不可通，例如上面所舉的「禹冊」，「冊五十五牢」，如冊是符命、簡札，或龜版，如何能解呢？

所以冊字必不能如說文或董作賓的訓釋。

我們以為冊與𠕋即是一字，卜辭「𠕋五十五牢」，冊就是劊，意為殺。「禹冊」之冊，我們以為當是旝，在卜辭中用「爯冊」的地方都是征伐的卜辭。由這種情形看，「爯冊」必與戰爭有關。說文云：

「旝，旌旗也。从㫃會聲。詩曰，其旝如林。春秋傳曰，旝動而鼓。」

杜預云：「旝，旃也。……蓋今大將之麾也。執以為號令。」（桓公五年傳注）是旝是號令指揮的旌旗。「其旝如林」，今詩作會。旝必原就是會，因為用作指揮的旌旗，所以後世加㫃。爯當是偁，義為揚為舉。卜辭云「沚戠爯冊，王比伐土方，」蓋武丁伐土方，以沚戠為帥，指揮軍隊。「爯冊」乃是給以大將旌旗，提高其地位。「商爯冊」當也是賞賜這種旌旗，擢升其地位。

冊字義為書冊及符命，我們以為乃是引申義。冊是農器，兵器，也是刻鏤的刀，所以以「冊」刻字稱之為冊。周公彝云：

「隹三月王令荣眔內史曰，𦫵井侯服，易臣三品。……這考對不敢彖卲朕福，血朕臣天子用冊。王令，乍周公彝。」

「用冊王令」，冊不論訓簡札或符命，皆不可通。此處冊義必為刻寫。這必是說將王命刻在彝器上。又殷周彝器銘辭之末往往有某某冊，如肢作父己甗有「來冊」，臣辰盉及卣有「臣辰冊」。這裡冊義也必為刻。這乃是刻字者的落款，這說某人所刻的。冊義為刻，以「冊」刻成文字，所以文字記載稱之為冊。書多士「惟爾知惟殷先人有冊有典。」典冊義皆是文字記載。又因冊是記載，所以後世書籍又稱之為冊。至於冊為符命，當也因冊是文字誥命的緣故。金器銘辭每見有「作冊」，「作冊」是官名，即是草詔命的。冊若解為以韋編穿札的冊，便也不可通。

由此我們又可悟及一事，即我國關於文字繪畫的字也多源於工具及勞動，即也由工具及勞動引申的。這裡我們考見冊及繪是源於冊毌。前面我們說過，彔也是工具，彔顯是記錄之錄字的初文。此外如書畫等字，我們看最初也是工具及勞動字。這就因為用這種工具刻鏤文字及繪畫，所以引申而為文字、繪畫以及記載書籍。我國最古的文字相傳是刀刻的，即所謂刀書，由此可知這種傳說實完全正確。

甲文又有㓝及𫹉字，皆從毌作。𢍰學者有釋𪞩的，自屬不確。此字我們以為應當釋繪。𢍰說文謂是糠。我們疑心繪字的本義也為耕種，引申為糠。不過，𢍰卜辭所見極少，辭意不明，我們還不能就斷定其字義。

𫹉學者似也猶無適當的訓釋。我們以為這應就是澮字。卜辭云：

「不余𫹉」（前六、五九、六、）

「余不𫹉。」（前七、十、二、）

「帚井𫹉。」（後下、二四、五、）

「貞王（缺）方隹𫹉。」（戩五九、五、）

這種卜辭的辭意誠然不甚清楚。不能據此推知𫹉字的字義。但從文法上看，這裡的𫹉字必不是動詞，便是形容詞。我們以為𫹉是澮字，意為匱乏之匱。我們前面說，繪績相通，嬇熭相通，皆賣為會。則匱自也可以是同樣的情況了。按卜辭云：

「帝令雨[illegible]其足年」（前一、五十一、一）

「帝令雨足年」（同上）

「辛（缺）奉（缺）冂賁五牢，沈五牛，卯五牛，冎牢。」（甲三六六〇）

「辛卯（缺）貞三（缺）酒冂不𫹉，足。」（同上）

這兩條卜辭，很明顯，必是向冂祈年的。此云「不𫹉，足。」祈年而云「不𫹉，足。」可知必是說年歲不歉而豐足。𫹉義必為匱乏無疑。「余不𫹉」，「帚井𫹉」，也必謂我不荒歉，帚井歉儉

註一　一切經音義引，此據孫星衍輯蒼頡篇岱南閣叢書本。

註二 殷代龜卜之推測，安陽發掘報告第一期。按董氏之說，學者早已猜出其錯誤，董氏亦自謂非當。而近時著書為文者猶據以為說，不知何故。其實冊是否就是龜版，是很容易知道的。只要看一看甲骨上有無穿韋的孔便明白了。那些握有大量甲骨在手的人為何不考察一下「實物」呢？

第三篇 我國古代農器的演進

一、釋櫡鉏

農器的進步，最初只有手執的石器，往後進步，手執的石器加柄。加柄應有兩種：一加直柄，一加橫柄，加橫柄就是鋤。加柄——尤其加橫柄——是一重要的進步。這不特使用力容易，而且大大地增加了工作的效率。農器加柄新石器時代就已發明了。新石器時代就已有加橫柄的石鋤。殷虛時代已使用金屬的農器了，其已有加橫柄的鋤，必無問題。

我們說，我國最早的鐵製農器是▽，這是由石器發展來的，我們以為，我國最初的鋤也即由這種▽形的農器加橫柄而成的。

鉏也有各種不同的名稱。說文云：

「鉏立薅所用也，从金且聲。」

倉頡篇云：

「鉏、茲其也。」（註一）

廣雅釋器云：

「鎡錤，鉏也。」

說文云：

「櫡、斫也。齊人謂之茲其。」

玉篇云：

「钁，鉏也。」

爾雅釋器云：

「斫斸謂之定。」李巡云：「定、鋤別名。」

· 127 ·

說文云：

「鑊、大鉏也。」

玉篇云：

「鑊、鋤鑊。」

廣雅釋器云：

「楮謂之鑊。」

玉篇云：

「鍩、鑊也。」

我們將這些訓釋聯繫起來，可知鉏就是鎡其，也就是鐲或櫡，也就是斫斸，也就是鑊，也就是楮或鍩。鉏、鎡其、櫡、鐲、斫斸、鑊、楮即是同一樣農器。這只是鉏的各種不同的名稱。

鉏有這許多不同的名稱，在這許多字之中，就是鉏這種農器的本字，似不易看出。這些字的字形，沒有一個可以看出是象鉏的形狀的。因此，我們以為這些字必都是假借字，或者是譌變而來的。因為在文字發展變化中，字形改變了，所以看不出其象鉏之形。

這裡我們覺得值得注意的是櫡、鐲、斸、劚等字。這幾個字皆从屬作。我們以為屬就是鉏。這原是這種農器的象形字，後來輾轉變化乃形成屬及櫡、鐲、劚、斸等字。

說文云：

「屬、連也。从尾蜀聲。」

這很明顯一望而知是臆說。這根本就看不出造字的意義，而字形與字義也不相符合。按墨子備城門云：

「昔築，七尺一居屬。」

居屬，即是鋸鐯，管子小匡篇尹知章注云：「鋸鐯，鑁類。」可知「屬」必就是鋤。居屬，鋸鐯、斫斸、句鐯即是一物，都就是鋤。

我們以為屬也是由⿸尸屰或屖譌變而來的。按說文尾部只有屬、屈、屎三字。此外从尾作者有屖字，合共四個字。屖字，我們前面已經說過，實不是从尾，而是尾是屖之譌變。屈，說文云：「屈，無尾也，从尾出聲。」但，我們前面也已說過，說文厥作⿰屈刂，屈應是厥之譌。說文謂屈「从尾出聲」當也是不確的。屖及屈从尾作既皆是屖及厥之譌變，可知屬从尾作乃至尾字的本身必有問題。說文云：

「尾，微也，从到毛在尸後，古人或飾系尾。」此信恐不可信。我們以為也是屖字的譌變。尾義為微與屖義為弟為幼小相近，尾義為微，係由幼小引申的。其作為尾後，當是假用。我們覺得，我們這樣的解釋較之說文謂「古人或飾系尾」而造一尾字似要合理的多。尾是屖，或厥之譌變，則屬字便可瞭解了。屬原必就是屖或⿸尸屰，屖⿸尸屰譌變而為屎，屬字加蜀，是後世用以表聲的。屈與屬一樣，从「出」也是用以表聲的。屬與屈，基本上是一個字。屬後世演變又成為欘、钃、斸、劚等字。

屬是⿸尸屰及屖字的譌變，而推源其始，⿸尸屰及屖又即是丫，可知屬、欘、钃、斸、劚原就是丫，屬、欘等是鋤，可知欘必就是由丫加橫柄而成的。欘加了橫柄成為鋤以後，所以仍名為欘，這乃因其主要的部份原為欘，雖加橫柄，而這一主要的部份依然未變。所以仍沿用舊名。我們工具農器的名稱大多是如此的。即其名稱只指尖端用以掘地的一部份，與柄無關。例如斧原是手斧，加柄後依然名斧。

钃或又省作鐲。朱謀瑋駢雅釋器云：「鎡錤、鐲、鉏也。」鐲頭是钃之省。由此可知屬可以省為蜀。莊子則陽篇云：

「彭陽曰：公閱休奚為者邪？曰：冬則獨鼈於江，夏則休乎山樊。」釋文云：「獨、司馬彪，刺也。」獨義為刺，我們疑心，也即由屬義工具器引申的。集韻有钃字，云：「執也。」钃義為執，共獨義為刺相近。我們疑心獨即钃之省。說文有㺯字，云：「㺯，疾擊也。」疾擊共刺義略同，我們疑心，㺯乃獨之省。這就是钃省為獨，獨又省為㺯。前面我們曾說钃、斸、灼三字義同，應一字的謁變，現在钃、鐲及钃、獨、㺯也共之相同，則我們說的說法，益屬可信。

又獨字我們疑心也是這樣謁變來的。說文云：

「獨，犬相得而鬥也。从犬蜀聲。羊為羣，犬為獨。」

這顯是講不通的臆說。按方言云：「一、蜀也。南楚謂之獨。」可知蜀即是獨。說文云：「蜀，葵中蠶也。」葵中蠶决不能引申為一。所以蜀義為獨，其字必不是葵中蠶之蜀。我們以為蜀必也是屬之省。其義為一，蓋由屬之本義為用一件工具，一人耕作引申的。共特引申為獨一樣。

钃是由Y加柄而成的　我們以為甲文十二辰之戌字，就是钃。戌羅振玉謂是戉。他說：

「卜辭戌字象戉形，共戉殆是一字。古金文戌字亦多作戉，仍未失戉形。」（增訂殷虛書契考釋）

郭沫若謂此說「確無可易」。（釋干支）但我們看，這實未必可信。以戌為戉，除由字形「猜」以外，無任何其他根據。又甲文卩他們也釋戉，中卩二字字形全不相同，在卜辭中也從不相亂，二字同釋為戉，顯然也自相矛盾。按甲文戌作中及中，正是Y加横柄之形。我們以為這必是钃、钃，也即是鉏。釋名云：

「鋤，助也。去穢助苗長也。齊人謂其柄曰橿，……頭曰鶴，似鶴頭也。」

戌字的字形共此所說的鋤，形状正全相同，戌必就是鶴嘴鋤。

戌是農器，自也是兵器。說文云：

「戌，滅也。九月陽氣微，萬物畢成，陽下入地也。」

這段陰陽之說自屬附會，戌義為滅，當由戌是兵器而引申的。又从戌作的字有威及咸字，威字不用說義為攻滅。咸義也為攻滅。書君奭「咸劉厥敵」，逸周書世俘篇「咸劉商王紂」。咸義皆為攻滅。卜辭咸也有攻伐之意。

「己卯卜，王咸𢦏𠂤，余曰雀口人伐口。」（後下十五、五、）

𢦏𠂤是國名，咸為動詞，與𢦏連文，咸義非為攻伐或滅不可。「咸𢦏𠂤」必謂攻𠂤或滅𠂤。又卜辭云：

「癸未卜，𠳋貞：王才丝麓，咸獸。」（續三、四〇、四、）

咸與獸（狩）連文，咸當也有獵捕之義。這也可見咸有攻滅之義。咸孳乳則為減。文公十七年左傳云：

「十一月克減侯宣多，而隨蔡侯以朝于執事。」

減義即為滅（註一）。威咸減義皆為攻滅，可推知戌必是兵器。威咸減字義皆由戌是兵器引申的。

戌這種兵器我們以為應就是瞿。書顧命「一人執戣立于東垂，一人執瞿立于西垂。」瞿是何種兵器，自來學者似皆不甚清楚。鄭玄謂是「三鋒矛」，偽孔傳含糊地說是「戟屬」。清以來學者始以為是句兵。但它的來源怎樣，形制怎樣，與戈的分別何在，則仍不明白。近代考古學者從實物研究古代的兵器，對這些問題，也未能得到解決。照我們從文字上看，瞿最早應就是戌，也就是鉏。瞿與钁很顯然即是一字，钁是鉏，瞿當然也是鉏。瞿源於鉏，往後發展武器與農器分開，瞿遂成為兵器。瞿與戈蓋由兩種不同的工具發展成功的。瞿是由鉏演變來的。戈則由矰（鏢槍）加柄而成的。因為二者起源不同，形制自也有些區別。戈是用「内」安柲，則筩安柲者應就為

𠭯方彝：「隹周公于征伐東夷，豐白、尃古咸𢦏。公歸，禦于周廟。戊辰，酓秦酓，公賞𠭯貝百朋，用作障彝。」（陳夢家：「西周銅器斷代」，考古學報第九期）。「咸𢦏」義為「皆殘滅之」 131

瞿。

戌就是鉏似無可疑。不過這裡有一個問題，就是鉏字仍不能由此而得到解釋。戌與鉏二字字形相差甚遠，戌字決不可能譌變為鉏字。

我們疑心鉏乃是獻字的省變。甲文已有獻字，它在卜辭中有兩種用法：一是國名。

「貞伐獻」（前五、三七、五、）

「戌，弗及獻方」（甲八。七）

「戌又獻方𢦏。」（同上）

「戌𠂤，伐𢦏獻方。」（同上）

我們不能據此推知獻字的字義。但卜辭又云：

「叀小臣獻。」（明七六。）

「叀獻令。」（後上十八、二、）

此處獻係動詞。獻可作動詞，聲又鉏相同，因此我們疑心可能義即為鉏。按大保段云：

「王伐彔子！□，獻氒反，王降征令于大保。」

此處獻吳大澂謂是國名（註二）但在此以獻為國名，不論辭意或文法皆不能通。按此處氒是冠詞，反當為名詞，意為反畔者。由文法上看，獻非為動詞不可。以辭意觀之，獻義必為除滅，「獻氒反」意必為誅鋤反畔者。這段銘辭的辭意蓋謂彔子反，王伐彔子，誅鋤反畔，令大保前往征討。師旅鼎云：

「唯三月丁卯，師旅眾僕不從王征于方䨣，吏（使）氒友弘吕告于白懋父。……懋父令曰：義（我）攺獻氒不從。」

這段銘辭是述師旅之僕不肯從王出征，白懋父要罰他們。此云：「攺獻氒不從」，獻義吏非誅除不可。又大盂鼎云：

「天有大令（命）在珷王嗣玟王乍邦，闢氒匿，匍有四方，畯正氒民。在雩御史（事）⿰虘攵酒，無敢⿰酉壴。」

「⿰虘攵酒」意顯為禁酒。⿰虘攵義也為除去。由上所說，⿰虘攵義為滅、為誅除，顯與「誅鋤」相同。因此，我們覺得⿰虘攵更有就是鉏的可能。

說文云：

「⿰虘攵，叉卑也。」

所謂「叉卑」段玉裁謂是「用手自高取下」，這顯然與攫字義相同。攫字說文云：「攫，扟也。」而於扟字云：「从上挹取也。」攫義為「从上挹取」與⿰虘攵義「自高取下」完全一樣。又⿰扌瞿字說文云「爪持也」。「爪持」意也與「自高取下」一樣。⿰虘攵、攫、⿰扌瞿三字義實皆相同。⿰虘攵義何以與攫⿰扌瞿相同？我們以為這蓋因⿰虘攵與钁矍義相同。這就因為⿰虘攵義與钁矍相同，所以其引申義便也相同。钁、矍是農器，⿰虘攵當也是農器。

按⿰虘攵字及从虘作的字往往有變為从且作。說文有担字，云：「担，挹也，从手且聲，讀若樝棃之樝。」方言云，「担，樝取也。南楚之間凡取物溝泥中謂之担，亦謂之樝。」釋名姿容云：「樝，叉也。五指俱往叉取也。」由此可知担樝義與⿰虘攵完全相同。很顯然担、樝、⿰虘攵必即一字，樝為⿰虘攵之變，担為樝之省。

又說文有樝字，義為樝棃。玉篇謂樝又作柤。按禮記內則云，「柤棃薑桂」，又云，「柤棃曰攢之。」柤棃顯就是樝棃，柤必是樝之省。

說文又有⿰氵虘字，云：「⿰氵虘水出北地直路西，東入洛。」⿰氵虘水漢志及水經皆作沮水，是⿰氵虘可以省作沮。

·133·

小臣謎毁云：

「𢧁東尸（夷）大反，白懋父以殷八師征東尸」

又彔𢦏卣云：

「王令𢦏曰：𢧁淮尸（夷）敢伐内國，女其以成周師氏伐于𠂤」

𢧁，皆是發語詞。楊書紫晉云：

「徂茲淮夷徐戎並興。」

語法與之一樣，可知徂必就是𢧁，徂也是𢧁之省變。

這裡據可省作祖，𢧁可省作徂，𢧁又可省作沮，是从且作的字大多是𢧁及虘的省變，我們說鉏是𢧁字的譌變，豈不是很可能的。

𢧁甲文作𢦏，是从𠂇，从又，从且，𠂇很明顯是工具。由字形看，它與𠂇相似，當是與戌相類的工具。从又當是表示手持工具，「且」則是表聲的。𢧁之本義必是鉏地。

總之，我們以為戌及𢧁二字本義皆是鉏。戌是由丫加柄而成的鉏。也即是钃或鐲、劚。𢧁則為鉏地。因為𢧁是鉏地，所以鉏地的工具也稱之為鉏。（即𢧁）至於戌因為用為十二辰字，成了個專用字，其本義遂漸泯滅。

註一 參看經義述聞克減侯宣多條

註二 見窓齋集古錄。丁山𢧁夷考亦以𢧁為國名，𢧁下一字丁釋夷實誤。

二、釋耰

殷虛時代早已用鋤耕種，是毫無疑的。甲文除了戌𢧁二字以外，還有一字可以証明。此即

□字。

甲文□字應釋何字現猶無定說。商承祚釋伐，實不足信。按此字从□从倒□，□象人形，□是鋤，此字乃象人持鋤之形，人持鋤，其義當為用鋤耕作。我們以為此實是耰字。論語憲問「耰而不輟」鄭玄云：「耰覆種也。」管子小匡篇云：「深耕均種疾耰」，耰義皆為耕種。但說文云：「耰，摩田器。」呂氏春秋簡選篇云：「鋤耰白梃可以勝人之長銚利兵。」賈誼謂秦人「借父耰鉏，慮有德色。」耰也是農器。我們以為耰之本義蓋為用鋤鋤地，引申而為農器，這猶之禽獸原為動詞義為捕獸，後演變而為鳥獸一樣。

卜辭云：

「癸未卜，往□，亡禍。」（明四二九、）

「貞乎（呼）剛，眾光行□□洹。」（寧三、四〇、）

此處□皆是動詞。「往□」語例與「往田」相同，釋□為耰，辭意也暢通無礙。「往耰」，意為前往耕種，「耰洹」謂往洹水耕種。在卜辭中□義又為攻伐。

「貞乎□□苦方。」（前六、十八、五、）

「乎□□」（前六、十八、六、）

「甲午卜，亘呂廿馬乎□，」（佚三七八、）

這我們以為應釋擾。

甲文有□字，為殷之祖先，王國維釋夒。很明顯，此即□字所从作之□。由此可知□實从夒作。在卜辭中，□與□又可以通用。

「貞賓于□，十月。」（前六、十八、四、）

「叀高祖□祝用，王受又。」（粹一）

「其桒年于[illegible]五（缺）五、王受又。」（粹五）

這是殷之祖先嚳。按卜辭又云：

「貞桒年于[illegible]，賁二牛。」（後上、二四、九、）

「[illegible]，賁一牛。」（同上）

「壬辰卜，其桒年于[illegible]賁，又羌兹用。」（續一、五一、五、）

「戊申卜，賁于[illegible]雨。」（明四二三、）

「貞其桒年于[illegible]」（明四四八、）

「甲申彭[illegible]」（甲七八一、）

「其桒雨于[illegible]，賁九𡆥。」（粹十五、）

「其桒[illegible]𡆥（缺）彭又大雨。」（粹十六、）

這裡[illegible]也是殷之祖先，很顯然必就是嚳。卜辭又云：

「貞往于嚳，出以雨。」（珠十九、）

「往于嚳」語例與「往于田」一樣，嚳是個動詞，而此辭與前引「癸未卜，往[illegible]，㠯雨」語法辭意一樣，其義必與[illegible]相同。由此可知[illegible]與嚳必即一字，嚳乃[illegible]之省。按嚳與憂形近，極易相亂，如獿說文作㹛，擾說文作㹛，獿樂記作擾。可知憂必為嚳之譌。嚳可以譌為憂，因此，我們以為櫌也就是嚳字之譌變。

金文有[illegible]字，或又作[illegible]。此字王國維也釋嚳通柔及羞。

「予羲釋[illegible]為夋，今案當是說文之嚳。……毛公鼎我弗作先王羞之羞作[illegible]，克鼎柔遠能𤞞之柔作𩕾，番生敦作[illegible]，而薛氏款識盄和鐘之柔燮百邦，晉姜鼎之康柔綏懷遠邇，柔并作[illegible]，皆是字也。嚳、羞、柔三字古音同部，故互相通假。」（殷先公先王考㞢注）

嫛與柔相通，甚的，遠清代學者早就指出。但謂嫛假為羞，恐屬不確。王氏以嫛為羞者是毛公鼎之嫛字。按鼎銘辭云：「康能四國俗，我弗作先王嫛。」此字吳式芬、孫詒讓皆釋㥑。（即憂）王氏初謂此字是「象以手掩面之形」（註一）後又謂是嫛之假借。總之他肯定此字意為羞，不過用不同的方法來証明而已。按此字從字形講，其為嫛字當無可疑，從銘辭的文意看，我們覺得訓憂實也較羞為長。嫛與憂同義，更足証嫛字即是憂字。我們疑心最初實別無㥑及憂字，㥑憂皆嫛字的譌變，其字義則由嫛引申的。

又金文有□字，又作□。彝器銘辭用作婚姻的婚字。

及季良父壺「用亯孝于兄弟□媾諸老。」

克盨「用作旅盨，隹用獻于師尹朋友□遘。」

按說文云，婚字籀文作𡕒。則□應也就是𡕒字。由字形看，此字與甲文□極相似，而𡕒與嫛形也相近，我們以為□即□之變，𡕒為嫛之譌。說文有⿰巾𡕒字云：

「⿰巾𡕒，墀也，以巾擱之，从巾𡕒聲，讀若水溫䨴，一曰箸也。」

玉篇云：

「⿰巾𡕒，箸也，塗也。」

⿰巾𡕒从𡕒作，當就是𡕒。按楊雄解難云，「獿人亡則匠石輟斤而不敢妄斲。」服虔云「獿人古之善塗墍者。」是嫛義也為塗，與𡕒相同。𡕒嫛音同、義同，二者必係一字。⿰巾𡕒義為箸，箸即飾，此更足証□義必為飾地。

金文有□字，孫詒讓釋播謂是从廾从𡕒者。王國維也以為與𡕒同意。（註二）但他却釋勞，謂是「象兩手奉爵形……古之有勞者，奉爵以勞之。」此字有勞意，毫無可疑。彝器銘辭云：

「繇自乃祖考又□于周邦。」（彔伯𣪕）

「乃祖考又□于我家。」（師毀毀）

□意非為勞不可。□義為勞，則慶當也有勞意。按蔡毀云：

「令女眔曰，耤正對各从嗣乃家外內，女敢又不慶嗣百工，出口姜口令。」

「女敢又不慶嗣百工」慶顯然有勤勞之意。又毛公鼎云：

「余一人在位，弘唯乃智，余非庸又（有）慶。」

又云：

「「王曰，父厝，雩之庶出入事于外，專命專政，埶小大楚賦，無唯正慶。」

吳大澂解釋這兩段銘辭謂「余非庸又慶」為「言非好大而喜功。」

「□古郭廓字。□古昏字，張本作文謂之廓，見方言。已强而掠美為昏，見左傳。言非好大而喜功也。」（愙齋集古錄）

而「無唯正慶」則為「無有正直與昏庸之別」。從上下文意看，這顯然不可通。我們以為此處慶義也為憂勞。「余非庸又（有）慶」，蓋謂「余無庸有憂勞。」「無唯正慶，」「正」蓋與「先正」之「正」同義，「無唯正慶」，意謂無令王憂勞。書盤庚「惰農自安，不昏作勞，不服田畝，越其罔有黍稷。」昏偽孔傳據爾雅釋詁訓强，鄭玄訓勉。文意皆不明暢，此意也當為勤勞。「不昏作勞」，蓋謂不勤於勞作。昏義為勤勞，益足證慶義必為勞。

□義為勞，必無問題。不過，此字逕釋勞，似也不正確。因此字字形與勞迥不相同，必不能演變為勞字。我們以為此字義為勞乃是引申義。

□慶義為勞，王國維□是「古之有勞者，奉爵以勞之。」而慶則是「古者女初至，爵以禮之。」（註二）我們覺得，此說實不可信。若如王氏之說，則□慶義乃是慰勞而不是勞動，勤勞或憂勞。按慰勞必先有勞動，有勞動才有勞苦，有勞苦才談得到慰勞。如說用慰勞來表示勞勤，似本末顛倒，理所難通。我們以為□憂義為勞，皆由勞動引申的。憂之本義為勦地，由勦地引申為勞作、勞苦。憂字字義也由此引申的。憂即是勞，勞心則謂之憂。如詩柏舟云：「憂心悄悄。」月出云：「勞心悄兮。」正月云：「憂心慘慘。」月出云：「勞心慘兮。」語意都是一樣，勞心就是憂心，可知憂勞義實相同。毛公鼎：

「亦唯先正，克辥氒辟，□堇（勤）大命。」

□吳大澂、王國維皆釋勞。「勞勤王命」語似不詞，我們以為此處□義也當為憂。「憂勤王命」不論詞句語意似皆較的當。

総之，我們以為憂應是夒之譌變：其字形是夒之譌，其字義是夒之引申，而其字聲也是夒之轉。甲文□即擾之本字，義為周勦勦地。

還有一點似也需說明一下。說文云：

「夒，貪獸也。一曰母猴，佀人。从頁，巳、止，又其手足。」

又云：

「猴，夒也。」

夒何以又是母猴呢？我們以為這也可以說是由於譌誤。這乃因為猴字的本字與夒相同的緣故。甲文猴作□，是象猴子的形狀。這與夒作□幾完全一樣。因為二字字形相同，是以後世文字演變，遂誤為一字。

註一　見毛公鼎銘考釋

註二　見史籀篇疏証

・140・

一、釋耒耜

我國古[illegible]農器最重要者是耒耜。記載所述，古代耕田最主要的即用耒耜。但耒耜這種農器，因為古代記[illegible]略，其形制如何，起源如何，不能確知。後世學者雖作了不少的考証，但於是意見紛歧，而[illegible]說。也就因為這一主要的生產工具不能明確地瞭解，乃致使我們對古代歷史的認識也不免受[illegible]。甚或因此而曲解歷史。

我國古代[illegible]載所傳的耒耜，大概有三種不同的說法。

(1) 耒耜是兩種[illegible]同的農器。

「神農氏[illegible]，斲木為耜，揉木為耒，耒耜之利，以教天下。」（易繫辭）

「耕者必[illegible]一耒、一耜、一銚。」（管子海王篇）

這耒耜分述，[illegible]耜當是兩種不同的農器。

(2) 耒耜即是一[illegible]農器。

「耒，耕[illegible]也，从木推丰。古者垂作耒耜。」（說文）

「枱，耒[illegible]也。」（同上）

「耜，耒[illegible]也。」（三蒼、莊子天下篇釋文 一切經音義引）

「耜，耒[illegible]也。耒耜上向木也。」（易繫辭正義引京房注）

「入土曰[illegible]耜柄曰耒。」（韋昭國語注）

「耒、耜[illegible]曲也。耜，耒之金也。」（月令鄭玄注）

「耒，手耕[illegible]木也。耜，耒端也。」（玉篇）

「耒耜，耑[illegible]也。耒其柄，耜其刃。」（後漢書章帝紀李賢注）

這都說耒是耜上[illegible]曲柄，耜是耒端，二者自就是一種農器。

(3) 耒耜是一種農器，耜又是一種農器。說文云：

「耒，耕曲木也。从木推丰。古者垂作耒耜。」

又云：

「枱，耒端也。」

這是以耒耜為一種農器，但又云：

「梠，臿也。」

這人以梠是另一種農器。可見許慎實以耒耜共梠是兩種不同的農器。記載關於耒耜有這樣三種不同的說法，驟看，似乎甚為混亂。學者對於耒耜不能有一明確的認識，原因可能即在於此。

我們覺得，這三種說法實都是正確的，它們彼此並不矛盾。這乃是耒耜在其發展演進中的不同的情形。這我們並不是要作「和事老」而為「調和折中」之說，這乃是我們考察我國古代農器演進所得的真實的情況。

我們合文字和記載二者考察，我們以為耒耜也是由Y發展而來的。Y就是耜。Y加橫柄為欘（鉏），加曲柄則為耒耜。耒耜就是犂。

說文云：「枱，臿也。」我們已經說過，臿就是鏵鍬，也就是甲文中的[illegible]，枱既是臿，當然也就是Y了。又我們說甲文大[illegible]，是象「二耜為耦」的耦耕，由此也可知耜當也就是Y。

耜字有梠、枱、耜、鈶等形。偏旁木、耒或金自是後加的。其字从㠯或台作。㠯台一字，因此學者們便謂㠯就是耜字的本字，也就耜這種農器的象形字。這我們以為實是錯誤的。按耜是刺地起土的，必有——也必需有尖銳的鋒刃。詩云「有略其耜，」（載芟）又云：「以我覃耜，」（大田）也都說耜是鋒利的。而㠯甲文作[illegible]，金文相同，一點也看不出有鋒鍔，所以㠯必不是象

· 141 ·

耜的形狀。用以，我們以為以「㠯」為耜之本字，必不可信・

我們以為耜或枱皆不是耜這種農器的本字，這些字乃是在文字發展變化中譌變形成的。說文云：

「枱、耒耑也。从木台聲。鈶或从金台聲。辝籒文从辝。」

枱籒文作辝从辝。據此，則枱之本字當是辝，而枱及耜皆後起字。

說文云：「辝籒文辭。」辭，說文云：「不受也。」據此則辝義為辭讓。辝義若為辭讓，則與耜迥不相牟，辝似不能謂是耜之本字。不過說文之說是否可據，却不無疑問。按辝字見於金文・彝器銘辭云，

「余隹司朕先姑君晉邦……用召所辝辟，妥揚氒光烈。」（晉姜鼎）

「公曰，尸，女（汝）敬共辝命，女應鬲公家。余命女嗣辝釐邑。」（叔夷鐘）

「余翼龔威忌，鑄辝龢鐘二鍺。」（邾公牼鐘）

此字宋清學者釋以，容庚謂「誼與其同。」（註一）郭沫若謂是台字，義為予。（註二）從辭意和語法上看，以之釋治，決不可通。釋台義也不妥。此字於此義確與其相同。按邾公華鐘云，「鑄其龢鐘」，邾太宰簠云，「鑄其饙簠」。句法與邾公牼鐘「鑄辝龢鐘二鍺」完全一樣，可知辝義必與其相同無疑。辝於此乃是冠詞，我們以為其義實與厥相同。爾雅釋言云：「厥、其也。」周禮鄉大夫鄭注云：「厥、其也。」厥與其同義，自也與辝同義。又：

「厥初生民，時為姜嫄。」（詩生民）

「無念爾祖，聿脩厥德。」（詩文王）

「厥邦厥民惟時叙。」（書酒誥）

這許多厥字用法均與辝一樣。又書君奭「用乂厥辟」，與晉姜鼎「用召所辝辟」句法更完全相同

。由此更可知辝必與厥義無異。按辝作為𠬝詞只見於金文銘辭而不見於經傳。同時，厥作為冠詞，也只見於金文。我們疑心經傳即假厥為辝的。

辝與厥義相同，而這兩個字又皆源於𠬝，我們疑心這兩個字始義也相同。厥義為掘，辝義也為掘。其後相通假，原因也就在此。

辝，金文還有一種用法。

「𪓐子曰曰，余彌心畏忌，余三事是台，余為大攻𠀁大事，大都大宰是辝。」（齊子仲姜鎛）

這裡辝是個動詞，從辭意看，義必為治。而此忌，台，事，辝為韻，辝聲似也讀治。又從說文推測，辝義也應為治。說文謂辝是籀文辭，義為「不受」，這實是錯誤的。這乃因說文將辝辭分為二字的緣故。說文分辝辭為二字。辝義為不受，辭義為訟。這種錯誤，清代學者早經指出。辝辭實即是一字，而不是二字。按辭說文謂籀文作𤔲。這顯就是金文𤔲。𤔲金文義皆為治。（註三）辝義與𤔲相同，可知也必為治。宋清學者釋辝為治，實屬不誤。我們以為治可能即辝之講變。辝義為治，我們疑心這乃是引申義，這就是由辝為農器及耕種引申的。按易、䢅、辥等始義皆為耕種，後皆引申為治，我們疑心辝義為治即與之相同。

辝金文作𤔲，𤔲，王國維謂从𠬝从𠬝，（註四）甚的。此字所以作之弓與金文辝所从作之弓顯然完全相同。辝我們以為實原就是𠬝，以台乃是金文時代增加的。按金文有𤔲字。彝器銘辭云：

「用喜侃孝于𤔲皇祖文考」（陶𠇍氏鐘）

「用喜口于皇考及我文母，永保𤔲口」（邾王義楚鍴）

「余恁𤔲心，征口余德。」（王孫遺者鐘）

此字郭沫若也釋台，義為予。（註五）但從文義看，以此字為予，實也不妥。而且也無根據。又共以辞為台相抵觸。按此字於此也是個冠詞，其用法與辞、𠬪相同，由字形看，很明顯此字實从𠄎（𠬪）从台。此字从𠬪作而義又與𠬪相同，我們以為必是𠬪字的別體。換句話說，只是𠬪加台而已。𠬪字的別體可以加台作𤔔，辞字形的變化與之相同，則辞當也就是亏字的別體了。由此以推，可知辞就是亏。

辞是枱及耜字的本字，而辞就是亏，是亏就是枱。（耜）按亏即是丫，是枱（耜）也就是丫。說文云：「枱，臿也。」我們說，丫是象「二耜為耦」，三者完全相合，丫就是枱（耜）必無可疑。由此可知枱及梠粔鉛字的演變當是這樣：亏即是枱及梠粔鉛等字的初文，由亏演變而為金文之辞，由辞又有變而為枱或鉛。因台㠯即是一字，所以又作梠或耜。而其字義則由農器耕種引申而為治。其作冠詞當是假用。

現在我們再說耒。

從文字上看，耒是怎樣的農器，實不易推見。說文云：「耒，耕曲木也，从木推丰。」這不但不能看出耒的形狀，即耒字的構造是否可信也成問題。凡農器字不外兩種情形：一是象形，一是假用勞動字。如耨、耰，最初都是勞動字，後又都成為農器字了。這蓋因某種勞動工作使用某種工具，於是遂逐漸地以這種勞動名其所使用的工具。若如說文之說，耒是「从木推丰」，則耒不是象形字而是會意字，也即是勞動字，其本義應為除草。若耒之本義是除草，則其所用的農器當是除草的農器。但我國典籍所述，皆謂耒是古代最主要的耕田起土的農器而不是除草的農器。所以從字義上講，謂耒是「从木推丰」是說不通的。而且如耒之本義是除草，則其字應當用草及除草的農器相合為文，方屬合理。現在，耒从木作，木顯不是農器，所以謂耒是「从木推丰」，從事理上講，也不可通。學者或以為耒字从木推丰來就是木製的農器，殷虛時代猶用木石耕種，這顯是錯誤的。木決不能作為起土或除草的農器。木不能起土，也不能除草，這只要稍有農業勞動經驗，便可知道。即使說，在最原始的時代人們曾經用過木插地，但那是不知多少年以前的事了。當發明文字的時候，這種情形早已超出人們的記憶之外了。創造文字的時候，決不會將木當作主要的農器而表示在文字裡的。說文所說耒字的構造既不合理，我們以為耒字也必有謬誤。

我國古代記載都說耒是曲木，而三蒼、京房、許慎、鄭玄、韋昭又都說耒是耜柄，耜是耒端。我們說耜就是丫，可知耒或耒耜必就是丫加曲柄而成的農器。

我國以為耒或耒耜就是犁。耒的形制除三蒼、京房等所述者以外比較詳細點的還有考工記車人的記載：

「車人為耒，庇長尺有一寸，中直者三尺有三寸，上句者二尺有二寸。自其庇緣其外以至於首以弦其內，六尺有六寸，與步相中也。」

莊子胠篋篇成玄英云「耒，犁也」，釋文「耒，李云犁也」

由此所述的形狀看，耒非為犁不可。在各種農器中只有犁才有這樣的形狀，其他任何農器，不論是直柄或橫柄，必都是直的而不是彎曲的。（註六）而這裡尤可注意的是「車人為耒」和「耒長六尺有六寸與步相中」。耒何以由車人製造呢？如耒是手執掘土的，似不需由車人製造。我們以為耒由車人製造，必因耒就是犁，用牛馬輓曳的緣故。因為耒是用牛馬輓曳與車用牛馬輓曳相同，所以其製造的方法必須與車一樣，適合於用牛馬輓曳，因而耒便必由車人製造。耒長「六尺有六寸與步相中」，我們以為也因耒是用牛馬輓曳的緣故。因為如果耒是人手執推土的，則無需與「步」同長。鄭玄謂耒與「步」同長，是因為「耕者以田器為度」，這也是想當然爾的話。古代量地都說以步為單位，從未聽說過用耒為單位的。按考工記云：「兵車之輪六尺有六寸，田車之輪六尺有三寸，乘車之輪六尺有六寸。」鄭玄云：「此以馬大小為節也。」兵車田車車輪之高六尺六寸和六尺三寸是以馬大小為節的，耒長六尺六寸與兵車乘車之輪適相同，這也必按馬大小為節的。由此可知耒必是用牛馬輓曳。耒是用牛馬輓曳，可知必就是犁。

· 145 ·

又說文云：「耒，耕曲木也。」段玉裁注云：

「下文云，耕，犂也。謂犂之曲木也。」

又說文「耤，耕氏。」段氏注云：

「山海經云，后稷之孫曰叔均，是始作牛耕。郭傳用牛犂也。按耒部耕訓耤，是耤耕二字互訓，皆謂田器。」

若如段氏之說，耕之本義為田器，即犂。耒是「耕曲木」即是「犂之曲木」，是段氏就已承認耒就是犂了。

自來學者多謂耒是手耕，這也就是自來學者不承認耒就是犂的原因。但我們稍微思索一下，便可知謂耒是手耕的農器，決不可通。凡是農器必有兩種基本的要求：一，使用靈便。二、人所使用的力能獲得最大的效果。農器進步也就是要更好地達到這兩種要求。耕田和掘土的農器，除馬牛牽的犂以外，不外兩種形式：一是直刺的，如銛。一是橫掘的，如鋤。直刺，地面所受的力與人所使用的力相去不遠。即使加柄，增加運動，但因運動的距離有限，所增加的力也不多。這種農器效力不大，所以後世也就不用為耕田的主要農器。橫掘的農器加橫柄，這是個很大的進步。因為加橫柄以後，不僅使用更方便，而且使力的運動也更增加了很多。掘土的時候，人所使用的力經過運動，變為動能，力大大地增加了。因之地面所受的力增加了很多。這樣，掘土便可以掘得更深。這也就用較少的力可以獲得很大的效果。這種農器——如鋤——到現在還不失為種田掘地重要的農器。至於耒，如若用人手推，則不但不能增加力的作用，恐怕還反使功的作用減小了。因為耒如由人手推，則並未增加運動，同時耒是曲柄，在曲柄的一端用力，曲柄的另一端着力於地，受力的地面與用力點不成直線，這樣，地面所受的力不但不增加，必反減少。這樣的農器不但不能作為耕田主要的農器，恐怕起土也不可能。學者如不相信，請試照卑人所述耒的形狀仿造一個試驗一下，便可知道。所以謂耒是用人力手推，必決無其理。耒必是用牛輓曳的，即是犂。自來學者多謂耒是手耕，這乃因為他們毫沒有實際農業勞動的經驗，只知道在文字上兜圈子的緣故。

総之，我們以為耒就是犂。犂也是由丫發展而來的。丫加直柄則為臿，這就是說文所謂「梠，臿也。」後世發展而為銎（銚）。丫加横柄則為欘，即鋤。丫加曲柄而用牛馬輓曳則為犂。三者實是同源。現在所用的犂犂頭作▽形還可以看到這種情形。經傳所稱耒，耒耜、耜，除極少数的地方耒耜分述者以外，應都就是犂。如呂氏春秋任地篇「六尺之耜，所以成畝也。其博八寸，所以成甽也。」此處之耜，長與考工記車人所說的耒相同，可以耜必就是耒。而此處之耜，黄東發謂就是犂，（註七）我們亦以為然。耒，耒耜、耜都是犂的全部或一部份的名稱，耜是尖端，耒是柄，耒耜是指其全部。所以或稱耒，或稱耒耜，或耜皆是一樣。

耒，耒耜、耜就是犂，而先秦書籍只見有耒，耒耜，或耜而很少見有犂名。這中間的原因，我們以為這乃因為犂之本義原非農器的緣故。按犂之本義原為耕田而不是農器，換句話說乃是動詞而不是名詞。農器的名稱則為耒、耒耜、或耜。犂既不是農器的名稱，當然只見耒、耒耜或耜而不見犂了。學者或以犂字在先秦典籍中不作農器字用，便謂春秋戰國時代猶不用牛耕和犂耕，而以牛耕和犂耕始於趙過，豈非「寃哉枉也」。

耒就是犂。至於耒字，我們以為乃是譌誤而來的。我們疑心耒字係來字之譌。釋名云：

「耒，夯也，亦推也。」

據此，是耒與來義相同。按玉篇有𦓫字，云：「𦓫，耕也。」𦓫顯就是來，𦓫乃來之俗字。耒與來義相同，來義為耕，耒義也當為耕。我們前面已經說過，甲文有𢼸字（即𢼸及𤕌字）義為種麥，來，很明顯，必就是𢼸之省。來義為耕，當即由𢼸義為種麥引申的。

· 147 ·

甲文又有𠫶字。卜辭云：

「乙未卜，貞：黍，才（在）龍囿，𠫶。受出年。二月。」

此字葉玉森釋冬，謂「象木枝摧折，墜二碩果。」（註八）這實是錯誤的。此字明明白白是从來从口，而不是「象木枝摧折，墜二碩果」之形。而且這樣解釋，理也不可通。任何水果，最遲秋季必就收穫，冬天「木枝摧折」，決無「碩果」可「墜」，怎能說以「墜二碩果」以表示冬季呢？這顯然又是書呆子的話。再次，此字釋冬辭義也不可通。葉氏謂「𠫶受出年」「即言於冬受年也。」按此辭明言是二月所卜，即說殷正建丑，二月也不是冬季，何能說冬受年呢？而且作物的收穫必在夏或秋季，決沒有冬季收穫的，冬受年，必不可通。我們以為𠫶係秾字的變體，義為耕。此辭所卜問者是「黍」，「黍」我們以為義也為耕種而不是作物之黍。卜辭之黍除為作物外，其作為動詞用，義皆為耕種。如卜辭云：

「貞：叀小臣令衆黍。一月。」（簠四七二、）

「丙午卜，㞢貞：（缺）衆黍于（缺）」（同上四七四、）

「（缺）勿于黍。」（甲三二七四、）

「貞：不其黍」（前四、三九、八、）

「戊寅卜，賓貞：王往㠯衆黍。」（前五、二十、二、）

「庚辰卜，㱿貞：黍于龐。」（續五、三四、五、）

黍皆是動詞，不能釋為作物之黍。但此也不能釋為種黍。這裡「黍」有在一月的，殷正一月，乃是夏正十二月，其時正值嚴冬，決不能播種。而且「黍」還有在二月及三月的，若是種黍，播種的時間也不能延長兩三個月之久。所以以「黍」為種黍，依然難通。我們以為此處之「黍」義當為耕。這蓋由作物之黍引申為種黍，由種黍再引申為耕。此辭卜黍，蓋即卜問耕種。龍囿為地名，⿱來口是個動詞，此蓋謂在龍囿耕作。

又卜辭云：

「貞：⿱來口，彭𣉻」（前六、五十、二、）

這裏是所卜問的事，我們以為義也必為耕。此蓋卜問耕種而舉行彭𣉻之祭，卜辭卜問耕種，往往舉行彭祭。

又卜辭云：

「貞：，不其乎來。」（前六、二一、六、）

「呼來」與「呼耤」「呼圃」語例相同，是「來」義也就為耕了。

由上所述，敉、⿱來口、來三字義皆為耕，可知三字原必就是一字。敉⿱來口皆來字之變體。來義為耕，耒與來義相同，聲音又同，形又相似，我們說耒是來之譌誤，豈不是極可能的。

我們以為犂這種農器最初實就名為「來」，這乃因「來」是我國最早種植的作物，因為「來」是我國最早種植的作物，所以種「來」便也稱為來、敉、⿱來口。再後引申，耕田也稱為來、敉、⿱來口。而耕田所用的主要的農器遂也名之為「來」。這猶之耰義為鋤地，後演變為鋤地所用的農器一樣。「來」譌誤而為耒。後世又假犂為耒，遂稱之為犂。

耒耜的發明，據傳說，是始於神農。這種傳說是否可信，自屬疑問。但世本作篇謂「垂作耒耜」（註九）又謂「咎繇作耒耜」。（註十）這種記載，我們覺得，似不能輕易抹煞。縱然這裏所說耒耜的發明者是否就是垂或咎繇其人猶成問題，但這裡所指出的耒耜發明的時代必不能說毫無根據。由甲文和卜辭看，殷虛時代必已用犂耕和牛耕，山海經也說叔均發明牛耕，我們將這些記載傳說綜合起來看，殷虛時代以前已發明犂耕，必決無可疑。

總上所述，可知殷虛時代，農業生產工具，直刺的鍫，橫掘的鋤，以及用牛馬輓曳的犂實都已具備了。我們覺得，也必須如此，殷虛時代完備的農業生產和高度的文化才能正確地理解。

註一　見金文編

註二　見殷周青銅器銘辭研公伐郐鐘之鑒別共其年代

註三　辭金文皆作嗣，義為治。辭義為辭說辭訟當係假借。我們詞字也即是詞字的譌變。這就是嗣一方面譌變為辭，一方面省變為詞。辭詞義相同，原因即在於此。

註四　見釋辭及毛公鼎考釋

註五　見公伐郐鐘之鑒別共其年代

註六　戴震考工記圖及考工創物小記皆繪有耒圖，若照他們所繪的圖看，則耒掘土也不可能。根本就不成其為農器。

註七　阮氏新校呂氏春秋任地篇引

註八　見磚契枝譚

註九　齊民要術耕地篇引，此據茆泮林輯。

註十　太平御覽八百二十三引，此據雷學淇輯。

結論

上面我們研究了甲骨文字中許多工具和生產勞動以及有關鉄及鉄器的文字・由這些文字的考察來看，殷虛時代已用鉄器生產，必無疑義。首先殷虛時代已無疑問的是用犁耕和畜耕了。犁耕和牛耕是鉄器時代才發明的，殷虛時代既已用犁耕和牛耕，則非用鉄耕不可。其次，甲骨文字中有許多字如戠、孱、戋、器、卯、毋等義都是工具和勞動同時又都是鉄或鉄器的名稱，這很明顯地說明了殷虛乃至我國文字創造的時候，這些工具必都已是鉄器的了。矢且由其所製造的工具而得名的。此外還有一點我們覺得也頗值得注意的。即鉄是「金」所製造的工具而得名，而銅及青銅不見有同樣的情形。在文字中除鉄一字義「金」身以外，不見一個字義為生產工具又為銅的。由此可知當我國文字發明的時候產工具必已沒有用銅或青銅製造的了。只有▽可能當用銅製造過，因而銅獷名、金。殷虛乃至我國文字發明的時候，生產工具已不用銅製而用鉄製，這又是個

最後，我們想再從理論上來討論一下殷虛時代是青銅，還是鐵器時代。考古學者和有些歷史學者謂殷虛以至西周不是鉄器時代而是青銅時代唯一的理由是出土的殷虛和西周時代的器物還沒有看到有鉄器而只有青銅器・這種理由能否成立，我們覺得實大有問題。

我們覺得，歷史上沒有一個「銅器時代」或「青銅時代」便大有可疑。我們這樣說，考古學者們一定不免驚訝認為奇怪。但我試稍推考一下莫爾甘和恩格斯的話，便可知歷史的真象實應如此，我們這樣說實毫不可怪。莫爾甘說：

「毋參考古學家所採用的「石器時代」、「銅器時代」以及「鐵器時代」等術語，對於某種目的而言，是極其有益的。并且古代技術上的工具之分類，在今後還不失其為有益。但是人智之進步卻需要與此不同的另一種分期。因為就人類開始使用鉄器及銅器時而言，並不會完

全放置石器而不用。熔鐵方法之發明，開了一個種族上的新紀元，可是在銅之出產纔開始的時候，卻不得同樣的說道，也開了一個種族上的新紀元。不僅如此，並且因為石器時代包含有銅器時代及鐵器時代，銅器時代又包含有鐵器時代，所以要截然地劃出區別各時代的分界線，這是不可能的。」（楊東蓴譯古代社會第一冊十一至十二頁）

又恩格斯說：

「在這一階段上，工業活動領域內的成就中，有特別重要意義的有兩種：第一是織機。第二是礦石的熔煉與金屬底加工。銅錫及用兩者煉成的青銅，都有最重要的意義。青銅可造有用的工具及武器。但還不能排擠掉石器。只有鐵才可以作到這一點。但是還沒有學會採鐵。」（張仲持譯家族私有財產及國家之起源）

又說：

「鐵造成了廣大面積的田野耕作，也給了手工業者以堅牢而銳利的器具。不論任何石頭或當時所知道的任何金屬，沒有一種能與之相抗。所有這些都不是一下子造成的，最初的鐵往往比青銅還要柔軟些。石頭只是慢慢地消滅的。」（同上第九章）

照莫爾甘和恩格斯這種指示，那裡有一個「銅器時代」或「青銅時代」呢？照莫爾甘和恩格斯這種指示看，石器、銅器、鐵器三個時代的發展實不是像資產階級考古學者所說是：

石器時代 ——→ 銅器時代 ——→ 鐵器時代

這樣三個截然分開前後相承的階段。也必不是如下列的形式：

石器時代 ——————

　　銅器時代 ——————

　　　　鐵器時代 ——————

照莫爾甘和恩格斯的指示看，石器、銅器、鐵器三個時代的發展，實應是如下列的形式：

鐵器時代——

石器時代——

銅器時代——

照這種形式看，則所謂「銅器時代」或「青銅時代」實都是石銅並用時代或銅鉄並用時代（實就是鐵器時代）根本就沒有一個既無石器又無鉄器的獨立的「銅器時代」或「青銅時代」存在於石器時代共鉄器時代之間。這一點我們想考古學家們在所有發掘的「銅器時代」文化遺址中當可予以証明的。又莫爾甘說：「熔鉄方法之發明，開了一個種族上的新紀元，可是在銅之產生纔開始的時候，卻不得同樣的說道也開了一個種族上的新紀元。」銅何以不能像鉄一樣「開一個種族上的新紀元」呢？這就是說銅器的使用不能和鉄一樣有力地提高生產力，促進經濟發展，從而推進社會。這也就是銅器的使用在經濟和社會的發展上所起的作用是極其有限的。銅器的使用何以對社會經濟的發展不能起很大的作用呢？何以不能提高生產力，從而推進經濟和社會的發展呢？這就因為銅或青銅在工具的製造上不能完全代替石器。換句話說，所謂「銅器時代」或「青銅時代」的生產，主要的生產工具依然是石器。這也就是「銅器時代」或「青銅時代」實就是石銅並用時代。在歷史的實際上，既沒有一個既沒有石器又無鐵器的獨立的「銅器時代」或「青銅時代」存在，而我們說在石器時代和鉄器時代之間有一個「銅器時代」或「青銅時代」，從邏輯上講，似難說得通罷！歷史上既沒有一個「銅器時代」或「青銅時代」，而我們說殷虛是「銅器時代」或「青銅時代」，豈非更是向壁虛構。

考古學者們謂殷虛是青銅時代，是不能成立的。又考古學者們因為未看到殷虛時代的鉄器，謂殷虛不是用鉄器生產，我們以為也是目論。這也就因為他們不用莫爾甘和恩格斯的理論來推考這個問題的緣故。我們覺得，依照莫爾甘和恩格斯的指示來推考，殷虛時代無疑問的必已是使用鉄器了。無需要等到看見鉄器這種「實物」。

我們說按照莫爾甘和恩格斯的指示，在石器時代和鉄器時代之間是沒有銅器時代存在的，鉄器時代應就緊接着石器時代。莫爾甘說石器時代也「包含有」鉄器時代，恩格斯說，只有鉄才能排擠掉石器，而鉄之排擠石器又是「慢慢地」進行着的。鉄器時代與石器時代不僅緊接着，而且還互相交錯着。這樣，當石器猶用作主要的生產工具時，鉄當就開始發明了。經過一個相當的發展時期以後，鉄才排擠掉石器，取其地位而代之。照這樣看起來，我們覺得，這是很明白的，在方法上，我們判斷鉄器時代是否存在，實無需看有無鉄這項實物，也不是以銅器的有無為標準，我們只要看石器的情況如何，便可推知是否已用鉄了。如果石器的數量很多，石器的種類很複雜，主要的生產工具猶是石器，則這應還未進入鉄器時代。反之，如石器的數量甚少，石器的種類也不多，主要的生產工具已不見石製的，則這必是石器已逐漸為鉄器所代替，也就是進入鐵器時代。若不見有石器，則更必是鉄器時代無疑。

我們試以這種方法來考察殷虛，便可知殷虛必已是鉄器時代無疑。殷虛石器的全部情況，因為尚無完全的報告，我們不知其詳。但由已發表的報告看來，可知殷虛時代石器已不佔重要的地位了。在殷虛出土的器物中，銅器顯然是佔最重要的部份。禮器全部是精緻的銅製品。兵器除一部份骨鏃以外，其他如戈矛都是銅製的。即消耗量最大的箭鏃也用銅製。石製的箭鏃已少到「不多見」、惟生產工具——尤其農器——不見有銅製的。用器方面雖有石刀、石斧、石杵、石皿、磨石等，但也無一是生產工具。殷虛的器物是青銅高度的發達而石器則趨於衰落，這已是大家所公認的事實。在這樣的情形之下，石器顯然至少已接近於將消滅的階段。石器已將消滅，也就是鐵已將完全排擠掉石器，怎能說殷虛還不是鉄器生產呢？鉄是「慢慢地」排擠掉石器的，是鐵之開始使用當猶遠在殷虛時代以前。殷虛時代是用鐵器生產，我們以為，是可以肯定無疑的。也只有用鐵器生產，殷虛底發達的農業，精美的銅器，秀麗的契刻以及全部高度的文化才能理解。

鐵的冶鍊比銅要稍困難點，而鉄之發明又比銅稍晚，在冶煉的技術上，最初煉銅自然比較進步些。因此，鐵開始使用的時候，只能以之代替石而製造農器及手工業工具，而兵器則依然用比較精煉些的青銅製造。到殷虛時代為止，大概就是這樣鉄排擠石器的過程。殷虛以後，便不見有石器，這就說明石器已完全為鉄器所代替。殷虛時代以後，在生產工具方面，鉄雖已完全代替了石器，但在兵器製造上，還未能取得青銅的地位。所以西周以至春秋時代，兵器依然用青銅製造。這由地下發掘所得以及典籍所說，西周和春秋時代都用銅兵便可証明。管子說：「美金以鑄劍戟」「惡金以鑄鋤夷斤斸」，以青銅製兵器，以鐵製農器，這當是西周和春秋時代的實況。迨至戰國，鉄的冶煉愈益進步，於是便又奪取了青銅在兵器製造上的地位。鉄代替青銅製造兵器，應也是「慢慢地」進行的，在戰國以前，西周和春秋時代，必已有一部份兵器以鐵製造了。自殷虛以後下至春秋之末當就是鐵奪取青銅在兵器製造上地位的過程。自殷虛（盤庚遷殷起算）下至春秋之末為時約一千年左右，是鉄代替青銅製造兵器經過了一千年的時間。我們若以這樣的比例以律鉄之排擠石器，則鉄之完全排擠石器似至少也應經過與此同樣長的時間。我國鉄開始使用至少似當在唐虞以前了。這與我國耒耕的發明，文字的創造，時代也適相合。

總括起來說，我國鉄器的使用應當是這樣：在殷虛以前一千年以前或就開始用鉄了。及至殷虛時代，在生產工具方面鉄就完全排擠了石器。再下至春秋末及戰國，鐵又奪取了青銅在兵器製造上的地位。我們覺得，歷史事實必是如此，即使不完全符合，也相去不遠。也只有如此，我國上古的歷史才能獲得正確的瞭解。

一九五四年九月廿二日草竣于蕪湖獅子山、

铜器铭辞考释手稿

郭沫若云：「賈、貴、貯、責，賦者賦也，組也。頌為官嗣成周貯廿家，猶後世之賦田，公田盨曰敷政，入𦅫完賦，均其例」（兮甲盤考釋）

郭沫若云：「𧶠即貯字。王國維讀為予，云：『貯予古同部字，貯廿家猶云錫廿家也，貯用宮御猶云錫用宮御也。』甚是。」又云：「貯用宮御，乃謂錫用宮中之執事者。」（大系頌鼎考釋）

5

王國維云：「貯予古同部字，貯廿家猶云錫廿家也。貯用宮御猶云錫用宮御也。」（見觀堂集林補遺頌壺）

頌鼎

隹三年五月既死霸甲戌，王在周康卲宮，旦，王各大室，即立。宰弘右頌入門，立中廷。尹氏受王令書。王乎史虢生册令頌。王曰：頌，令女官嗣成周𧷸廿家，監嗣新寤𧷸用宮御。易女玄衣黹屯、赤市、朱黃、鑾旂、攸勒，用事。頌拜䭫首受令，佩以出，反入堇章。頌敢對揚天子不顯魯休，用作朕皇考龏叔、皇母龏姒寶尊鼎，用追孝，𫘤康𦣻屯右，通彔永令。頌其萬年眉壽，畯臣天子，霝冬。子子孫孫永寶用。

「𧷸」自阮元以來都釋「貯」。阮元訓為積聚，王國維訓為予和錫。阮王之說都不妥當。積聚不能說廿家，錫用宮御文義也不可通。近時楊樹達以「𧷸」為「紵」，謂「令女官……

咸周賓廿家，監嗣新宮賓用宮迎」，是王命頌
周織紵之官廿家，監嗣新造紵之事，以備宮中之用也」。這
也是肥說。古代決沒有專事織紵和專事織絲這樣分
工的織官。而且謂織紵為造紵，也古今無此語。

這兩句話自來學者都不得其解，這裏的關鍵就在
「賓」這個字沒有認識。我以為這賓是賈字，這在釋格
伯簋已經說過。「監嗣新宮賈用宮迎」，「賈用」二字一定
連讀，否則便不好斷句，也不可通。《尚書·酒誥》「肇牽牛
遠服賈用，孝養厥父母，厥父母慶，自洗腆致用酒」，《詩
谷風》「賈用不售」。偽孔《傳》於賈字斷句，用字連下讀，
並解釋云：「農工既畢，始牽車牛，載其所有，求易所
無，遠行賈賣，用其所得珍異，孝養其父母。」這樣增字

6

為解，顯然是想當然爾。按《白虎通·商賈篇》：「商之為言商其遠近，度其有亡，通四方之物，故謂之商也；賈之為言固也，固有其物，以待民來，以求其利者也。」《書·酒誥》曰：「肇牽車牛遠服賈用」，遠行可知也。班周顯以「賈用」連讀。又《谷風》鄭《箋》云：「既難卻我，隱蔽我之善，我修婦道而事之，覬其察己，猶見疏外，如賈物之不售。」也不是「賈用」分讀。由此可知「賈用」應是連讀。這乃是周代的習語。「賈用」是周代的習語，由此可以推知「貯用」也必就是「賈用」。「貯」是「賈」字，則這兩句話便文從字順，明白易曉。《頌》「令女官嗣成周賈廿家」，是說命頌管理成周的賈人二十家。古代「工商食官」，商人是由國家管理的。近年出土的善夫山鼎有云：「王曰山，令女官嗣歓人于冕，用入[illegible]司賈。」「司賈」顯就是管理商賈之

論衡

之官。「監嗣新館貫用宮迎」，是說監督管理新館的易和宮中的用物。「新館」楊樹達釋為「新造行之事」，實是譚戒甫說。我疑心「新館」就是指成周。《書·洛誥》「周公朝至于洛，則達觀于新邑」。《洛誥》「王肇稱殷禮，祀于新邑」，《多士》「周公初于新邑洛」。《柬鼎》「王來奠新邑」。周初都稱洛為新邑。這是因為洛是周初新營建的。周初稱洛為新邑，以後周人沿襲不改，仍稱洛為新邑。「新館」疑意即為新造之邑。「迎」義為用，楊說是也。吳王夫差監「睪氒吉金自乍迎監」。《史記·宋微子世家》「彼為象箸，必為玉桮；為玉桮，則必思遠方珍怪之物御之矣」。「御」義皆為用。「宮迎」是謂宮中的用品。

由這一銘辭，我們可以看到，西周的時候，確已有專門

7.

從事買賣的賈人出現了。當時商賈主要的還是供應宮廷貴族的生活用品，由官府管理。

一九六七、十、三一、

一九六八、十一、廿九重抄

兮甲盤

隹五年三月既死霸庚寅，王初各伐厰執于𦉢䖒，兮甲從王，折首執嚇，休，亡敃。王令兮甲政𤔲成周四方責，至于南淮尸。淮尸舊我負畮人，毋敢不出其負其責。其進人，其賈，毋敢不即餗即𣥚（市）。敢不用令，則即井𢾊伐。其隹我諸侯百生，氒賈，毋敢不即市，毋敢或入𢍰宄賈，則亦井。兮白吉父作般，其眉壽萬年無疆，子子孫孫永寶用。

「王令兮甲政𤔲成周四方責」，「政」讀為「正」。「正」「政」係一字之變，古通用。《詩·正月》「今茲之正，胡然厲矣」，《傳》云：「正，政也。」文公四年《左傳》「曹伯如晉會正」，杜預云：「會受貢賦之政」。《趙策》「彼即肆然而為帝，過而為正於天下，則連有蹈……

負[illegible]「王[illegible]負狄于𧽊，王令負執犬休善。」獻彝「獻白于𨖶王，休，亡尤。」毛公鼎「敃天疾畏」，敃即《詩》及《史》之「而」字，又《小旻》之「旻天疾威」，又旻傳云：「旻，閔也。」楊樹達云：敃當訓同，往也。「𤔲」字以𤔲為聲，蓋係𤔲字。《說文》云「𤔲，治也。」「言王命兮甲往治成周及諸侯10四方之至南淮夷之委積。」

海而死耳。」「正」《史記·魯仲連列傳》作「政」。《漢書·武五子傳》「揚州保疆，三代要服，不及以正。」《史記》作「政」。《秦策》「范子因王稽入秦，獻書昭王曰：臣聞明主蒞正，有功者不得不賞，有能者不得不官。」「蒞正」《史記·范雎列傳》作「立政」。《又秦始皇名政，徐廣云：一作正。宋忠云：以正月旦生，故名正》用證「正」「政」一字。《史記·秦始皇本紀集解》）都是證「正」「政」一字。「政」實只是「正」字加「攴」旁而已。我國文字在發展演變中往往增加不同的偏旁，於是在字形上看成為不同的字，這樣的字，原是一字，用時自沒有分別，後世不知，往往誤以為是通假，實是錯誤的。「政鬮成周四方責」和《頌鼎》「官鬮成周賈世家」語例一樣，「政」和「官」用法相同。「政」義蓋為長，《爾雅·釋詁》云：「正，長也。」《詩·鳲鳩》《斯干》《節南山》《[illegible]祖》《傳》並云：「正，長也。」

「𤔲」為「嗣」字別構，彝器有司工、𤔲土，字作「𤔲」，與此相同。「嗣」字从「司」，此从「裔」，是「裔」與「司」義蓋相同。甲文也有「裔」字，卜辭云：貞，令裔畯于(缺)(前四、二八、五)，丙寅卜，賓(缺)子「裔畯」(缺)(後下八、一)，「裔」義蓋為司，「裔畯」蓋謂管理農夫，「政𤔲」意蓋為主司。「責」，王國維謂「讀為委積之積」，後之學者多從其說。這實是錯誤的。①確按下文云「淮夷舊我負畮人，毋敢不出其負其責」，「責」若訓委積，便不可通。我以為「責」義蓋為徵求之物。成公二年《左傳》：「先君莊王屬之曰：無德以及遠，莫如惠恤其民而用之，乃大戶已責。」成公十八年《左傳》：「晉悼公即位于朝……施舍已責。」昭公二十年《左傳》：「使有司寬政，毀關去禁，薄斂已責。」杜預謂「責」為「逋責」，把「責」讀為「債」，這是增字為解，實是錯誤的。按《說文

魏志·挹婁傳：「自漢以來，臣屬夫餘，夫餘責其租賦。」
後漢書·東夷傳·東沃沮傳：「句麗復置其中大人為使者，以相監領，責其租稅，貂布魚鹽海中食物，發美女為婢妾焉。」
王國維云：「責讀為委積之積，蓋命甲徵成周及東諸侯之委積，正為六月大軍計也。」
桓公十三年《左傳》：「宋多責賂於鄭」
三國志·魏志·東夷傳·東沃沮傳：「國小，迫於大國之間，遂臣屬句麗。句麗復置其中大人為使者，使相主領，又使大加統責其租賦，貂布魚鹽海中食物，千里擔負致之，又送其美女以為婢妾，遇之如奴僕。」

云：「責，求也。」我以為「責」蓋為徵求，「已責」是說停止徵求。徵
徵发。此銘的「責」是个名詞，義當為徵收之物，當是貢
賦之類。「王令兮甲政嗣成周四方責至于南淮尸」，是說
令兮甲主管成周四方各國的徵收之物以及南淮尸的
徵收之物。當時各國的貢賦和南淮尸的貢賦，蓋都集一
中於成周。「淮尸舊我白貝畮人，毋敢不出其白貝、其責」。
「白貝」即是「帛」字，白貝人當是謂納帛的人，畮人當是農
民。這句話是說淮尸原是周臣服於周的，是周的納
帛的人和農民，不敢不納帛和徵收之物。從這句話看，
「責」和帛是不同的。《孟子》云：「有布縷之征，粟米之征」，
「責」就是粟米之征。由這句話的口氣看，此時淮夷與周
的關係似有變化，淮夷有不服周命的趨勢。師寰

「布帛曰賄賄，故从貝
畮通文
畮，郭沫若謂當讀為
賄：「負、畮人者猶
言貢賦貢之民也」
王國維云：「其淮夷舊
我白貝畮以下乃告
淮夷及東方諸侯百
姓之辭」。
楊樹達云：「畮者，說文以
為田畮字，或作畝，此
字文不合，以文求之蓋
為賄之假字。淮夷
舊我白貝畮人，謂淮夷
本以帛布周相貿易
之人也」。「毋敢不出其貢

12

「其貴」以第二字「其」字之所之字同。「毋敢不出其帛之積也。」

楊樹達云：「其進人其貯，第二其字如此之字同。進猶納入也。」

般記淮夷叛變，周出師征討，疑或就是在此後不久的事。

「其進人其貫，毋敢不即餗即市，敢不用令，則即井（刑）廣伐」。「進人」確切的意思是什么很難解，疑為來人，即進入境的人，也就是蠻夷。這句話是和下文「其自我諸侯百生（姓）賈」是相對的，所以必不是屬於周的諸侯百姓。「賈」過去都釋「貯」，寳是錯[illegible]就周為對這个字認識錯誤，對於錯歸也就產生[illegible]。這寳是「賈」字。「餗」楊樹達釋「次」，謂是行軍所止之處。楊氏以此器為宣王伐玁狁時所作。「餗」即是宣王行軍所止之處。楊氏云：「師止曰次。莊公三年左傳云：『凡師一宿為舍，再宿為信，過信曰次。』……時宣王鈂次於罯畣處，次蓋謂罯畣處矣。」按卜辭有云：「（缺）在罕餗貞（缺）往來亡𡆥」（前二、一七、六），「在鮒餗，夏中田」（前

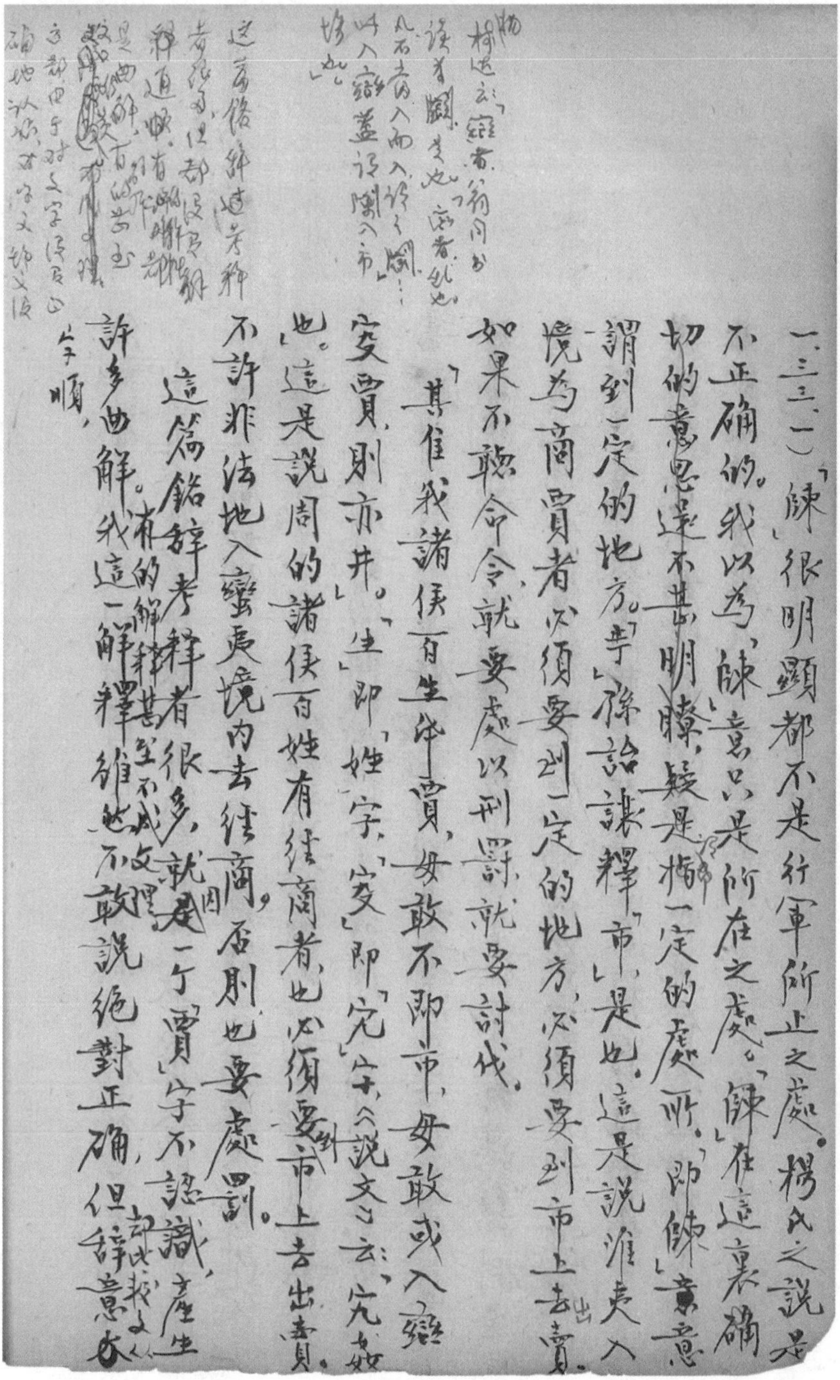

一、三三、一）「餗」很明顯都不是行軍所止之處。楊氏之說是不正確的。我以為，「餗」意只是所在之處。「餗」在這裏確切的意思是不甚明瞭，疑是指一定的處所。「即餗」意謂到一定的地方。「孛」孫詒讓釋「市」，是也。這是說淮夷入境為商賈者必須要到一定的地方，必須要到市上去出賣。如果不聽命令，就要處以刑罰，就要討伐。

「其隹我諸侯百生（姓）貯賈，毋敢不即市，毋敢或入蠻宄賈，則亦井（刑）。」「生」即「姓」字，「宄」即「完」字，《說文》云：「宄，姦也。」這是說周的諸侯百姓有經商者也必須要到市上去出賣，不許非法地入蠻夷境內去經商，否則也要處罰。

這篇銘辭考釋者很多，就因一个「賈」字不認識，產生許多曲解。有的解釋甚至不成文理。我這一解釋雖也不敢說絕對正確，但辭意亦字順。

楊述云：「經者，……」[illegible]

13

没有什麽，致可遺

這篇銘辭是很有意義的，它給予我們兩項重要的歷史資料：它記載了周征玁狁的史實，說出了當時商業的一些情況。記載雖然很簡略，但我們由此可以約略窺見當時商業情形。一，當時已有專供商業交易的市。二，當時已有「諸侯百姓」，也就是封建貴族從事經商。三，當時中原地方和蠻夷之間已有商業往來，但周對人民往蠻夷地方去經商是禁止的。四，商業由官府管理，由這些事實看，當時的商業已有一定程度的發展。商業的範圍已相當的廣，商業所得的利息已相當的厚，否則封建貴族是不會經商的。

此器王國維、郭沫若、楊樹達等都以為是周宣王時器。此銘的兮甲吉父就是《詩小雅六月》的吉甫。此銘所記的周伐玁狁與《六月》所詠的即同是一事。此說是否正確，我們覺得也有問題。這是以此銘和《六月》相比附的，但《六月》是否為周宣王時詩就難以確定。

我疑心《六月》和此器都是周平王時的。《六月》云：“玁狁匪茹，整居焦穫，侵鎬及方，至于涇陽。”按《史記匈奴列傳》云：“周幽王用寵姬褒姒之故，與申侯有郤。申侯怒而與犬戎攻殺周幽王于驪山之下，遂取周之焦穫而居于涇渭之間，侵暴中國。”《史記》所述犬戎侵周的情况，與《六月》所說的顯然相同。《史記》一定是根據《六月》的。是司馬遷以《六月》為犬戎滅周之後的詩，玁狁就是犬戎。從詩所述的情况看，似也以為平王時詩為是。《六月》云：“侵鎬

14

反方，下文云：“来歸自鎬，”可知玁狁是侵佔了鎬，鎬是什么地方，旧時學者或不加解釋，或說，“未詳所在。”関中地方除了周都鎬京以外，不聞别有地名鎬的，鎬當就是周都之鎬。犬戎滅周，佔有鎬京，平王時曾擊敗犬戎，收復鎬京。《詩黍離序》云：“周大夫行役至于宗周，過故宗廟，”云云，可証鎬京曾為周所收復。《六月》雖不一定就是收復鎬京時所作，其為周平王時周擊犬戎時詩是可以推見的。還有一點，吉甫也見於詩崧高，《崧高》过去也以為是周宣王時詩，我疑心也是平王時詩。《崧高》是述申伯邑謝的，申伯实不是宣王之舅，而是平王之舅。申侯初与犬戎共攻幽王，犬戎原係平王的与国，何以後又進攻平王呢？這明顯一定是在幽王死後，犬戎与平王又分裂了。按《竹書年》云：「伯盤與幽王俱死于戲。先是申侯、魯侯及許文公立平王于申。幽王既死，而虢公翰又立王子余臣于攜。周二王並立。（可知在幽王死後，周是）（昭公二十六左傳疏引）可知在幽王死後，周是分裂了。疑虢公翰和王子余臣就是犬戎所支持的。因為犬戎支持虢公翰和王子余臣，所以與平王分裂而攻平王，平王被迫而東遷。申國原也在西方，《竹書紀年》云：「平王奔西申」，既云西申，可知必不在東方。平王及申侯被犬戎所攻，申侯乃東遷于謝。關于這一點，我曾寫《周室東遷考》一文考證其事，這裏不多說了。據此，我們認為吉甫實是平王時人，《六月》乃是平王時詩，是詠平王反攻犬戎之事的。

如此器之吉父就是《小雅·六月》的吉甫，疑此器也是平王

15

其兩地當在今陝西涇陽縣西北

時器。從銘辭看，也有可疑之處。銘辭云：“王初各伐厰歀于罯盧。”這當是周王第一次伐玁狁。這次是周王親征，戰爭之地是罯盧。如此銘所述和《六月》所詠即是一事，都是周宣王時事，則事理便有些難通。《六月》云：“玁狁匪茹，整居焦穫，侵鎬及方，至于涇陽。”玁狁所佔領的地方是焦穫，所侵及的地方是涇陽。焦穫《爾雅·釋地》郭璞《注》謂是池陽縣瓠中。其地都在周都鎬的東北方。罯盧王國維謂即是彭衙。其地在洛水東北，更在玁狁所佔的焦穫和涇陽東北。周王從鎬京進攻玁狁，是由西南向東北，應該先至焦穫、涇陽，然後才能到彭衙。為什么他第一次進攻玁狁就越焦穫和涇陽而攻彭衙呢？如這是平王時事，則這種矛盾就沒有了。這是平王時進攻犬戎，用兵是由東向西，所以進攻洛水東北的車彭衙。按《史記秦本紀》云：「襄公十二年伐戎，至岐，卒。」秦襄公十二年即周平王五年，和此銘「隹王五年」相合。疑這次用兵是周秦東西兩邊夾攻犬戎。《秦本紀》又云：「文公十六年，文公以兵伐戎，戎敗走。於是文公遂收周餘民有之，地至岐，岐以東獻之周。」可知到秦文公十六年才將犬戎最後擊敗，周收復了宗周之地。秦文公十六年當周平王二十一年。《竹書紀年》云：「二十一年，攜王為晉文公所殺。」（《昭公二十六年左傳疏》引《紀年》）二十一年，當即是周平王二十一年。這次周用兵也是周秦東西夾擊。

一九六八、一、廿九，旧曆除夕

一九六八、十二、二 重改抄

5

釋詁：「茲，此也」。詩常棣：「倉兄填兮」，釋文：「兄音況，本亦作況」。

中齋鼎

隹十又三月庚寅，王才寒餗，王令大史兄裒土。王曰：中，兹裒人入事，易于珷王乍臣，今兄畀女裒土，乍乃采。中對王休令，將鼎父乙障，隹臣尚中臣△△

「兄」，學者釋「貺」，是也。兄就是「況」。《漢書·尹翁歸傳》「尹翁歸字子兄」，師古云：「兄讀曰況」。《爾雅·釋詁》云：「貺，賜也」。字又作況。《漢書·夏侯勝傳》「上天報況」，《王莽傳》云：「神祇報況」，師古並云：「況，賜也」。此字初只假借「兄」字為之，後始加「貝」或「水」旁。「兄」是个假借字，「貺」和「況」是形聲字。我国文字中的形聲字有許多都是這樣由假借字加偏旁形成的。

「畀」字宋代王俅、薛尚功釋「里」。近時楊樹達從其說

「里」讀為「賚」，《尚書·湯誓》「予其大賚女」，《史記·殷本紀》作「理」，「里」與「賚」通用，這實是錯誤的。金文有「里」字，字形與此不相同。「賚」和「理」與「異」沒有關係，「賚」「理」乃是由「釐」演變的。字，金文或加「貝」表義作「䝨」，或加「里」表聲作「釐」，由「䝨」省作「賚」，由「釐」省變則為「理」，「釐」義同為福，「釐」「賚」義同為賜，「釐」「理」義同為治，即由於是一字之變的緣故。「異」當是「畀」字，《說文》云：「畀，相付與之約在閣上也。」《爾雅·釋詁》云：「畀，賜也。」僖公十年《左傳》：「余得請於帝矣，將以晉畀秦。」僖公二十八年《左傳》：「夢河神謂己曰：畀余，余賜女孟諸之麋。」「畀」義當為予。「兄畀」意為賜予。采即是采邑。「王令大史兄襄土，王曰：中，茲襄人入事，易于珷王作臣，今兄畀女襄土，作乃采。」是說王

《昭公七年》《公羊傳》注云：「所謂采者，不得有其土地、人民，采取其租稅爾。卿大夫亦食邑曰采地」。

命大史把褱這个地方賜給中。王說：這个褱人以前來服從，曾賜給武王，為武王之臣，現在把褱土賜給你，作為你的采邑。

這篇銘辭很有價值，殷末周初我周已有采邑制度，由此得到明確和直接的証明。銘云：褱人入事於周，賜于武王為臣，這必是在周武王滅殷以前的事，必在周文王的時候，是殷末頭已有錫土作采之事了。周王把褱賜給中作采邑，周初已有采邑制屬頭然，采邑制是封建制度的萌芽，由此知殷末已開始孕育封建制。

又《趠尊》云：「隹十又三月辛卯，王才斥，易趠采曰𧽊」也。足証周初確有采邑制了。

《詩·鄭風·緇衣》：「適子之館兮，還予授子之粲兮」。《傳》：「諸侯入為天子卿士，受采祿」。《箋》云：「卿士所之之館，在天子宮，如今之諸曹也，自館還在采地之都，則設餐以授之」。

此器郭沫若說是成王時器，楊樹達說是武王時器。

按銘云：「王曰中，茲褱人入事，易于珷王作臣，武王不能自武王，仍當以郭說為是。

一九六七、十二、一草

一九六八、十二、四重抄

公羊文公云：「采，謂田邑，采取賦稅，孫謂賜之叔叔者，皆由天子與之以供飲食也。」

莊公元年《春秋經》：「夏，單伯送王姬。」杜預云：「單伯，天子卿也。單，采地，伯，爵也。」公羊文公云：「單者，天子畿內地名，人君賜臣以邑，令采取賦稅，謂之采地。」《禮運》曰：「諸侯有國以處其子孫，大夫有采以處其子孫。」是謂食邑為采地。

16

師𩛥殷

隹王元年正月初吉丁亥，白龢父若曰：師𩛥，乃且考又𠦪于我家，女有隹小子。余命女死我家，𣪘𤔲我西偏東偏僕馭、百工、牧、臣妾，東裁內外。女毋敢不善。易女戈琱𢦏、厚必、彤沙、十五鍚、鐘一、磬五、金。敬乃夙夜用事。𩛥拜稽首，敢對揚皇尹休，用作朕文考乙中將殷。𩛥其萬年子子孫孫永寶用享。

黄東發《商周文拾遺》、郭沫若《兩周金文辭大系》、楊樹達《積微居金文說》皆謂伯龢父即周厲王時干王位的共伯和。楊氏舉了三條證據：第一，彝器銘辭屢見「王若曰」，此銘稱「伯龢父若曰」，必伯龢父與王有同等之身份。《尚書》屢見「王若曰」，非王而稱「若曰」者，只有微子與周公。《尚書君奭》和《立政》兩篇，這兩篇都是周公稱攝時書。第二，此銘「首記命辭，次記錫物，末記揚休製器，與其他王命臣工之器無一不同」。第三，《曲禮》云「太子未除喪曰予小子」。《尚書君奭》周公自稱予小子，此銘伯龢父也自稱小子，與周公自稱相類。楊氏並謂此銘「隹王元年」即共和元年，其所以稱王即因為共伯和父為攝王。

按此說不確。楊氏所舉的三條證據都難成立。此銘首記命辭，次記錫物，末記揚休製器，與其他王命臣工之辭體例雖然相同，但不能以此就說這也是王命臣工之辭。彝器銘辭中天子大臣命其家臣，其銘辭也往往和天子命臣工一樣。如卯𣪘就是一个顯明的例子。

隹王十又一月既生霸丁亥，焚季入右卯立中廷。焚白乎

17

令卯曰：截乃先祖考奴嗣焚公室。昔乃祖亦既令乃父奴
嗣𣝗人，不盄，取我家寀，用喪。余今余非敢口先公，又
進口，余懋爯先公官。今余隹令女奴嗣𣝗宮𣝗人。女毋
敢不善。易女瓚章、圭、瑴一、宗彝一、將寶。易女馬十匹，
牛十。……卯拜手首手（頡手）對颺焚白休，用乍寶障
𣪕，卯其萬年子子孫孫永寶用。
這是焚伯命其家臣卯之辭。這不僅形式和王命臣工之辭
相同，焚伯命卯的儀式也和王命臣工的儀式一樣。所以根
據銘辭的形式斷定伯龢父就是干位稱王的共伯和是
不正確的。
楊氏說白龢父自稱小子，這更是錯誤的。銘辭云：「女有
隹小子」，明明是白龢父說師𣪕的，怎么說是白龢父自稱呢

這顯然是誤解這句話的意思。「予小子」也不見得只有天子才能這樣自稱，禹鼎云：「叔向父禹曰：余小子司朕皇考」，是諸侯、卿大夫也可以自稱「予小子」。而且此處之「小子」和「予小子」之小子含義是完全不同的，不能混為一談。還有，楊氏引用《曲禮》也是錯的。厲王繇叔並沒有死，共伯和也不是厲王的太子，他怎么能自稱「予小子」呢？

黄東發、楊樹達的意見，似乎只有王才能用「若曰」，其他的人就不可以。這也有問題。「若曰」有什么特殊的含義，為什么只有王才能用，其他的人就不能用？對於這些，各家注學者都沒有解釋。我們也不能確切地理解。我看不一定有什么特殊的含義，一定只有天子才能用。《尚書·君奭》和《立政》有「周公若曰」，《微子》有「微子若曰」，「太師若曰」。《君

趙小子䪓
太師小子師望
小子𨿅簋
小子野
小子相

師虎簋：「隹元年六月既望甲戌，王才杜宮，格于大室，井伯內右師虎，即立中廷，北鄉，王乎內史吳曰：册令虎。王若曰：虎，載先王既令乃祖考事，啻官𤔲左右戲緐荆……」

牧𣪕："隹王七年十又三月既生霸甲寅，王才周，才師汓父宮，各大室，即立，公口口入右牧，立中廷，王乎內史吳冊令牧，王若曰：牧，昔先王既令女作𤔲土……"

蔡𣪕："隹元年既望丁亥，王才雍应，旦，王各廟，即立，宰曶入右蔡，立中廷，王乎史尤冊令蔡，王若曰：蔡，昔先王既令女作宰，𤔲王家……"

楊𣪕："隹王九月既生霸庚寅，王才周康宮，旦，各大室，即立，𤔲徒單伯內右楊，王乎內史先冊令楊，王若曰：楊，作𤔲工……"

奭》和《立政》兩篇，"周公若曰"，楊樹達謂是因為這兩篇是周公稱攝時的書。這個理由就不充份。《君奭》篇的年代舊時意見就不一致。《史記·燕召公世家》云："成王既幼，周公攝政，當國踐阼，召公疑之，作《君奭》。"這是以《君奭》是周公攝政時作的。《君奭》《孔踈》云："成王即政之初，召公為周公為師，輔相成王，為左右大臣。召公以周公嘗攝王之政，今復在臣位，其意不說。周公陳己以告召公。史叙其事，作君奭之篇也。"這又以《君奭》是周公歸政以後作的。《君奭》篇的年代猶不能確定，據此便謂這篇的"周公若曰"是由於他攝政，行天子之事，證據是不確切的。《立政》是周公还政於成王時作的，周公既已还於成王，退於人臣之位，怎么還能用天子的口吻說話呢？ 即使說這是史官記述，史官又怎么敢把周公當作天子呢？可知以《立政》之「周公若曰」是由於他攝政，理由更不充份。退一步說，《君奭》和《立政》之「周公若曰」是如楊氏所說是由於周公攝政，那么，「微子若曰」：「太師若曰」又將如何解釋呢？由此可知，「若曰」決不是天子才能用的。「若曰」既然是不只有天子才能用，則就不能以「白龢父若曰」一語來斷定白龢父是「干王位」，行天子之事的。

以白龢父為共伯和，與史實也不相符合。《史記·周本紀》正義引《魯連子》云：「衛州共城縣本周共伯之國也。共伯名和，好行仁義，諸侯賢之。周厲王無道，國人作難，王犇於彘，諸侯奉和以行天子事，號曰共和。十四年，厲王死於彘，共伯使諸侯奉王子靖為宣王，而共伯復歸於衛也。」《莊子·讓王篇》[七]云：「許由娛乎潁陽，共伯得乎共首。」據此，是共伯和

师嫠簋「隹王十又一年九月初吉丁亥，王才周，各于大室，即立，宰琱生内右师嫠，王乎尹氏册令师嫠，王若曰：才昔先王小学，女敏可使……」由這些例子看來，「若曰」意思只是「追釋說」，並沒有什么特殊的用意。「若曰」既沒有什么特殊的含義，就不一定只有天子才能用。

「王若曰」只是「追述王命之辭」（大克鼎：「王令尹氏册令善夫克，王若曰：克，昔余既令女出内朕令……」）

19

《漢書·五行志》「天戒若曰」。黄东发和杨树达以「伯龢父若曰」这句话认为伯龢父是干王位的共伯和。他们的意思是以为似乎只有王才能用「若曰」，其他的人不能用。

執政為時十四年，後又還政於周宣王，而自己回到衛國，隱居共首。而彝器的白龢父，情况與此不同。「龢父」之名，除此器之外，又見於師𠭰毀、井人安鐘，師兌毀及三年師兌毀。師𠭰毀、師兌毀和三年師兌毀都稱「師龢父」，井人安鐘稱「龢父」。郭沫若認為這即是一人。按郭氏又謂師𠭰毀、井人安鐘是宣王時器，師兌毀和三年師兌毀都是幽王時器。師𠭰毀云：「師龢父段𠭰叔市，恐告于王。」師兌毀云：「王乎內史尹冊令師兌，足師龢父𤔲左右𤔲馬、五邑走馬。」據此，白龢父自宣王至幽王時，一直在周廷任官。這與共伯和隱居共首之說完全不同。

由上所述，我們可以斷定，此器之白龢父決不是共伯和。

這篇銘辭實是白龢父命其家臣之辭。白龢父乃周室的卿大夫，師𣪘則是他的家臣。

銘辭云：「白𩛥父若曰：師𣪘，乃祖考又爵于我家，女有隹小子。余命女死我家。」在彝器銘辭裏，王稱王室，都稱「王家」。如康鼎「王命死嗣王家」。蔡𣪘「王若曰：蔡，昔先王既令女作宰，嗣王家」。克鼎「肆克龏保乃辟龏王，諫辥王家」。或說「我邦我家」。如毛公鼎「王曰：父厝，今余唯𤕌先王命，命女亟一方，圉我邦我家」。諸侯也稱「我邦我家」。如禹鼎「余小子司朕皇祖考，師井先文祖共明德，秉威義，用𤕌𦖞奠保我邦我家」。白𩛥父不稱其家為「王家」或「我邦我家」，而只稱「我家」。諸侯稱國，大夫稱家，可知白𩛥父必不是王，也不是諸侯，而只是卿大夫。此銘稱白𩛥父為「皇尹」，師𠭯𣪘和師兌𣪘謂白𩛥父為司馬，白𩛥父實為周之卿。

魯白愈父
吳伯厚父
散家父
白其父
戲伯父
中殷父
白碩父
中叡父
白角父
季良父
令尊「乍冊令敢揚明公尹宮
小臣大鼎「大揚皇天尹大保宮

20

彝器銘辭記載錫物，有各種不同的情況。天子命官，錫賞之物是有它的用意的。這些錫物乃是表示品秩職位的高低的，也就是所謂「命服」。其中有市、黄、攸勒、鑾旂、旂、玄衮衣、赤舃等等。不是天子命官，就沒有這類東西。如上舉的卯𣪘，是榮伯命其家臣卯的，他錫卯的東西便沒有市、黄、攸勒、鑾旂等物。又如不嬰𣪘，白氏賞不嬰伐玁狁之功，錫物也沒有這些東西。白龢父錫師𩛥𣪘之物也沒有這些東西。足知這決不是天子命官。白龢父決不是王。

再次，從稱謂上也可以看出。彝器銘辭記天子命其臣工，臣工揚休，總說「對揚王休」或「對揚天子不顯休」。而此銘云「敢對揚皇尹休」。對白龢父不稱王或天子，而只稱「皇尹」，這更明白地說白龢父只是尹，而不是王。

「柬𢦏」孫詒讓釋「柬𢦏內外」。《說文》云：「柬，分別簡之也。」《爾雅·釋詁》云：「柬，

「董𢦏」，「𢦏」釋「𢦏」，擇也。《說文》云：「𢦏，築牆長板也。」和此處文義都不相合。我疑

是正確的。「柬」釋「柬」和「諫」，「敕」為一字，「諫」、「敕」是由「柬」孳乳的。《說文》云：「諫，正

「董」則非是。「柬」也。「柬」義蓋為[illegible]。「[illegible]」當讀為[illegible]。「柬𢦏內外」意為簡察

音近字誤。「𢦏」和「𢦏」

我財，𢦏都是一字 內外。

以後的字。

（古籀拾遺·史靈𣪘）

一九六八、一、二五，草

一九六八、十二、九，重抄

因為學者以為伯龢父即共伯和，把此器歸之為厲王時器。以往的「厲王之年」即共和之年，我的說伯龢父不是共伯和，則此器乃共和之年，但不能是共和之年，此器只能是厲王時器。

24

天亡餿

乙亥，王又大豊。王凡三方。王祀于天室。降，天亡又王。衣祀于王不顯考文王，吏（事）喜上帝。文王凡才上，不顯王乍省，不緣王乍庚，不克三衣王祀。丁丑王鄉，大宜，王降亡助爵，復囗，隹朕又慶，每揚王休于尊白

這篇銘辭過去考釋者很多，意見甚為紛亂。這是因為有的字不認識，也由於對一些字沒有得到正確的解釋。我反覆研讀，覺得此辭雖不能完全通解，但其主要的意思還是可以明瞭的。

「王又大豊」，「大豊」孫詒讓釋為「大禮」。郭沫若謂讀為「大封」。楊樹達讀為「大豐」，謂是「遊娛之事」，不關典禮。我們認為還是以孫說為當。下辭有云：「貞，其乍豊于伊𡧊」（粹五四〇）

「作豊」于「伊」頭是祭祀伊尹。「又大豊」也必是說大祭祀大典禮。

「王月三方」。「月」或者釋「凡」，假為風，義為諷。「王凡三方」謂王告三方。或釋讀為「汎」，「凡三方」即「汎三方」。按二說說文義皆難通。尤其后一說，說文義文法都說不過去。我疑心這是「同」字。「同」字金文作「同」，从月从口也，就是在「月」下加「口」。甲文和金文往往有這樣的情形，就是在原字之下加「口」，例如「㘝」字又作「㘝」，「囷」字又作「圕」或「圕」，「同」字也可能是這樣。又「彤」字金文作「彤」，《說文》云：「彤，形飾也，从丹从彡，彡其畫也。」此字頭是「月」，「月」聲。「月」是「月」中加一點，由此知「月」聲音與「同」相同。「同」在此可能有兩種意思。一與《詩·文王有聲》「四方攸同」之「同」相同，「王同三方」意為統一三方。一為會同之

「同。」《周禮大宗伯》「殷見曰同」，鄭《注》云：「殷猶衆也……殷見四方，四方分時來，終歲則徧。」我們從史實和文意來看，似應以前一種比較近於原意。《史記封禪書》云：「武王克商二年，天下未寧而崩。」武王克商以後在位時間很短，恐不能就有會同的制度。會同是四方分四時來見，似不能説是大禮，與下文「王祀于天室」文義似也不相接。「王又大豐。王同三方，王祀于天室」，是説王舉行大典禮，這就是王征服了三方，祭祀于天室。這裏不言四方而言三方，是因為周自稱「西土」，它所征服的是其他三方。

「天室」楊樹達謂即《逸周書度邑解》「定天保，依天室」之「天室」，這實是錯誤的。《度邑解》之「天室」別是一事，與此處之「天室」毫無共同之處。「天室」當仍以就是「大室」為是。

「王祀于天室，降，天亡又王。」這郭沫若讀為「王祀于天室卜辭：「衣」，徐方說同」

聞一多「降有」按此之文，「降天亡又，衣祀于王不顯考文王，事喜上帝」語，令天亡助王衣祀于文王，並事喜上帝也。（天豈能參祭祀）等之。

孫詒讓云：「衣字二見，以文義推之，並當為殷之段字。說文殷从㐆从殳，殷身昂衣音近，故段衣為殷，禮記中庸壹戎衣，鄭注書康誥殪

降、天亡又王，並云：「天室」就是天亡之室。陳夢家又這樣句逗：「王祀于天室，降天亡又王，衣祀于不顯考文王事，喜上帝。」並云：「降天亡又王，是降天亡佑助王以二事，所助祭之二事，一為衣祀不顯考文王事，一為喜上帝。」這兩種句讀解釋都是錯的。尤其陳氏之說不成文理。楊樹達讀「王祀于天室，降天亡又王」是正確的。「降」楊樹達謂「由天室下降」也，甚是。「右」劉心源、楊樹達、陳夢家都訓助，謂是助祭。《爾雅·釋詁》云：「右相，導也。」右義蓋為佑相，這是說王從天室下降，天亡為佑相。

「衣祀于王不顯考文王事，喜上帝。」「喜」即「饎」字，《韓詩外傳》云：「大饎，大祭也。」這是祭祀文王，同時祭祀上帝。《史記·封禪書》云：「周公既相成王，郊祀后稷以配天，宗祀文王於明堂以配上

26

戎殷是共祀也，殷紀祀禘祫」。

文一句「文王監才上」

帝」。由此銘看，武王時已文王與上帝同祭了。

「文王見才上，不顯王作省，不肄王作庚，不克乞衣王祀。」「見」，楊樹達釋「德」，此皆不清晰，但不是「德」字，仍當以釋「見」為是。「見」義蓋為臨視。「朕徙敢拜稽首對揚王休，用乍寶障殷，徙其見字子子孫孫萬年永寶用。」「見」字用法與此相同。「見」義似應為視，知此銘「見」也當為視。「不顯王作省，不肄王作庚」，這兩个王，楊樹達謂前一个是文王，後一个是武王。陳夢家謂兩个王都是指武王。按上文云「不顯考文王」，「文王見在上」。對於文王都称「文王」，此處只称王而不称文王，必是當時在位之王，也就是武王。此器是武王之臣天亡作的，這兩句話是天亡歌頌武王的，所以用「不顯」「不肄」這样頌揚之辭。「肄」，楊樹達謂是「肆」之古文，義為力及勤。《爾雅·釋言》云：「肆，力也。」《文選·東京賦》薛注云：「肆，勤也。」我以為這也是「肄」字，也就是「肆」字。「肄」乃是「肄」字之變。《詩·谷風》：「既遺我肄。」《傳》云：「肄，勞也。」《詩·雨無正》：「正大夫離居，莫知我勩。」《傳》云：「勩，勞也。」昭公十六年《左傳》引「莫知我肄」。「不肄」意蓋為勤勞，這種頌揚之辭可用以稱頌祖先，也可用以稱頌生人。如虢季子白盤「不顯子白」，白蓋「多用追孝，不肄的樧父□」。此銘稱頌武王也是稱頌生人。「省」，郭沫若、楊樹達釋「相」，非是。這自是「省」字。「省」就是「循」。大盂鼎「雩我其遹省先王」，㝬鐘「王肇遹省文武」，「遹省」即「遹循」。「庚」字不能確識。郭沫若、楊樹達都謂此字當讀庚聲，楊謂讀為「庚」，「續也」。我以為可以釋「賡」，「賡」从凡庚聲，「賡」从貝庚聲，文字演變，是可以有這樣的變化的。《說文》云：「賡，續也。」「不顯王作省，不肄王作賡」，是說武王述循文王之志，

27

继續文王之業。
「不克三衣王祀」，這句話最為難解。「三」于省吾、郭沫若、陳夢家都釋「乞」，即「訖」，義為終。「衣」即是「殷」，「不克乞衣王祀」即克終殷王祀，也就是克滅殷。楊樹達釋「三」為「三」，「祀」義為年，「不克乞衣王祀」是謂「三倍殷室稱王之年，古人以三為多，三倍意即為多倍」。這都是錯誤的。「三」是「乞」字是正確的，衣決不是殷。以衣為殷，始於郭沫若。他在《卜辭通纂序》和六六一片考釋中最早提出衣是殷。他這種說法實際是錯的。他是誤解了卜辭，也就是他的根據是虛構的。卜辭根本就沒有以「衣」為地名的，更沒有以「衣」為殷商之殷的。西周金文也沒有稱殷為衣的。我以為此處「衣」義蓋為保守。《月令》：「天子親載耒耜，措之于參保介之御間」。鄭玄《注》云：「保介，車右也。置耒於車右與御者之間，明己勸農，非農者也。人君之車必使勇士衣甲居右而參乘，備非常也。保猶衣也，介，甲也。《呂氏春秋》高誘《注》云：「保介，副也。」「保介」高誘的解釋和鄭玄不同。他們的解釋孰是孰非姑且不論，如鄭玄之說，「保」有「衣」義，甚爲顯然。又《說文》云：「緥，小兒衣也。」小兒衣稱爲緥，也可知「保」義爲衣。僖公二十年《左傳》「保君父之命而享其生祿」，洪亮吉《春秋左傳詁》云：「李奇《漢書注》：保，恃也。」恃也就是依恃。又僖公二十八年《左傳》「行者無保其力，居者無懼其罪」，「保」義也當爲依恃。「保」義爲衣和依，「衣」「依」義也爲[illegible]。《詩·公劉》「依其在京」，「于京斯依」。《史記·周本紀》云：「公劉雖在戎狄之間，復修后稷之業，務耕種，行地宜，自漆沮渡渭，取材用，行者有資，居者有畜積，民賴其慶，百姓懷之，多徙而保歸焉」。司馬遷這段叙述是用《公劉》之詩的。他把這兩句詩釋為「百姓懷之，多徙而保歸焉」，可見他是以「依」義為保。《詩閟宮》：「赫赫姜嫄，其德不回，上帝是依，無災無害，彌月不遲，是生后稷。」《傳》云：「依，依其子孫。」《箋》云：「依，依其身也。」朱熹《集傳》「依，猶眷顧也。」都不明確。吾意「依」義即為保，這是說上帝保佑姜嫄，無災無害而生后稷。詩意甚為明白。僖公五年《左傳》：「吾享祀豐絜，神必據我。」對曰：「臣聞之，鬼神非人實親，惟德是依。故周書曰：皇天無親，惟德是輔。」「依」義也必為保，「惟德是依」是說天只保佑有德者。「依」義又為守。《論語述而篇》：「據於德，依於仁，游於藝。」「依」何晏訓「怙恃」，不可通。按《荀子不苟篇》：「唯仁之為守，唯義之為行，誠心守仁則形。」「守仁」顯然即是「依於仁」，知「依」義為守。朱熹云：「依者，不違之為仁」，不違也，就是守。又《書康誥》「今民將在祗遹乃文考紹聞衣德言。」僞孔《傳》云：「今治民將在敬循汝文德之父，繼其所聞，服行其德言以爲政教。」「衣」我以爲義也當爲「守」，「衣德言」即遵守文王之德言。「不克」即克，《書大誥》「王曰：爾爲舊人，爾丕克遠省，爾知寧王若勤哉。」語例與此一樣。「祀」是指周。《大盂鼎》「隹殷邊侯田，雩殷正百辟，率肆于酒，古（故）喪𠂤（師）已（祀）。」「不克乞衣王祀」是說武王遵循文王之志，繼續文王之業，能終保守其國家。我覺得我這樣解釋，不論在內容上，文法上，字義上都沒有毛病，而且文義從字順，文義明白通暢。

「丁丑，王鄉，大且。」我疑心這是在祭祀之後饗宴群臣。「鄉」即「饗」字本字，「且」是「祖」字，也是「宜」字。「宜」義爲肴。《爾雅釋言》云：「宜，肴也。」《詩女曰雞鳴》「弋言加之，與子宜之」，《傳》云：「宜

詩閟宮「春秋匪懈，享祀不忒，皇皇后帝，皇祖后稷，享以騂犧，是饗是宜，降福既多，周公皇祖，亦其福女（汝）。」箋云：「天亦饗之，宜之，多予之福。」馬瑞辰云：「按宜本祭

29

祀之名，爾雅釋天：「祀，大事，動大衆，必先有事乎社，而後出，謂之宜。」孫炎注：「宜，求見福祐也。」是也。凡神歆其祀，通謂之宜，《鳧鷖》詩：「公尸來燕來宜」，又此詩「是饗是宜」是也。《鳧鷖》傳：「宜，宜其事也。」此詩無傳，文與彼同。（見詩傳箋通釋）

肴也」。「宜」在此為動詞，義當為食肴。「王鄉大宜」，蓋是說王饗宴群臣，賜之食肉肴，也就是大宴群臣。楊樹達謂「設祭於太祖之廟」，大諦。

「王降亡助爵。復（退）囊」。助字《說文》所無，不識。從字形看，疑是「勛」字或「勩」字。《說文》云：「勛，能成王功也，从力熏聲。勛，古文勛从員。」又云：「勩，勞也。詩曰：莫知我勩，从力貰聲。」爵即《詩·簡兮》「公言錫爵」之「爵」，「降」義為賜。「王降助爵」，疑是說王賜天亡酒以慰勞他。這是因為武王祭祀文王，天亡佑王，所以武王賜天亡飲酒以慰勞他。楊樹達謂助爵是爵名，也是錯的。

「隹朕有慶」，「慶」義為福。《詩·楚茨》「孝孫有慶」，《甫田》之「農夫之慶」，《傳》云：「慶，福也。」《周語》「晋國有憂未嘗不戚，有慶未嘗不怡」，韋昭云：「慶，福也。」這是說王償賞錫他，就是他有福。

一九六七、十二、十三草

一九六八、十二、十六重抄

杜伯盨

杜白作寶盨，其用享孝于皇申且考于好倗友，孝壽匄永令，其萬年永寶用。

「申」讀為「神」。金文「神」字（說文云：「申，神也。」）作「神」，或又作「申」。《𣪘鐘》「隹皇上帝百神，保余小子」。《寧𣪘》「其用各百神」。《伯𢦏𣪘》「隹用妥百神」，皆作「神」。《大克鼎》「顯孝于申」，及此銘，都作「申」。「神」字或又作「䰠」。《說文》云：「䰠，神也。」《山海經·中山經》：「青要之山，䰠武羅司之。」郭《注》云：「䰠即神字。」《說文》云：「申，神也。」「申」當就是「神」字的初字，後加「示」或「鬼」旁表示鬼神之意，便成為「神」及「䰠」字。

然則「申」義何以為「神」呢？段玉裁注《說文》云：「不可通。」按《說文》云：「靁，陰陽激燿也，从雨从申。」又《說文》「虹」字云：「虹，螮蝀也。……蚺，籀文虹从申。申，電也。」據此，「申」字本義是電，「申」字甲文金文都作ㄋ、ㄋ，或「ㄋ」，像電閃之形，「申」以就是電的象形字。「申」義為電，何以又為神呢？這蓋由於在自然現象中最顯著、最令人眩耀、使人感到最有威力者無過於雷電。原始人對於這種現象，不如其故，因以為神。宗教是起源於人類對自然的崇拜，現在從我國古文字中得知神就是雷電，神的觀念是起於人類對雷電的崇拜，這不能不說是很有意義很有趣味的事。

「神」的觀念在我國西周時已很普遍。彝器銘辭有「神」、「和」「百神」，《詩》《書》更所見不鮮。《尚書·金縢》「予仁若考，能多材多藝，能事鬼神。」《詩·時邁》「懷柔百神，」《旱麓》「豈弟君子，神所勞矣。」《民勞》「神罔時怨，神罔時

35

鬼神世界是人摹拟人间社会而设想的，社会已有了最高统治者，然后才能设想有个最高神上帝。商代既已有上帝的观念了。

恫」。商代是否已有神的观念，过去学者多没有注意，研究卜辞，研究商代的宗教，都只论到帝，而没有论到神。我们推想，商代也必已有神的观念了。因为雷雷是自然界最显著的现象，人类对之崇拜是很原始的。商代已有最高神上帝了，神的观念不能没有。同时西周之初，神的观念已很普遍，这也可以证明在此以前必有神的观念了。殷契粹编之四七七片「乙亥卜，又十牢十伐大甲申」，郭沫若云：「大甲下着一申字，未解何义。若为甲申连文，则于大字亦无说。」我以为「申」当即是「神」字，「大甲申」是谓大甲之神灵。若此说不误，则商代已有神的观念，更无可疑。甲文有𩃟字，罗振玉释雷，叶玉森释电。近时学者释雷。从字形看，罗说较叶说为长，但也不完全正确。卜辞「七日壬申𩃟，辛巳雨，壬午亦雨」（前四一、二）。「癸亥卜，古貞：雨，[吅申]不复」（前四一二、二）。「（缺）旁貞，[吅申]不隹囚」（甲骨文零拾一）若釋「雷」便難通。在我國語言裏，不論古今，對於雷電可以單稱雷，沒有單稱雷的。我以為此字當讀為「震」。《說文》云：「震，劈歷振物者，从雨辰聲。」《廣雅·釋天》云：「震，雷也」。[illegible]凡《穀梁傳》云：「震，雷也」。釋此字讀為「震」，卜辭辭義便通順無病。此字从⺄从吅，「⺄」是電，「吅」則表示雷聲。在我國文字中凡是大聲都用吅、品或㗊來表示。如《說文》云：「吅，驚嘑也」。「喿，譟也」，「喿，鳥羣鳴也」。「嚚，語聲也」，「囂，聲也」。「嘂，高聲也，一曰大呼也」，「囂，呼也」。雷聲自也可以用「吅」來表示。（吅不必就是《說文》之吅字）。「神」字或又作「䄓」，是「[吅申]」也，不必就是「申」。字「申」與「震」聲音相同，適也可以知道[吅申]當讀為「震」，「申」、

若釋雷，聲音义不合。

《詩·十月之交》：「爗爗震電」

《詩·常武》：「如震如雷」

□甲文神金文□。□□

□是電象電內之形，□是雷加吅是表雷聲的

□金文或作□。

36

這是靁字不从畾或䨻。乃是表示雷聲的記號。畾或𤳳不是田，而是申（電）。

「𠱠」當就是「震」字的本字，「震」則是後起的形聲字。

一九六七、十二、十九草
一九六八、十二、二十一重抄

說文云：「靁，从雨畾，象回轉形。」

春秋隱公九年經云：「三月癸酉，大雨震電。」何休云：「（注疏本作雷）有聲名曰雷，無聲者曰電。」孔穎達云：「雷震是雷之霹靂，雷是雷之聲。」

41

「夜古音在五部，亦古音在五部，狄古音在十五部，度古音在五部。說文：「狄，北狄也，从犬亦省聲」」

師俞鼎

王女上侯，師俞從。王夜功，易師俞金。俞則對揚厥德。其乍厥文考寶鼎，孫孫寶用。

孫詒讓云：「女當讀為如」，「如往也」，極是。「王如上侯」，即王往上侯。

「夜」楊樹達讀為「度」。楊氏云：「夜字疑當讀為度。夜字从亦省聲，亦聲之字有讀古音者如狄字是也。夜功者王度從吕之功，而錫師艅以俞金也。」這完全是胡說。「亦」和「狄」只同音而不同聲；「狄」和「度」只同聲而不同音。「亦」和「度」聲與音都不同，「夜」怎能讀為「度」呢？我以為「夜」當讀為「掖」，義為獎掖。這是說王如上侯，獎掖從吕之功，賜師俞以金。

《說文》云：「掖，吕手持人臂也。从手夜聲。一曰臂下也。」又序衡門序》：「僖公愿而無立志，故作是詩以誘掖其君。」鄭《箋》云：「掖，扶持也。」「掖」之本義蓋為臂下，其義為以手持人臂或扶持乃是引申義，也就是以名詞為動詞。「掖」之本字實為「亦」。《說文》云：「亦，人之臂亦也，从大，象兩亦之形。」又云：「胳，亦下也。」「胠，亦下也。」「夜」字是「从夕，亦省聲」，二字聲音相同，而又有關係，因之假「夜」為「亦」。後世又加「手」旁作「掖」，俗又或加「肉」旁作「腋」。

自從段玉裁、王念孫倡為文字「因音得義」，「就古音以求古義」以來，學者多用同聲假借研究訓詁。這種方法近世研究甲文金文者用得尤其多，動輒說「以聲音求之」，「以聲類求之」，某字與某字通用；或者說，某字與某字古音同在某部，可以通用。段王之說是否正確，就很有問題，近世學者則许多假借字确是同部的。

同声符假借字不一定都是同音的。

段玉裁说「假借必同部」，这句话不完全正确，但也有一部分道理。我们不能说这一理论没有用，不能说凡同部字都可以通假。[illegible]

42

更是濫用假借。我國文字中假借字誠然很多，在我國文字的運用和發展中佔很重要的地位，但假借也有其一定的範圍和規律，並不是漫無限制。假借必音相同或聲相同或聲音相近，並不是聲音相同或相近就都可以通假。這樣造成許多混亂，甚至好像字形也沒有什么作用和意義了。我們認為研究我國古文字必須首先研究字形，這就是研究字字形的演變，進而研究它在古代文獻中使用的情況，這樣推斷它的字義。聲音只是輔助的。假借字不只是研究它的聲音，還必須要在文獻中求得確切的証據。這樣，庶幾可以減少謬誤。

彝器銘辭揚休多云「對揚王休」或「對揚厥休」，而此云：「對揚厥德」，是「休」與「德」義必相近，我以「休」義為恩，這又可為一佐証。

此器舊題為師艅鼎，「艅」實就是「俞」字，今改題為師俞鼎。

一九六八、二、四、草

一九六八、十二、廿六重抄

49

屭羌鐘

唯廿又再祀，屭羌乍戎，氒辟韓宗。馭達征秦迮齊，入長城先，會于平陰，武侄寺力，譶敚楚京。賞于韓宗，令于晉公，卲于天子，用明則之于銘。文武咸剌，永枼毋忘。

劉節讀：「屭羌作戎氒辟韓宗馭」。劉節古史考存

考釋此銘者大多讀「屭羌乍戎」為句，「氒辟韓宗馭」為句。劉節亦如此。楊樹達謂當讀「屭羌乍戎氒辟韓宗馭」為一句。

昭公二十五年《左傳》：叔孫婼聘于宋，桐門右師見之，語卑宋大夫而賤司城氏。昭子告其人曰：右師其亡乎！君子貴其身而後能及人，是以有禮。今夫子卑其大夫而賤其宗，是賤其身也，能有禮乎？無禮必亡。

郭沫若讀「戎」為「鏞」，義為大鐘。「韓宗」即韓君。楊樹達謂「乍」當讀為「佐」，「馭」大多以為是韓君之名。

這些解釋都不妥當。讀「戎」為「鏞」，讀「乍」為「佐」乃是濫用同聲假借。以「宗」為「君」也是臆說。「宗」字從不見有訓君者。「屭羌乍戎氒辟韓宗馭」，在我國語言裏也從不見有這樣的語句。

駇對以下作「䮄」「駇」，說文云
「駇」之是錄也，義有繇自
信
金文編作「駇」，以為
……所無

按這應該是「驫羌作戎」為句，「氒辟韓宗」為句。「䮄」字當屬下讀，應為「䮄達征秦遮齊，入張城先」。「作戎」意為從戎。「辟」是動詞，而不是名詞，義和《師望鼎》「用辟于先王」、又「[illegible]」「用辟我一人」、又《叔尸鐘》「是辟于齊侯之所」，諸「辟」字一樣。「氒」是助詞，而不是冠詞。「氒辟韓宗」，即辟于韓宗。「宗」義為宗族宗室。過去由於對這句話所以的讀解釋紛異，就因為把「辟」當作名詞，訓為君；把「氒」當作冠詞。這樣，文法便自然難通，解釋也就必然不能正確。「䮄」楊樹達謂即是《說文》「徹」字的古文「𢽿」，是也。在這裏蓋讀「䡇」。「䡇」或又假「疾」為之。如《蔡𣪘》「氒又見又即令，氒非先告蔡，毋敢疾入告。女毋敢弗善效姜氏人，勿使敢有疾止從獄」。「疾」即《說文》「疾」字之籀文。在這裏顯然必讀為「䡇」。「䡇」是个語助詞，沒有本字，

50

達是不正確的。

【達】說文云：「達，先道也。」或省。達義蓋不從，爾雅釋詁云：「適、遵、率、循、由、從，自也。」率與從同義。○定公十二年左傳：「字郎不率」，杜預云：「率，遵也」，遵也就是從。「達」從辵聲，是從從從聲。楊樹達說假借是帥師，不確。

劉節說，入張城先為，「先為金字，也讀為」。

所以或假用「仄」，或假用「敢」，後又假用「執」。這和「率」或用「逹」或用「衛」一樣。「達」即說文之「衛」字，甚是。「達」說率，軍以「達」即《說文》之「衛」字。《說文》云：「衛，迫也。」或又作「逹」。《文選·歎逝賦注》引《聲類》云：「逹，迫也。」或又作「衛」、「衛」。《周禮·典同》「修聲衛」，鄭玄《注》云：「聲迫衛。」或又作「飲」，《陸賈》「佳巢來飲」。或又假「措」為之。《史記·燕世家》「燕北迫蠻貉，內措齊晉」。《風俗通義·皇霸篇》作「燕外迫蠻貉，內措齊晉」。又《漢書·王莽傳》「迫措青徐盜賊」。「逭」、「飲」、「衛」、「衛」乃是字形之變也，就是所加的偏旁不同而已，實際是同一个字。所以可以通用。這種情況在我國文字中很多，過去都認為是假借，實是錯誤。「措」則是假借。楊樹達讀「入長城先為」，甚是。但他又說「言屬羌帥師征秦追秦齊入長城時為先鋒也」。並引《員卣》「員從史旃伐會，員先内邑」為證。這又不妥當了。「先」義實為先登。哉先入，隱公元年《左傳》「穎考叔取鄭伯之旗蝥弧以先登。」「入長城先」是説入長城時，屬羌先入城。並不是説征秦追齊入長城，他都為先鋒。《員卣》「員先内邑」，更明白説先入邑，而不是先鋒。

以武有力，故曰「武侄」，[illegible]也。

[illegible]「寺」乃「持」之借字。「侄」即[illegible]，武侯[illegible]。晉戎是從征秦追齊，武侄猶欲持力[illegible]楚而未果。

「武侄寺力，富敚楚京」。「侄」郭沫若讀為「挃」，《淮南子·兵略篇》高誘《注》云：「挃，擣也。」「寺」楊樹達謂當讀為「之」。「富」當讀為「懾」。楊氏謂「武侄寺力，富敚楚京」是謂晉軍征秦追齊，勇武擣擊之威力，使楚國都之京城君臣懾懼而奪氣也。按楊氏之説大謬。這乃是任意亂猜。「侄」，郭釋「挃」，甚確。「寺」，郭沫若讀[illegible]，[illegible]義為[illegible]時[illegible]。

「以[illegible]楚夫」之「楚」和「荆山」之「京」，都當確，襄公十八年《左傳》云：「[illegible]」這次戰爭[illegible]

此義公十八年晉齊之[illegible]的地方[illegible]相同[illegible]晉所以[illegible]也

51

襄公十八年《左傳》：「冬十月，會于魯濟，尋湨梁之言，同伐齊。齊侯禦諸平陰，塹防門而守之，廣里。……十一月丁卯朔，入平陰……己卯，荀偃、士匄以中軍克京茲。乙酉，魏絳、欒盈以下軍克邿，趙武、韓起以上軍圍盧，弗克。」

昭考」。《傳》云：「時，是。」《我將》「畏天之威，于時保之」，鄭《箋》云：「時，是也。」《時邁》「肆于時夏」，《思文》「陳常于時夏」，《噫嘻》「率時農夫」，《酌》「遵養時晦」，《般》「裒時之對，時周之命」，……鄭玄都訓是。《楚王酓章鐘》「其永時用享」，「時」義也顯為是。按「之」、「寺」、「時」乃一字之變，所以義都為是。「⿱宀誩」即《說文》之「誩」字。《說文》云：「誩，競言也。从二言。讀若競。」「誩」義實就是競，《說文》訓競言，乃是解釋其从二言之故。「楚京」當是地名，決不是楚國之都城。春秋戰國時，各國都城從不見有稱京者。我疑心「楚京」就是楚丘。《漢書·地理志》山陽郡成武縣自注云：「有楚丘亭，齊桓公所城，遷衛文公於此。」《隱公七年》《左傳》：「王使凡伯來聘，還，戎伐之於楚丘以歸。」杜預云：「楚丘，衛地，在濟陰城武縣南。」成武去平陰不遠。《詩·定之方中》是詠衛文公徙居楚丘的。《詩》云："升彼虚矣，以望楚矣，望楚與堂，景山與京。"「楚京」疑就是「景山與京」之京。京與丘都是高地，所以楚丘也可以稱「楚京」。"武侯寺方，言語敬楚京"，是說〔旁注：武侯[illegible]出力[illegible]扶〕地奪取了楚京。

"廿又再祀"，郭沫若謂是周安王之二十二年。他根據《史記·六國表》和《田敬仲世家》這一年有齊伐燕取桑丘，韓趙魏伐齊至桑丘事，謂這一年韓為秦魏所攻，求救於齊，楚趙諸國，韓得楚趙之救，擊退秦師，與魏言和。齊乘諸國積兵，襲燕。燕求救於韓趙魏，故三晉連兵攻齊。

按郭說實不可信。《六國表》謂"齊伐燕取桑丘"，韓趙魏"伐齊至桑丘"，此銘云入長城，會于平陰，戰爭的地點全不相同。《水經注》汶水注云："(泰山)上有長城，西接岱山

52

山東邊琅邪巨海，千有餘里。」《史記趙世家》《正義》云：「齊長城西頭在齊州平陰縣。太山記云：太山西北有長城，緣河經太山，千餘里，琅邪入海。」（琅邪上蓋脱至字）《郡國志》：「濟北國盧有平陰城，有防門，有長城至東海。」據此，齊長城是起於平陰。銘云：「入長城先，會于平陰。」二者正相合。這次戰争就在這裏。平陰就是現在山東的平陰縣。《史記魏世家》《正義》引《括地志》云：「桑丘故城俗名敬城，在易州遂城縣界。」桑丘在易州，和平陰相去至遠。所以《六國表》所説的桑丘之戰和此銘所説的決不是一事。郭氏如平陰與桑丘不是一地，為了彌縫這種矛盾，又説：「蓋三晉攻齊，先會師于平陰之後，即分為兩路，一軍北上以襲齊衣燕之師，而至于桑丘；一軍南下擣，更長驅而佔領楚丘與景山。」

這完全是想當然耳。

我以為這乃是周威烈王二十二年。《水經注》汶水引《竹書紀年》云："晉烈公十二年，王命韓景子、趙烈子、翟員伐齊，入長城。"這和銘云"入長城"相合。銘云："賞于韓宗，令于晉公，卲于天子。"這和王命韓景子等伐齊也相合。"卲"即"昭"字。《爾雅·釋詁》云："昭，見也。""昭于天子"者，乃以"卲"又昭見，"昭于天子"即見于天子。麃羌以韓氏之臣何以能見天子呢？這不是因為這次戰爭是奉天子之命，在這次戰爭，周天子以麃羌有功，而賞賜他，所以賞于韓宗，命于晉公外，又見到天子。麃羌以此為榮，因鑄此器，記述此事，永世不忘。據《竹書紀年》的年代與周年相撕合，晉烈公十二年正當周威烈王二十二年。

周威烈王所以要命韓景子、趙烈子伐齊，疑蓋因此時齊困

劉心源云："昭于天下者，昭告于天子也。"

《漢書·地理志》："宣帝時，鄭弘、召信臣為南陽太守，治皆見紀。"《漢書·西域傳》："皆以南陽……自傳其子，不詳其名，或以……以見疆"，此言……見……頭也。

53

内部政治发生重要的變化，即齊发生内變，田氏完全篡奪了齊國的政權。《水經注·瓠子河》引《竹書紀年》云：「晉烈公十一年，田悼子卒，田布殺其大夫公孫孫，公孫會以廩丘叛於趙。田布圍廩丘，翟角、趙孔屑、韓師救廩丘，及田布戰于龍澤，田布敗逋。」《史記·田敬仲世家》《索隱》云：「《竹書紀年》：宣公五十一年，公孫會以廩丘叛於趙。十二月，宣公薨，於周爲明年正月」（按《索隱》乃隱括紀年，非原文）。《史記》也記載此事，不過比較簡略。《六國表》：「齊宣公五十一年，田會以廩丘叛。」《田敬仲完世家》：「宣公五十一年卒，田會自廩丘反。」田會當就是公孫會。若依《史記》，公孫會乃是田氏之族。但這時候，田氏恐還不能以公孫爲氏。疑《史記》誤。公孫會蓋是姜齊之宗室，與公孫孫同族。據此，在晉烈公十一年，也就是周王命韓景子、趙烈子伐齊的前一年，齊田悼子死，其子和継立。這時田布殺齊大夫公孫孫。田布殺公孫孫的具體情况不得而知，但我們推想，這必是由於政權的爭奪。這或者是由於田悼子死了，公孫孫想乘機奪回田氏手中之權，田氏因之殺公孫孫；或者田和要更進一步奪權，排斥齊宗室和執政的大夫，因而殺公孫孫。公孫孫被殺，他的同族公孫會便以廩丘降趙，以抗田氏。在公孫會降趙後不久，齊宣公死了。他是在齊國激烈地爭奪政權時死的，他是否為田和所弒殺或逼死，不得而知，但無論怎樣，齊宣公死後，齊國的政權便完全落入田和之手，則無可疑。田和立齊康公，只是有名無實的傀儡了。周威烈王所以要命韓景子、趙烈子伐齊，疑原因即在于此。此時周室

此周策魏策四「昔曹恃齊而輕晉，齊伐釐莒而晉人亡曹；繒恃齊以悍越，齊和子亂而越人亡繒。」此周時人稱此事為「和子之亂」，這次政變當是田和奪取政權。

史記齊太公世家「宣公五十一年卒，子康公貸立。田會反廩丘。」

54

雖然已衰弱無力，但名義上還是天下之王，他對於田和這種篡竊行為還是不允許的。因此，他命韓趙伐齊。周威烈王二十三年，也即是這次戰爭的第二年，韓趙魏列為諸侯。周威烈王何以命韓趙魏為諸侯，史無明文。從前幾的事實看，可能與此有關。即因為他們奉王命伐齊有功，故命他們列為諸侯。

一九六八、四、十八草

一九六八、十二、三十抄

毛公鼎："王曰父厝，余唯肇巠先王命"。

詩韓奕："無廢朕命，夙夜匪解，虔共爾位，朕命不易。"朱熹："易，改。"
毛公鼎："䌛夙夕敬念王畏不賜"。

64
詩江漢："王命召虎，來旬來宣。文武受命，召公維翰，無曰余小子，召公是似，肇敏戎公，用錫爾祉。"

叔尸鐘

隹王五月，辰才戊寅，師于淄涶。公曰："女尸，余經乃先且(祖)。余既敷乃心，女小心愄忌，女不豕，夙夜宦埶而政事。余弘猒乃心。余命女政于朕三軍，𠭁成朕師旟之政德，諫罰朕庶民左右毋諱。"尸不敢弗憼戒，虔卹乃死事，勠龢三軍徒旃，雩氒行師，昚中氒罰。公曰："尸，女敬共辝命，女雁鬲公家，女巩勞朕行師，女肈敏于戎攻。余易女釐都𦉢劇，其縣三百。余命女𤔲辝釐造國徒三千，為女敵寮。"尸敢用拜稽首，弗敢不業(對)揚朕辟皇君之易休命。公曰："尸，女康能乃九事，眾乃敵寮。余用登純厚乃命，女尸毋曰余少(小)子。女尃余于艱卹，虔卹不易，左右余一人。余命女裁差(左)正卿，𤔲命于外內之事，中尃盟刑。女台蔡侯鐘："余非敢寧宴，忘，有虔不易，補右楚王。"

蔡侯盧："蔡侯䵼虔共大命，上下陟裕，敬不惕，肇轄天子。"

尃戒公家，雁卹余于盟卹。女台卹余朕身。余易女馬車戎兵，釐僕三百又五十家。女台戒戎攸。尸用或吾拜䭫首，雁受君公之易光。余弗敢灋乃命。尸籅其先舊及其高祖，虩虩成唐，又敢才帝所，尃受天命，剻伐頣司，敱氒靈師，伊少(小)臣隹補，咸有九州，處禹之堵。不顯穆公之孫，其配𡐦公之妣，而成鍼公之女，雩生弔(叔)尸，是辟于齊侯之所。是少(小)心龏遾，靈力若虎，堇桊其政事，又共于箮武靈公之所。箮武靈公易尸吉金鈇鎬玄鏐鐪鋁。尸用攸鑄其寶鐘，用亯于其皇祖皇妣皇母皇考，用旂眉壽，霝命難老。不顯皇祖，其作福元孫，其萬福屯魯，龢協而九事，俾若鐘鼓。外内剴辟，戕戕譽譽。造而倗剔，毋或承頪。女考壽萬年，永保其身，卑百斯男，而𢘽斯字。肅肅義政，齊侯左右，

65

蔡侯盧「祐受毋已」

毋疾毋已，至于葉曰武靈成。子孫永保用亯。

此鐘宋政和五年青州臨淄出土。自宋以來有不少人考釋，終不能完全通讀，有的字還不認識，有的地方還不了解，有的地方說者意見還不一致。這裏我說一說我自己的一些意見。

「公曰：女尸，余經乃先祖。」孫詒讓、郭沫若都訓「經」為法。我們審度文義，訓「經」為法，似難通。此處「先祖」乃是叔尸的先祖。叔尸是齊靈公之臣，齊靈公必不能說法叔尸的先祖。按《師克盨》「克，余隹巠乃先祖考黔臣先王」，《大克鼎》「天子明悊，顯孝于申，巠念厥聖保祖師華父」，語例與此一樣。「經」字義必與「隹巠」「巠念」相同。「余經乃先祖」當是說我念你的先祖。

毛公鼎「余唯肇巠先王命，命女辪我邦、我家內外」。

「余既尃乃心，女小心愄忌。」《尚書君奭》「公曰：前人敷乃心，乃悉，命汝作汝民極。」語例一樣。僞孔《傳》訓「敷」為布，云：「前人文武布其乃心，為法度，乃悉以命汝，為汝民立中正矣。」從文義看，此處「敷」義當為明，「悉」義當為知。這句話應該讀：「公曰：前人敷乃心，乃悉，命汝作汝民極。」這是說前人明瞭知道你的心，命你為汝民之極。「余既尃乃心」，尃義也當為明，這是說我明瞭你的心，你是小心畏忌。

「余弘猒乃心德」，孫詒讓云：「弘，深也。」猒，合也。周語：「克猒天心」，韋注：「猒，合也。言余深合其心也。」按訓「猒」為合，不妥。若如孫說，把這句話譯成現在的話：「我深合你的心」，這就決不是齊靈公對其臣下的口吻了。《毛公鼎》「父厝，不顯文武，皇天弘猒厥德，」語例與此一樣。《尚書洛誥》「萬年猒乃德，」

66

《國語·周語》云：「狄封豕豺狼也，不可猒也。」韋昭云：「猒，足也。」又：「豈敢猒縱其耳目心腹，以亂百度。」韋昭云：「厭，足也。」

「猒乃心」「猒乃德」語例更是完全相同。馬融云：「猒，飫也。」孔穎達《正義》云：「天下萬年猒飫於汝王之德。」《說文》云：「猒，飽也。」我以為「猒」當讀為《孟子》「不奪不饜」之「饜」，以現在話來說，就是滿足、滿意。「余弘猒乃心」是說我很滿意你的心。《周語》「克猒天心」，「猒」義也為滿意，這是說能令天滿意。韋昭訓「猒」為合，不甚切當。孫氏則更誤解韋《注》的意思。

「虔卹乃事」，孫詒讓云：「卹，慎也。周頌維天之命篇：'假以溢我'，毛傳：'溢，慎也'。左襄十七年傳引作'何以恤我'。恤、卹字通。言敬慎乃所主之事也。」郭沫若從孫說。按孫說實是錯誤的。「卹」、「恤」自來都訓憂。《說文》云：「卹，憂也。」「恤，憂也。」《爾雅·釋詁》云：「恤，憂也。」「卹」、「恤」即是一字，「恤」乃「卹」之變。《說文》誤分為二字。《爾雅釋詁》云：「毖、神、溢，慎也。」《詩·維天之命》：「維天之命」，《正義》引《舍人》曰：「溢，行之慎也。」這顯然是釋《維天之命》「溢」字的。可知《詩》原就作「溢」，而非作「恤」。《左傳》作「恤」，當是誤引或傳寫之誤。「卹」義為憂，《爾雅釋詁》云：「憂，思也。」「卹」是思慮用心之意。「虔卹氒事」是說用心於所主管之事。

「𢿢龢三軍徒旟，雩氒行師。」「𢿢」，王俅、薛尚功釋「戮」，王楚釋「穆」，孫星衍釋「𢿢」，讀為「穆」。孫詒讓謂是「勠」之異文。《說文》：「勠，并力也。」與龢義相近，故此以𢿢龢連文。郭沫若以為「𢿢」字，而沒有解釋。楊樹達謂「𢿢與睦同」。此字讀「穆」和「睦」都是對的，我以為當就是「繆」字，古「繆」、「穆」通用，如秦穆公亦作繆公。「穆」有和義，如《許子鐘》「穆穆龢鍠」。

67

此處並釋「拃」「卞」。此說：「四時都把卞字釋成共，實是拃字的拃字的本字」（郭沫若《盂銘文解釋》，《文物》1972年第一期，第66頁）

《說文》：「睦，敬和也。」義與「穆」相同。《說文》「稑」字重文「穋」。《詩·七月》和《閟宮》「黍稷重穋」，《釋文》並謂「本又作稑」。是「穋」和「稑」乃是後世換聲旁的。「穋」可以作「稑」，知「穆」也可以作「睦」。

「[illegible]尸，女敬𠬝辟命」。小學者釋「共」，但都沒有解釋。下文「又共于𥁃武靈公之所」，孫詒讓謂「共職于齊侯之所」。郭沫若讀「有共」，楊樹達謂為「有功」，但都未加說明。我以為「共」義當為執。《詩·韓奕》「夙夜匪解，虔共爾位」，語例如與此一樣。《傳》云：「共，執也。」《詩·抑》「罔敷求先王，克共明刑」，《傳》云：「共，執也。」我以為「共」蓋就是「拱」字的初字。《說文》有「共」、「供」、「龔」、「恭」、「龏」、「拱」幾个字。《說文》云：「共，同也，从廿廾」，「供，設也，从人共聲。一曰供給。」「龔，給也，从共龍聲。」「龏，慤也，从廾龍聲。」「恭，肅也，从心共聲。」「拱，斂手也，从手共聲。」這幾个字在典籍裏往往假用「共」字。隱公十一年《左傳》「寡人唯是一二父兄不能共億」，杜預云「共，給也」。僖公十二年《左傳》「黄人恃諸侯之睦于齊，不共楚職」。僖公三十年《左傳》「行李之往來，共其乏困」。「共」義都為供。《漢書·食貨志》「古者税民不過什一，求其易共」。《郊祀志》「稷者百穀之主，所以奉宗廟，共粢盛」。《薛宣傳》「遂為少府，共張職辦」，師古注云「共讀曰供」。隱公十一年《左傳》「君謂許不共，故從君討之」。閔公二年《左傳》「告之以臨民，教之以軍旅，不共是懼」。僖公二十七年《左傳》「民未知禮，未生其共」。昭公六年《左傳》「三命茲益共」。昭公九年《左傳》「翼戴天子，而加之以共」。「共」都當讀恭。《漢書·張釋之傳》「吾所以共承宗廟之意也」。《景十三王傳》「彭祖為人巧佞，卑諂足共」。《師丹傳》「進退違言，反覆足共」，師古注

68

《論語·為政篇》：「為政以德，譬如北辰，居其所而衆星共之。」

云：「共，讀曰恭。」《漢書·劉賈傳》：「與太尉盧綰西南擊臨江王共敖。」《匈奴傳》：「匈奴數萬騎入代郡，殺太守共友。」師古並云：「共，讀曰龔。」《漢書·郊祀志》：「時大將軍霍光輔政，上共己正南面。」《翼奉傳》：「樂猒諸侯之權，西遠羌胡之難，陛下共己亡為。」「共」當讀為「拱」。昭公十一年《左傳》：「君謂許不共。」閔公十二年《左傳》：「不共是懼。」《釋文》並云：「共，音恭，本亦作供。」是「供」又和「恭」通。由于「共」用為「供」「龔」「恭」「拱」等字，這幾個字的演變源委，後世人就難以分辨。檢金文有「龔」「[illegible]」「[illegible]」三個字。「恭敬」之「恭」都作「龔」。《邾公華鐘》：「余畢龔畏忌。」《秦公毁》：「嚴龔夤天命。」和《尚書·無逸》：「嚴恭寅畏天命自度」語例一樣。「供」作「[illegible]」(共)。如《楚會肯鼎》和《楚會志鼎》：「㠯共歲棠。」由此我們知道「恭」和「龔」應是一字。

「𢀜」乃是「龏」字的後起字。「共」「供」「龔」字義相同，應是一字三字係一字之變。「𠬞」應是「拱」字的初字。《爾雅·釋詁》云：「秉、拱，執也。」《善鼎》「唬前文人秉德𠬞屯」，「𠬞」與「秉」為對文，是證「𠬞」義當為執。這當是象兩手執持之形。「𠬞」和「共」形相近，後世隸變，便成為一个字。「辝」字孫詒讓謂是「𤔲」籀文辭，此當為辭之籀字，言敬告内外出内之辭命。郭沫若以為「予」。按此字在銅器銘辭中都用為冠詞，和「氒」「其」用法相同。如此銘下文「余命女嗣辝釐」。《𪎭鎛》「某萬至于辝孫子，勿或俞改」。《邾公牼鐘》「鑄辝龢鐘二堵」。《邾公牼鐘》和《邾公華鐘》「用鑄氒龢鐘」，《邾太宰鐘》「自作其御鐘」，語例更完全一樣。我以為此字當讀為「厥」，此字从台从弓，「弓」就是「屰」，「厥」也从「屰」作，這兩个字是同

69

一个字根，是一个字的演变。「敬共辟命」是说敬执厥命。「女雁禹公家」，孫星衍謂「禹」讀為「厤」，《尚書·般庚》「優賢揚歷」，歷，試也。孫詒讓從之。郭沫若也讀為「歷」，義為傳。《爾雅·釋詁》云：「厤，歷，傳也。」雁禹謂担戴輔衛。楊樹達訓相。《爾雅·釋詁》云：「歷，乃，艾，歷，相也。」訓「禹」為試，文義難通。《爾雅·釋詁》「歷，傳也。」郭《注》云：「傳，近。」「傳」即附近，義不是輔衛。《爾雅·釋詁》「艾、歷、覛、胥，相也。」郭《注》云：「覛謂相視也。公羊傳曰胥盟者何？相盟也。艾、歷未詳。」歷與「覛」「胥」同訓，義當為相互之相而不是傳相。郭、楊之說都不免曲解。我疑心「禹」當讀為「黴」。《說文》云：「黴，古文黴。」金文有「[illegible]」字，疑「[illegible]」、「黴」都由「禹」演變的。《詩·崧高》：「王命召伯，黴申伯土田。」《傳》云：「黴，治也。」《箋》云：「治者，正其井牧，定其賦稅」。又云：「徹申伯土疆。」又《崧高》云：「王使召伯公治申伯土界之下至」。又《詩·江漢》：「王命召虎，式辟四方，徹我疆土。」又《崧高》云：「命召公使以王法征伐，開辟四方，治我疆界於天下。」「女雁禹公家」與《毛公鼎》「命女辥我邦」、《克鼎》「保辥周邦」、《宗婦𣪘》「保辥鄭國」語例相近。這當是說命尸治公家之事。

𦅫鎛「陶叔又成褮于齊邦，侯氏易之邑二百又九十又九」，褮義顯為勞。

「⿱巩女褮朕行師」。「褮」孫星衍、孫詒讓釋「褒」。郭沫若釋「褮」。郭氏云：「⿱巩女讀為攻治之攻，褮褮者讀為經營之營。大雅《靈臺》『經始靈臺，經之營之，庶民攻之，不日成之』，即此⿱巩女褮之意。」又下文「堇褮其政事」，亦是「勤營」。「褮」為「褮」之省，是也。但讀為經營之「營」，恐不確。「攻營朕行師」、「勤營其政事」，古書不見有這樣的語句。我以為「褮」當讀為「勞」。「勤勞」是常語，「勤勞其政事」語甚明白。「⿱巩女」我疑心當讀昭公二十五年左傳云：子家子曰：「君其許之。政自之出久矣，隱民多取食焉，為之徒者眾矣。」荀子富國篇楊倞注云：「隱，窮約也。」哀公八年左傳云：「微虎欲宵攻（吳）王舍，私屬徒七百人，三踊於幕庭，卒三百人，有若與焉。」

70

為「𢦏」。《爾雅·釋詁》云：「訪、𢦏、虔，固也。」疑「𢦏」與「訪」、「虔」同義。「訪」義為固，又為慎。《說文》云：「訪，慎也。」「虔」義為固，又為敬。疑「𢦏」也有慎敬之義。「𢦏裝」疑意謂慎勞或敬勞。

「[illegible]」或從西千為女，敵寮。「[illegible]」薛尚功釋造。郭沫若也說是「造」字的異文。按釋「造」不僅字形不合，文義也不可通。此字實不能識，不必強為解釋。「戠」字舊釋「國」，郭沫若釋「鐵」。這个字我也以為是「鐵」字，但在這裏却不能就釋「鐵」。這个字實即是甲文「司」字。「司」字從甲文到金文，有兩種演變：一由「司」變為「㠯」，再變而為金文之「戠」。「戠」即「𢦏」字。一由甲文「司」變為金文之「司」、「戠」及「戠」。「鐵」字即由「戠」演變的。在這裏，「戠」當讀為「職」。《班簋》云：「王令毛公以邦冢君、土（徒）馭、戠人伐東國𤞞戎。」「戠顯

就是甲文「司」字，「戠人」頭就是職人。「戠徒」當也就是職徒

「敵寮」，郭沫若云：「敵僚嫡僚，言其直系之徒屬。」「敵寮」就

是僚屬，無所謂嫡系。金文「女」（汝）都用為第二人稱代名詞。

第一人稱所有格都用「乃」，如《令彝》「唐右于乃寮」。這裏

「女」用為第二人稱，稱所有格。此銘又以「而」字為第二人稱所

有格，如上文「官𤔲而政事」，下文「龢猷而九事」。在春秋中葉

以後，用字和以前已有所不同了。

「尸，女康能乃九事，𧗿乃敵寮」，「能」和也。「九」字孫星衍孫

詒讓都釋「九」，郭沫若釋「又」。按下文「釐僕三百又五十

家」，又若于《箮武靈公之所》，「又」字寫法都與此不同。下文

「或有九州」，「九」字形與此一樣。釋「九」是正確的。「九事」和

「敵寮」對言，自是叔尸之下的屬官。但是那九事不得而

71

知。孫詒讓謂即《周禮·太宰》之九式，不確。

「余用𤼷也厚方命」，孫詒讓讀「余用𤼷也厚」斷句，是錯誤的。「𤼷」即《説文》「登」字的籀文「𤼷」字。《説文》云：「登，上車也。从癶、豆，象登車形。𤼷，籀文登从収。」《廣雅·釋詁》云：「登，陞也。」此字應是从址，登聲，址是表示登車之意，登則是表聲的，是个形聲字，不如《説文》所説「象登車形」。「也厚」意即為厚。這句話意思是説将擢升叔尸的官位。意與下文「余命女戴差正卿」相接。

「女專余于艱卹」，孫詒讓謂「專讀為俌，輔也」，郭沫若從之。按下文「伊小臣為楠」，「楠」即是「俌」字，不能彼作「楠」，此又作「專」。考「專」「敷」「傅」「溥」是一字之變，此當讀為「傅」。《説文》云：「傅，相也。」這當是説汝當相我於艱憂。

「余命女𢦏差（左）正卿，𫹉命于外内之事」。「𢦏」孫詒讓釋「織」，假為「職」，「差」釋為「差次」之「差」。郭沫若「𢦏」字從孫釋，「差」字釋「左」。按金文「織」字作「戠」和「戠」，「戠」是由甲文「戠」字演變的。此字作「𢦏」，从戈从糸，和「戠」字字形不同，所从之偏旁不同，決不是一字。「𢦏」字从糸从戈，當是「戈」字加「糸」而成的。當讀「戈」聲。這和「戠」字相同。疑當讀為「載」，是語詞。這是說任命叔尸佐正卿。「正卿」下鏄有「為太史」三字，郭沫若謂為大史之官，甚是。這當是任命叔尸為太史之官。叔尸是齊國的太史，此鐘就是他受任為太史時作的。「𫹉」字金文銘辭常見，不認識。郭沫若初釋「緝」，後又釋「攝」，都是猜測。我疑是「勴」字。《說文》云：「勴，助也。从力从非，慮聲。」這裏值得注意的，是這个字的字形。如《說文》所說「勴」字的字形說不

72

出它的意義也不符合中国文字構造的法則。我疑心「勴」乃是「𣪘」字譌變。這就是保留了「𣪘」字所从作之「北」，譌變為「非」，「几」譌變為「力」，又加「慮」以表聲。《爾雅·釋詁》云：「詔、相、導、左、右、助、勴也。」郭注云：「勴謂贊勉。」據此，「勴」義蓋謂佐助、贊助。「𣪘」在此訓佐助、贊助，文義也很洽當。齊靈公命叔尸為太史佐正卿，「𣪘命于內外之事」是說佐助正卿治內外之事。

「雁卹余于盟卹」。徐詒讓云：「言儆戒于勤慎也。」郭沫若謂「卹」字當訓為安為靜。《尚書·帝典》「惟刑之恤哉」，《史記·五帝紀》「恤」作「靜」，《集解》引徐廣謂今文作「謐」。我以為這兩个「卹」字都應如字讀，義為真愛。「盟」當讀為明。《公師望鼎》：「不顯皇考寬公穆穆，克盟厥心，悊厥德」，「盟」頭為「明」。

《邾公華鐘》「鑄其龢鐘，台卹其祭祀盟祀」，《邾公牼鐘》作「禾鐘，用敬卹盟祀」，「明」也當為「明」，「明」有顯和大義。《禮記·大學篇》「大學之道，在明明德」，鄭玄《注》云：「明明德謂顯明其至德也。」至德即是顯德、大德。「盟卹」意蓋謂大憂。「雁卹余于盟卹」，是說我有大憂患，你應當憂我。《尚書·堯典》「惟刑之恤哉」，《集解》云：「徐廣曰：今文云惟刑之謐哉。」《索隱》云：「集古文作恤哉，且今文是伏生口誦，卹謐聲近，遂作謐也。」此所謂古文乃是梅賾本，此字本作「謐」，傳寫誤作「恤」，不能據此便謂「卹」義與「謐」相同，且以「卹」為「謐」，文義也不可通。

「𠛅伐頣司」，「𠛅」薛尚功、孫詒讓釋「剢」。孫詒讓云：「剢伐即克伐。《史記·孔子弟子傳》顏刻，《論語》子罕包注作剋。剋

73

所見之偺」。此字字形與「刻」字迥不相同，不知薛氏何以釋「刻」。按《玉篇》有「剮」字，云是「古文刻」。《說文》有剮字，云是「古文則」。段玉裁謂「剮」是「剮」字的譌變，而誤繫於「則」字之下的。薛氏釋「剮」為「刻」，或者就因為以「剮」即「剮」及「剮」字。「刻代頭司」或「克代頭司」，語句總覺得不甚安妥。我以為此字蓋為「褱」和「㯹」字的初文。「剮」字从「咼」，這頭就甲文和金文之「咼」。《虞壺鼎》「王令趞𢦏東反尸。趞肇從趞征，攻咼無啻」。「咼」舊釋「戡」，或釋「隃」。釋「𢦏」字形不合，釋「隃」文義不當。這當讀為「褱」、「㯹」，「攻咼無敵」即「攻㯹無敵」。「剮代頭司」即「㯹代夏司」。

「外內剮庠戕咢」，「傳」宋以來學者都釋「辟」。孫詒讓云：「剮讀為闢，闢也。辟與闢通。外內闢辟，言外內闢直

事無所𨒪也。」「𢦏」、「㗊」宋以來學者都釋「都」「𠾱」。孫云
云：「都、𠾱，並𢧵善之意。」郭沫若謂「𢦏」是「屠」字，讀為「都」。
按「𢦏」實不是「辟」字，這不是「屖」字。「屖」是「弟」字的本字，
這我另有說，這裏不談了。「劃屖」即「遲弟」。「𢦏」字所从之
「𢦏」和秦公鐘「銑」字所从之「𢦏」相同。此字實不是从「者」，
而是从「先」从「戈」。「𢦏」、「銑」即是一字。秦公鐘云：「其音銑銑雝雝，
孔煌。」「銑」象聲音之和。「𢦏」義也當為和。「樂我以為即
是「𢦏」字。論語鄉黨篇「君在，踧踖如也，𢦏𢦏如也」，「𢦏」有
和悦恭敬之意。「外内劃屖，𢦏𢦏、㗊㗊」，蓋是說外內樂易和
睦。𢦏上面「𤔲𤔲」而九事卑若鐘鼓，文義相承接。
「至于葉曰武靈成」，孫詒讓云：「葉，𢆶也。此當為葉之省，至
于葉者，葉，世也。言至于後世也。」曰即𠭰之𠭰字，武當讀為

從之為迎之「𢦏」，為行條而疾也」
周王𢦏鐘「雝雝雝雝」
說文心部：「㦎，赧也」
「𢦏」何也。
說文：「𢦏𢦏如也」，為敬之貌，為敬云云
風俗通中云「恭之貌」
說文：「歎，安氣也」
郭靜「屖伯易文」也，
白文九十又九是「㗊𠾱」
「民以都嘉」

下武維周之武，武，繼也。雲亦當訓為善。言叔尸後世子孫
繼續而善成其事也」。郭沫若云：「業即業之初字，業，世也，成
讀為誠。言至于後世使人讚美嘆曰桓武靈公誠然武靈
也」。按李孫郭說都非是。「業」即是「世」字。字又作「枻」（齊鎛
「業」「世」同義，就由於是一個字。「曰」猶稱也。武、靈、成都是美稱
不是死後的謚號。這是說齊侯至於後世，世代稱為武靈
成。

一九六八、四、十草

一九六九、一、十四重抄

敔𣪕

隹王十月，王才成周。南淮尸遱殳，内伐洭、昴、參泉、裕敏、陰陽洛，王令敔追𨓕于上洛、𤇚谷，至于伊班，長榜，𢦏首百，執𠳋卌，奪孚人三百，啚于𤇚白之所，于𤇚衣諱，復付氒君。隹王十又一月，王各于成周大廟，武公入右敔，告禽𢦏百、𠳋卌。王蔑敔曆，吏尹氏受𠭯敔圭瓚、□貝五十朋，易于敜五十田，于早五十田。敔敢對揚天子休，用乍尊𣪕。敔其萬年子子孫孫永寶用。

「遱」，孫詒讓謂是人名，南淮尸之名。楊樹達謂讀為「竄」，《尚書·舜典》「竄三苗於三危」，《史記·五帝本紀》作「遷」。「𠬝」，孫詒讓、楊樹達都釋「及」，郭沫若釋「殳」，謂是地名。孫詒讓、郭沫若讀南淮尸遱殳為句，楊樹達以「內」字屬上讀，謂「內」為內國，猶今言內地。這句話確相當難解。楊樹達讀「遹」為「竄」，不免牽強。《尚書》「竄」義為竄逐，與奔竄義不相同。「竄三苗於三危」《說文》引又作「𥨍」，絕不能說「遹」當讀「𥨍」。「叉」應從郭說為地名。句讀也應以「南淮尸遹叉」為句較當。這是說南淮夷遹至叉，入侵溟昴，參泉，裕敏陰陽洛等地。

「王令敔追遡（迎）于上洛，至于伊𤤴，長榜，𢦏首百，執訊卌。孫詒讓讀「至于伊𤤴長」為句，釋「𤤴」為「班」，釋「長」為「馬」，「班馬」即班師，釋「榜」為「榜」，「𢦏」為「識」，「榜𢦏首百」是「斬首榜而識之」。郭沫若讀「至于伊𤤴」為句，也釋「𤤴」為「班」，義為班師。郭釋「兵」為「長」，「𢦏

52

為「戠」，「𢦏」從孫釋為「榜」，用為枋，即旗柄。「長榜戠首百」是猶《逸周書·克殷解》「縣諸太白」、「縣諸小白」。郭氏之說乃是因襲孫氏而稍加變更而已。

按孫郭之說都不妥，這樣解釋文義、語法都不可通。「𤼵」是不是「班」字，就有問題，謂班師為班馬，從不聞有這樣的話。「榜識首百」或「長榜戠首白」也從不見有這樣的語的。按「斬首執訊」是古代的成語，「戠首百，執嚇卌」與《虢季子白盤》「折首五百，執嚇五十」，語例正同，這必是「戠首百，執嚇卌」為句的。「戠首百，執嚇卌」為句，則上文必「至于伊𤼵長榜」為句，「伊𤼵」「長榜」都是地名。這樣的讀法語法便沒有語病。這是說王命敔追御南淮夷于上洛，至于伊𤼵長榜。這和《不嬰𣪘》「余令女御追于

「啓，女呂我車，宕伐𢦏允，于高陵」語例略同。

「𢦔首百，執嚥卅」和「虢季子白盤」「折首五百，執嚥五十」「不𡢁簋」「師寰簋」「折首執嚥」語例正同。「𢦔」字義和「折」必一樣。此字从艸从戈从言，疑係甲文「𢦏」和「𢦏」字的孳乳字，也即是「截」字。甲文有𢦏和𢦏兩个字，這兩个字過去都以為是一个字，實際不是一个字。這兩个字在卜辭中用法截然不同。卜辭「𢦏」假為災禍之災，與「巛」和「𢀠」通用。而「𢦏」則都用于征伐。「𢦏」沒有用為征伐的，「𢦏」也沒有假為災的。這兩个字必不能混同。「𢦏」我以為是「戟」字的初文。此字从中从于，中是旗，于是戈，這是表示用鍬旗戟種，演變為「戟」「哉」「栽」「載」「戴」等字。這些字在古代文献往往通用，就是因為是一字的演變之故。《說文》云：「𢦏，傷也」，這乃是因為「𢦏」假為「災」引申的。因為「𢦏」假為「災」，故又演變為「栽」。「芋」字从屮从于，或作「芋」，从屮从于，初義以是表示用鋤斬草木。「𣂔」字作「𣂔」，「𣂔」是表示用斤斬草。這兩个字所表示的意思略同，字義以相近。因此我疑心「𢧢」就是由「芋」孳乳的。

「芋」疑也就是「截」字的初字。《說文》云：「截，斷也，从戈雀聲。」又云：「斷，截也，从斤𢇍。」「截」「斷」同義。此字文獻都作「截」，从戈从隹，《說文》謂「从戈雀聲」，蓋是錯誤的。「𢧢首百」即「截首百」，也就是「折首百」。

《塱方鼎》「隹周公于伐東尸、豐白、尃古，咸𢦏」。「𢦏」過去學者沒有的解釋。陳夢家謂「咸𢦏」義為「皆殘滅之」

（西周銅器斷代考，《考古學報》第九期），這只是從文義推測，而不是解釋「𢦏」字。我以為「𢦏」當讀「截」，即「海外有截」之「截」。「截」字舊時訓釋似不一致。《詩·常武》「截彼淮浦，王師之所」，《毛傳》云：「截，治也。」《箋》云：「治淮之旁國有罪者，就王師而斷之。」朱熹《集傳》云：「截，截然不可犯之貌。」《詩·殷武》云：「相土烈烈，海外有截。」《箋》云：「截，整齊也……四海之外率服，截爾整齊。」又云：「九有有截。」《毛傳》云：「故天下歸鄉湯，九州齊一截然。」朱熹云：「言湯既受命，載旆秉鉞以征不義，桀與三蘖皆不能遂其惡，而天下截然歸商矣。」《詩·殷武》云：「有截其所，湯孫之緒。」《箋》云：「高宗所伐之處，國邑皆服其罪，自勑整截然齊一，是乃湯孫太之等功業。」朱熹云：「武王高宗撻然用武以伐其國。」

入其險阻，以致其衆，盡平其地，使截然齊一，皆高宗之功也」。他們對「截」有治、整齊、截然不可犯之貌三種訓解釋，對於詩的解釋都增字為解，不明確切當。我以為「截」義蓋為平定。「截彼淮浦」，是說平定淮水附近之地。「海外有截」，「有」是語助詞，義與「厥」「其」相同，這是說海外平定了。「九有有截」，下「有」字是語助詞，這是說九有都平定了。「有截其所」，「有」也是語助詞，這是說平定其地。「周公于伐東尸，豐白尃古，咸𢦏」，這是說周公東征東夷，豐伯和薄姑，都平定了。

「王蔑敔曆，吏（使）尹氏受𨠬圭瓚𠂤貝五十朋」。孫詒讓讀「吏尹氏受」為句，是說使尹氏接受敔告禽所獻的馘訊。這實是錯的。孫氏又說「𨠬」當為賚，說文貝部，賚，賜也。詩江漢：「釐爾圭瓚，秬鬯一卣，告于文人，錫山土田。」鄭箋：「釐，賜也。」蓋藉釐為賚。此敢實用正字也。這也不正確。這應讀「叏」，尸氏受𢿍敦：「圭暠口貝五十朋為吖。」「受」當讀為「授」。甲骨文和金文都是「受」，「授」一字。「𢿍」和「賚」、「釐」即是一字，並不是假借。此字甲骨文作「𣪊」或「𢿍」也就是「𢿍」及「𢿍」。金文作「釐」，是加「里」以表聲，或又作「𢿍」，則是加「貝」以表義，這蓋是以有錢為福，或又作「𢿍」，則是加「子」表義，蓋以有子為福。「賚」當是「𢿍」之省。《尚書·湯誓》「予其賚汝」，《史記·殷本紀》作「理」，「理」也是「釐」字的省變。古代「𢿍」、「釐」、「賚」、「理」、「萊」可以通用，就因為這些字都是一字之變，後世以為是假借，實是錯的。《守宮尊》「守宮對揚周師釐」，語例和「對揚王休」一樣，「釐」義當為

25

福、為恩，與「休」相同。「㪤」也應為福、為恩。「受㪤故圭曷」語例和《大保簋》「易休余土」一樣，「㪤」義顯也與「休」相同。

一九六八、四、二、草
一九六九、十、六、重抄

13

柯昌濟：其官名釋為

女下一字不甚清晰，郭

沫若釋「覓」。秉國

釋「言」，郭氏亦「覓」

文可以通，釋「言」也能

如文都難通。

柯昌濟《韡華閣集

古錄跋尾》：「徲大室」即

釋辟非。案徲夷二字

古通。在詩每通訓詁

小戎夷。遲太室，即夷

太室，夷王之太室也，如

此說之誤，亦宣王之實

博古圖宰辟父敦曰：唯

四月初吉王在辟宮，与

此意同。

融攸从鼎

隹卅又二年三月初吉壬辰，王才周康宫，徲太室。融从以攸衛牧告于王曰：女覓我田，牧弗能許融从。王令眚史南即虢旅。旅迺吏（使）攸衛牧誓曰：我弗具付融从其祖射分田邑，則殺。攸衛牧則誓。从乍朕皇且丁公皇考叀公障鼎。融攸从其萬年子子孫孫永寶用。

「徲」字過去沒有的釋，或釋「辟」，或釋「徲」。唐蘭又釋「夷」，「徲大室」即周夷王大室。楊樹達釋「辟」，謂周康宫徲大室是周康宫旁之大室。這自是「徲」字，「辟」字實从「尸」，从「旁」，與此不同。「徲太室」決不是夷王大室，也決不是「周康宫旁之大室」。既是大室，必定是康宫的正室，既是正室，決不是在康宫之旁。「徲」字在此實是个動詞。

鬲比以攸衛牧告于王曰：

「女」下一字不清晰，或释「[illegible]」，或释「[illegible]」，[illegible]释「以」，也有些[illegible]。这个字虽不能确认，但从铭意看，其[illegible]是[illegible]。

「望鼎：王才周康宮新宮旦，王各大室」。

楊鈠：「王才周康宮旦，王各大室」。

休盤：「王才周康宮旦，王各大室」。

這都記王在周康宮的語例，也和此銘一樣，「𢓊」字的用法要各相同，義也必相近。我以為「𢓊」字就是「犀」字，「犀𢓊」、「犀遅」都是一字之變，這和「冓」變為「𢓜」和「遘」變為「覯」一樣。這就是加不同的偏旁。這種情況在我國文字發展中是習見的。「屖」，《說文》云：「犀，犀遅也。」「犀遅」就是「棲遅」，意為止息。「𢓊大室」是說息于大室，意和「各大室」一樣。

「女以我田，牧弗能許鬲从」。楊樹達以「牧」字屬上讀，謂「司田稼之人稱田牧」，按楊說非是。「牧」應當屬下，即是攸衛牧。「女」下一字不識，「能」當讀為「乃」。這句話是鬲从向王告攸衛

14

柯昌济云：「省史，疑讼相争，甚至于史官。南盂鼎有田僕大隆之羕。」

柯昌泗云：「射疑省也，视者，省仗一字，此奠者三人，或是三人以省视也，合称也。」

牧之辭。因為有字不識，完全通解，從下文看，這當是攸衛牧侵佔了鬲从的土地。這句話的意思是說攸衛牧佔了鬲从的田，不即還他。

「省史」，省，楊樹達釋「眚」，罪也。「眚史」是「其史司罪過之事」，這也是臆說。我國古代司罪罰者為司寇，不聞有「眚史」這個官。這個字自是「省」字，也就是「循」字。省，金文作「峀」，「循」作「徝」，只是加「彳」旁而已。《說文》云：「省，視也。」「循，行也。」「省」「循」義實為行視、巡視。《淮南子·精神訓》：「禹南省方，而濟于江。」高誘注云：「巡狩為省。省，視四方也。」《甗鼎》：「師雝父循道至于䣙。」「循道」顯然是巡道，二字義相同。後世文用「巡」或「行」。「省史」我疑即是「行理」。《國語·周語》：「敵國賓至，關尹以告，行理以節逆之。」韋昭云：「理，吏也。行理即小行人。」「行理」《左詩雲漢「耗斁下土」，《春秋繁露·郊語、郊祀》篇作「耗射下土」。

傳》又作「行李」，「理」、「李」都是因音（吏）同而誤傳的，「有史」即是「行吏」，這个官職掌大概是迎接賓客也巡視境內各地，「南」是有史的名。「王令有史南即㝅旅」是說王令有史南就㝅旅，要㝅旅處理尉从和攸衛牧的爭訟。

「射」字義不可解。楊樹達謂「當讀為謝」，意為錢財，文義不可通。從文意看，「祖射分田邑」當是指尉从祖先所分之田邑。我疑「射」乃是「澤」的假借字。《詩·清廟》云「不顯不承，無射於人斯」，《釋文》云「射，音亦，厭也」。《詩·泮水》云「戎車孔博，徒御無斁」，「斁」，《釋文》作「繹」，云「本又作射，又作斁，或作懌」，皆音亦，厭也。可知「射」和「斁」、「懌」音同義同，古通用。又《史記·太史公自序》云「昌生無澤」，《索隱》云「漢書作毋懌，並音亦」。按今《漢書》作「毋懌」。是「澤」也音亦，和「懌」、「懌」可以

15

說文「斁，解也」。

昭公八年穀梁傳云「以射於射宮」，范甯云「射宮，澤宮」。

詩雲漢云「耗斁下土」，春秋繁露郊祀作「耗射下土」。

通用。「斁」與「澤」也可以通用。《說文》云「斁，解也」，是「斁」就是「釋」。《詩·載芟》云「其耕澤澤」，《正義》引《爾雅》云作「釋釋」，《夏小正》云「農及雪澤」，《考工記》云「水有時以凝，有時以澤」，「澤」顯也就是「釋」。「射」「斁」「澤」聲音相同，可以通用，此處「射」假為「澤」，「澤」是可能的。「祖射」意蓋祖先的恩澤。因為這些田邑是朕從祖先傳下來的，所以說是「祖射」。「旅迺吏攸衛牧誓曰：我弗具付朕從其祖射分田邑，則殺」。這是說旅要攸衛牧這樣發誓：我若不將朕從祖澤的田邑給他，就受誅罰。「攸衛牧則誓」，是說攸衛牧依照旅所說的發誓。

「朕攸從其稱年」。前面稱朕從，此稱朕攸從，楊樹達謂「以從事有攸地，故得專氏攸」，甚是。這蓋因攸地以前為衛牧所佔，故从只稱鬲从，自此以後，攸地還給了鬲从，所以改稱鬲攸从。

這篇銘辭，因為還有字不識，還不能完全確切地通解。但我們這樣解釋，全辭主要的意思是可以明白的。這蓋是這樣：衛牧侵佔了鬲从祖傳的土地，這就是攸，因此，鬲从向王控告。王命虢旅處理。虢旅要衛牧發誓，把他所侵佔的土地還給鬲从，否則就受誅。衛牧把土地交還了鬲从。鬲从作器以記其事。

一九六八、二、二草

一九六九、十、八改抄

26

中子化盤

中子化用保楚王，用正梠，用擇其吉金自作盥

盤

郭沫若謂此器是楚簡王時器。《史記楚世家》云：「簡王元年，北伐莒，滅之」，就是此處所說的「正梠」。我疑心此處「梠」不是己姓之莒，而是姜姓之呂，也就是申呂之呂。《郡國志》「新蔡有大呂亭」，劉昭《注》引《地道記》云：「故呂侯國」。「梠」疑就是新蔡之呂。呂也是為楚所滅，楚滅呂的年代不能確知，大概和滅申相前後，申為楚所滅是在楚文王時，此器也當與此相去不遠之器。

又春秋晚期和戰國初期楚器的書法多筆畫纖細，如吳器者減鐘、吳王光鑑、徐器沇兒鐘、王孫鐘，蔡器

蔡侯鐘、蔡侯盧等風格相类，如楚王酓章鐘、楚王領鐘便是典型。這種書法已不是日用寫字的書體，而是一種特殊的工藝的書體。大概在這個時期，吳、越、徐、楚、蔡等國青銅器鑄造工藝已彼此互相影响，形成一種風格，而此器的書法和上述諸器絕不相同。這也可為此器不是戰國初期楚簡王器的一个佐証。

一九六八、三、九、草

一九六九、十、十四重抄

30

蔡毁

隹元年既望丁亥，王才雝居。旦，王各廟，即立，宰曶入右蔡立中廷。王乎史尤册令蔡。王若曰：蔡，昔先王既令女乍宰，嗣王家。今余隹醽𩫏乃令，令令女眔曶䝨正對各，从嗣王家外内，女毋敢不𦖞。嗣百工，出入姜氏令。厥又見、又即令，厥非先告蔡，毋敢厌又入告。女毋弗善效姜氏人，勿吏（使）敢厌止從獄。易女幺衮衣、赤舄，敬凡（夙）夕，勿灋朕令。蔡拜手頴首，敢對揚天子不顯魯休，用乍寶毁。蔡其萬年釁壽，子子孫孫永寶用。

「令女眔曶䝨正嗣對各」，「對各」郭沫若謂是二人名，文義不可通。我以為「各」當讀為「客」，「客」、「各」賓即是一伊簋：「王乎命尹封册命伊䌛官嗣康宫王臣妾百工」

乍宗。「對各」是說對答賓客。

「死嗣王家外內」，「死」學者都讀為「尸」，這是對的。《爾雅·釋詁》云：「尸，主也」。我以為當讀「屍」。《說文》云：「屍，終主也。从尸死。」「屍」義實為主。許慎訓終主，蓋是解釋从「死」之故。「屍」即是「死」。「死」義為死亡，也為人死後之屍體。《漢書·陳湯傳》：「漢遣使三輩至康居求谷永等死。」師古云：「死，尸也。」其義為主乃是假借。因為「死」義為主，後人見「尸」義為主，故又加「尸」以表義，演變為「屍」。「尸」則是假借。「死嗣王家外內」，是說主管王家內外之事。

「毋敢又不龏，嗣百工，出入姜氏令」，郭沫若讀「毋敢又不龏」為內，釋「龏」為聞。從上下文義看，郭氏的讀解釋都不正確。「毋女敢又不聞」，當是說凡事必須上聞。這應引《文》云：「鄭玄讀昏為暋，訓為彊敃也。」

當是在既任命其具體的職掌之後，才可以有這一句總括的話。現在把這句話放在「以亂王家外内和亂百工出入姜氏令」之間，在行文上是不安順的。我以為這應該是「女毋敢又不𦖞亂百工」為句。「𦖞」不能釋為「聞」，而實是「𢉖」字。此字金文假為「婚」字。《說文》云：「𢉖，古文婚。」又金文「䡅」字从此作，《說文》云：「䡅，車伏兔下革也，从車𢉖聲，𢉖，古文昏字，讀若閔。」此必是「𢉖」字無疑。此字學者有釋「昏」的，釋「昏」是對的。《說文》明說「𢉖」古文婚及昏字，又此字金文假為「聞」，《說文》謂「聞」古文作「䎽」，云：「古文从昏。」「昏」當是後起的，這就是後世用「昏」代替「𢉖」，也就是从「聞也」。《爾雅·釋詁》云：「昏，彊也。」《尚書·盤庚》「不昏作勞」，《正義》引鄭玄云：「昏讀為暋，暋，勉也。」又引孫炎云：「昏，夙夜之𦅫也」。《西京賦》「何必昬於作勞」，薛綜注云「昬，勉也」。昬實為𦅫勉，勤勉之意。「𤔲嗣百官，出入姜氏令」是說必須勤勉地司治百官，出納姜氏的命令。從前後文意看，這當周王死，太子初立，母后姜氏聽政。這究是那一个王已無從確知。郭沫若以此器為夷王時器。按《史記·周本紀》云：「懿王崩，共王弟辟方立，是為孝王。孝王崩，諸侯復立懿王太子燮，是為夷王。」《禮記·郊特牲》正義引《世本》云：「恭王生懿王，懿王崩，弟孝王立。孝王崩，懿王太子燮立，是為夷王。」《史記·三代世表》也謂孝王為懿王弟。不論孝王是共王弟或懿王弟，懿王死後，政局不穩，太子沒有能即位，這一定是由於太子燮年幼之故。從孝王死，諸侯復立懿王太子一事看，孝王最初可能是乘太子燮年幼而篡位的。孝王死，諸侯復立懿王太子而不立夷孝王子，此時王室必有矛盾糾紛，夷王乃是藉諸侯之力，始得立為王的。此時政局動亂，王又年幼，故母后稱制。

「令」又見，又即令，令非先告命，毋敢疾又入告。「見」當是「見事」、「見服」。《作冊麥鼎》「隹公大史見服于宗周年」。《匽侯旨鼎》「匽侯初見事于宗周」，或也只稱「見」，如《賢殷》「唯九月初吉庚午，公初見于衛」。《尚書·康誥》「唯三月哉生魄，周公初基作新大邑于東國洛，四方民大和會，侯甸男邦采衛百工播民見士于周」。楊樹達謂「見士」即是「見事」，甚是。「即士」偽孔傳謂「並見即事於周」，增字為解，不可信。我以為「見」、「見事」、「見服」蓋是朝見述職之意。

「即令」是謂受命。《尚書·金縢》「今我即命于元龜」，偽孔《

傳》云：「就受三王之命於大亀。」文公五年《左傳》：「使毋失其土宜，衆隸賴之，而後即命。」定公四年《左傳》：「用即命於周，是使之職事於魯。」杜預云：「即，就命也。」《免𣪘》：「隹十又二月初吉，王才周，昧爽，王各于大廟，井叔有免，即令，王受乍冊書，卑冊令免。」《趩𣪘》：「唯三月，王才宗周。王各于大廟。密叔右趩，即立，内史即命。」「即命」顯都是受命。「厌」郭沫若謂是「庚」字之異，在此讀為「汱」，下文「厌止」即「鈦趾」，全屬臆說。此字从广从大，疑即《說文》「厌」字的籀文「𡗜」。因為摹寫錯誤，以致不明晰。「厌」在此從聲音和文義看，蓋讀為「軓」。「軓」是个語助詞，沒有本字，只能假借同聲字，可以假用「軓」，也可以假用「厌」。這句話是說凡是來朝見述職或受命者，都必須先關白命婦，不先告訴命婦，不能

33

《尚書·梓材》：「王其效邦君越御事」。曾運乾《尚書正讀》云：「效，古者效、教之通也。效教，古今字。」當從張

宣公五年《左傳》：「春，公如齊，高固使齊侯止公。」

宣公七年《左傳》：「晉人止公于會。」

輒入告姜氏。

「女毋弗善效姜氏人，勿吏（使）敢庆止從獄」。「效」義蓋為教。《說文》云：「效，放也」，即是仿效。仿效就是學。「學」與「教」古即是一字。「女毋弗善效姜氏人」是說汝必須要好生教育姜氏人。姜氏人似指母黨。《毛公鼎》「善效乃友正，毋敢湎于酒」，語例與此一樣。「效」義也以教。這是說應當教育你的僚友和正長，不得沉湎于酒。「止」義為拘留、拘捕。成公十年《左傳》：「秋，公如晉，晉人止公。」「庆止」即與役「止」義相同。「從」即昭公二十年《左傳》「群鄰之人從其政」之「從」。「獄」義為獄訟。《國語·周語》：「夫君臣無獄。」韋昭云：「獄，訟也。」「勿使敢庆止從獄」是說不能使他們敢於拘留從事獄訟的人。

「敬夙夕，勿灋朕令」，這句話是銅器銘辭習見的。如《留盨》「敬夙夕勿灋朕令」，《克盨》「敬夙夕勿灋朕令」，《師虎簋》「敬夙夜勿灋朕令」，《牧簋》「苟夙夕勿灋朕令」，《師酉簋》「敬夙夜勿灋朕令」，《師嫠簋》「敬夙夜勿灋朕令」，過去學者都以「敬夙夕」和「勿灋朕令」連讀，以為是一句讀。我們讀這句話，總感覺得有些不順，語句有些蹩扭。「敬夙夕」如與「勿灋朕令」連讀，則「敬夙夕」應是个助動詞子句，是形容動詞「勿灋」的。這在我國語言的語法上講，似說不過去。從我國語言的語法上講，在「敬夙夕」後，應當是肯定語，不能用否定語，如《毛公鼎》「夙夕念王畏」，《克鼎》「敬夙夜用事」，《效卣》「效不敢不萬年夙夜奔走揚王休」。「夙夕」「夙夜」後面都是肯定語。我們

34

若將這兩句話改成現在語來講：「你應日夜不要廢我的命令」，這便不成語句。由此，我覺得「敬夙夕」不能和「勿廢朕命」連讀，這當「敬夙夕」為句，「勿廢朕命」為句。《詩·雨無正》：「三事大夫，莫肯夙夜」，可知「夙夕」「夙夜」古代可以單用。《詩·韓奕》：「無廢朕命，夙夜匪解」；《克鼎》：「敬夙夜用事，勿廢朕命」，這和「敬夙夕，勿廢朕命」語意語例一樣。「敬夙夕」當也就是「夙夜匪解」、「夙夜用事」的意思。

一九六八、三、十七草

一九六九、十、十九修改重抄

48

效卣

隹四月初吉甲午，王雚于嘗。公東宮內鄉于王。王易公貝五十朋，公易厥涉子效王休貝廿朋。效對公休，用乍寶尊彝。烏虖！效不敢不邁年夙夜奔走揚公休，亦其子子孫孫永寶。

「雚」楊樹達謂當讀為「觀」，「觀」為古人娛遊之一事。又書無逸之「無逸」曰：「則其無淫于觀、于逸、于遊、于田」，以觀與逸遊田並列。楊說甚是。「雚」字在此是个不接物動詞，其義若不是「觀」遊，文義也不可通。

「公東宮納鄉于王」，楊樹達以東宮為宮室，這是「謂公在東宮納饗于王」。這是錯誤的，這样解釋文法不通。東公乃是官名。又「□鼎」曰「臣李告東宮」，又「陵貫殷」：「隹巢來飲，王令東宮追以六自之年」。可以為証。「東宮内鄉于王」（邐侯鼎）「邐侯殷方内豐于王」語例一樣，是說東宮饗宴王。不說東宮饗王，而說東宮納饗于王，這是因為東宮是人臣，不敢說饗王。這當是王遊賞東宮設宴招待他。

「涉子效」，「涉」方濬益釋「涉」，「涉子效」是人名，是東宮之臣。郭沫若謂是「巡」字，「巡子」即「順子」。楊樹達又謂「涉」與「葉」通，「葉」即是「世」字，「涉子」就是世子。按「涉」字甲文和金文都作㟅，字形與此不同。以「涉子」為順子或世子，文義不可通。若效為東宮之「順子」或「世子」，則效應稱東宮為父，今不稱父而稱公，是知效必不是東宮之子。方濬益謂效是東宮之臣，是正確的。不過「涉」是何字，「涉子」是什么意恩遠是不容易明瞭。

「王休貝廿朋」，「休」郭沫若訓賜，楊樹達訓好賜。「休」義實爲恩，在此意爲恩賜。「公易𣳚子效王休貝廿朋」是說公賜效王所賞的貝廿朋。

「烏虖」是歎詞，後世都以「烏虖」表示悲、痛之意，古代似不盡然。《詩·維天之命》「於乎！不顯文王之德之純」，《𠑇兒鐘》「烏虖敬哉！余義楚良臣」，都無悲痛之意。此處「烏虖」也不是悲歎。

「邁」就是「萬」字，並不是假借。「萬」字金文又作「㒖」「⿱萬止」，「⿱萬止」、「厲」、「邁」等形。這只是「萬」字增加不同的偏旁而已。在我國文字發展中，這種情況很多，如「各」、「⿰彳各」、「⿺辶各」、「洛」、「客」、「⿱客口」、「格」、「落」和「冓」、「⿰彳冓」、「遘」、「覯」、「逅」便是最明顯的例子。後世人不知道，見到這種字字形不同，便以為是不同的字，這些字通用，便以為是假借，實是錯誤的。《說文》：「萬，蟲也，从厹，象形。」應就是「萬」或「蠆」，「蠆」字是的本字。「萬」原是个象形字，其作為數字乃是假借，加上偏旁作「邁」和「厲」，便是形聲字了。形聲字有很多都是這樣形成的。不論象形字、會意字、指事字或假借字，增加偏旁，都可以成為形聲字。

「亦其子子孫孫，永寶」，銅器銘辭「子孫寶用」，都說「其子子孫孫，永寶用」，或於「其」上加人名，如《剌鼎》「剌其萬年子孫永寶用」、《克鐘》「克其萬年子子孫孫永寶用」，而此於「其」字上加「亦」字。「亦」蓋是語助詞。《師虎簋》王若曰：「虎，截先王既令乃祖考事，啻官，嗣左右戲緐荊。」《蔡簋》

50

又《詩·閟宫》：「周公皇祖，亦其福女。」

王若曰：蔡，昔先王既令女作宰，𤔲王家。」又《卯簋》：「昔乃祖亦既令乃父死𤔲椂人。」語例一樣，而又《卯簋》也於「既」字上加「亦」字。「亦」也是个語助詞。「亦」我以為意蓋與「其」略同。又《詩·草蟲》：「亦既見止，亦既覯止，我心則降。」「亦既見止，亦既覯止」，顯然是「其既見止，其既覯止」。又《論語》：「不亦説乎？」「不亦樂乎？」「不亦君子乎？」也顯然是「不其説乎」「不其樂乎？」「不其君子乎？」又《毛公鼎》：「亦唯先正咎辥厥辟」，又《卯簋》：「昔乃祖亦既令乃父死𤔲椂人」，「亦」當也與「其」同。「亦唯先正」即「其唯先正」，「亦既令乃父」即「其既令乃父」。「亦」與「其」義相同，所以可以連用。

一九六八、三、三十草

一九六九、十一、一重抄

60

虢文公子鈠作叔妃鼎、其萬年子孫永寶用享（貞松堂卷二）

[illegible] 不同

虢文公子鈠鼎

虢文公子鈠作叔妃鼎，其萬年無疆，子、孫、永寶用享。

《國語·周語》："宣王即位，不藉千畝。虢文公諫曰"云云。此器虢文公，學者以為就是《國語·周語》所說的虢文公。但虢文公是那一个虢國之君，過去學者意見卻不一致。賈逵謂是虢仲之後，韋昭以為是虢叔之後西虢之君。《國語·周語》韋昭注云："賈侍中云：文公，文王母弟虢仲之後，為王卿士。昭謂虢叔之後，西虢也。及宣王都鎬，在畿內也。"僖公五年《左傳正義》引賈逵云："虢仲封東虢，制是也；虢叔封西虢，虢公是也。"郭沫若從賈說，以虢文公為東虢之君，其地是制。按一九五七年河南陜縣上村嶺出土有虢季氏𣪘鬲（見《文物》一九五九年第一期）銘云：「虢季氏子𣪘作叔妃寶鬲，子子孫孫永寶用享。」很明顯，這和此鼎所記即是一事，二器為一人之器，同時所製。虢文公子𣪘就是虢季氏子𣪘。疑此鼎原也是出土於陝縣上村嶺。《漢書地理志》陝縣自注云：「故虢國。」《郡國志》云：「陝本虢仲國。」李賢《注》云：「杜預曰，虢都上陽，在縣東，有虢城。」《水經注河水》云：「河南即陝城也。昔周公分陝，以此城為東西之別，東城虢邑之上陽也。虢所都為南虢。」陝是虢都，據此，虢文公乃是陝縣的虢國之君，不是制之東虢或西周畿內之西虢。

虢有幾个地方都稱虢。《漢書地理志》云：「陝，故虢國，北虢在大陽，東虢在滎陽，西虢在雍州」，陝縣之虢，

61

《水經注》謂是南虢。關於文王弟虢仲虢叔的封地，漢晉以來的學者意見也很紛亂。賈逵云：「虢仲封東虢，制是也；虢叔封西虢，虢公是也。」這裏所說的虢公即為晉獻公所滅的虢公醜。虢公醜實就是陝縣之虢。據此，賈逵是以虢仲封於制，虢叔封於陝。陝是西虢。僖公五年《左傳正義》引馬融云：「虢叔同母弟，虢仲異母弟，虢仲封下陽，虢叔封上陽。」這以虢叔的封地為上陽即陝，與賈逵相同，而以虢仲封下陽，即《地理志》之北虢，又與賈逵之說不一樣。韋昭謂虢文公是虢叔之後，是西虢，在畿內。又謂虢公醜是虢仲之後，是韋昭又以虢仲的封地為陝，虢叔的封地在關中。《郡國志》云：「陝本虢仲國。」這也以虢仲的封地為陝。《史記鄭世家》「虢鄶之君貪而好利」。《索隱》云:「虢叔文王弟。」這又以虢叔封於制之東虢。洪亮吉《春秋左傳詁》云:「按虢有三:晋太康地記,扶風郡雍西虢地也。平王東遷,虢叔自此之上陽為南虢。」這又以虢叔原封於雍西,後遷於上陽即陝。

按僖公二年《左傳》云:「夏,晋里克、荀息帥師會虞師伐虢,滅下陽。」《史記晋世家集解》引服虔云:「下陽,虢邑也,在大陽東三十里。」《穀梁傳》云:「下陽,虞虢之塞邑。」又僖公二年《左傳》云:「虢必亡矣,亡下陽而不懼。」僖公五年《左傳》云:「八月甲申,晋侯圍上陽。……十二月丙子朔,晋滅虢,虢公醜奔京師。」由此可知上陽、下陽都是虢公醜的土地,下陽是邊邑,上陽是國都。馬融把上陽、下陽分為兩國,謂虢仲封下陽,虢叔封上陽,顯然是錯誤的。

62

《國語·鄭語》「虢叔恃勢，鄶仲恃險」，韋昭云：「此虢叔、虢仲之後，叔仲皆當時之國君之字。」司馬貞謂此虢叔為文王弟，也是誤解。

在這些說法之中也有一點是比較一致，沒有異義的，就是虢叔所封的是稱西虢，虢仲所封的是稱東虢。《僖公五年《左傳》》云：「虢仲、虢叔，王季之穆也，為文王卿士，勳在王室，藏於盟府。」《國語·鄭語》云：「是其子男之國，虢鄶為大。」虢仲是周文王的弟弟，又有功勳，決不會封他為子男之國，即使說自周初到西周末年代很久，但也決不會降到子男的地位。銅器有虢叔旅鐘，鬲攸从鼎有虢旅其人，可知關中確有虢國。這也以是《漢書·地理志》所說的西虢。我們根據這兩點推測，虢叔的封地似應是關中的西虢，西虢仲的封地則為上陽，即陝。制之虢乃是虢仲之後分封的，賈逵以上陽之虢為西虢，以制之虢為東虢，疑乃是由周東遷後的情況而來的。東周時關中之虢業已滅亡，只有陝及制之虢，因此後世人就以陝為西虢，制為東虢。因以陝為西虢，故又誤以為，賈逵馬融又誤以為虢叔所封。

虢器又有虢季氏組簋和虢氏子組壺。郭沫若謂是北虢之器。按虢季氏子組與虢季氏子伐顯然是弟兄，也必是虢文公子。北虢即下陽，乃是虢邑，非別為一國。郭說誤。

一九六八、三、廿四草

一九六九、十一、九、重抄

虢季子白盤

隹十又二年正月初吉丁亥，虢季子白乍寶盤。不顯子白，𦘔武于戎工，經⿰糹蒦四方，搏伐厰䡅，于洛之陽，折首五百，執⿰口絲五十，是以先行。𧻚𧻚子白，獻⿰爪或于王。王孔加子白義。王各周廟宣⿸广射，爰鄉。王曰：白父，孔顯又光。王賜乘馬，是用左王；賜用弓，彤矢其央；賜用戉，用政⿱䜌方方。子子孫孫，萬年無彊。

「⿰糹蒦」舊釋「維」，近時楊樹達釋「蒦」。楊氏云：「余謂⿰糹蒦當讀為蒦。說文四篇上雈部云：蒦，規蒦，商也。一曰：蒦，度也。經⿰糹蒦四方者，經謂經營，⿰糹蒦謂規度，猶詩江漢經營四方也。」楊說似有理，但也不免牽強。謂經就是經營，不免以臆為之。我覺得，「⿰糹蒦」仍是以釋「維」為當。

綏四方」即「經營四方」。《詩·江漢》「經營四方」《傳》《箋》：
於經營二字都沒有解釋。按《詩·靈臺》「經之營之」，經
營一詞辭即出之於此。《傳》云：「經，度之也」，《箋》云：「文王應
天命，度始靈臺之基趾，營表其位」。對於「營」字也沒有
明確的訓釋。我疑心「營」義當為圍繞。《說文》云：「營，
市居也」。《漢書·李尋傳》「日且入，為妻妾役使所營」。
師古云：「營，繞也」。《揚雄傳》「然至羽獵，田車、戎馬、器械
儲偫，禁禦所營」，師古曰：「營謂圍守也」。《韓安國傳》
「吾勢已定，或營其左，或營其右，或當其前，或絕其後，
單于可禽」。「營」義也顯為圍繞。「經之營之」是說度量
其長寬廣大小，築墻圍繞起來。「維」疑也有圍繞
之義。《釋名》云：「帷，圍也。」「維」「帷」是同源字，「維」義也為

70

圍「經維四方」和「經營四方」意相同。

此器過去都以為是周宣王時器。郭沫若以為是夷王時器。這仍以為宣王時器為是，虢季子白疑就是虢文公。

《說文》「帷」古文作「𠥩」，這更足以証明「帷」義當為「圍」。「圍」字初只作「韋」。甲文「韋」作「[illegible]」或「[illegible]」，象人環繞城邑之形。後加「口」作「圍」。《史記·曹相國世家》「以中尉從漢王出臨晉關，渡圍津」，《索隱》云：「顧氏按《水經注》白馬津有韋津鄉，韋津城，圍與韋同，古今字變耳。」「圍」是「韋」之變，「𠥩」也是「韋」之變。「韋」「圍」「𠥩」都是一个字。「帷」與「維」也是一个字之變。「經維四方」和「經營四方」意相同。

此器過去都以為是周宣王時器，郭沫若謂是周夷王時器。按仍當以為周宣王時器為是。虢季子白疑就是文公。虢器有虢季氏子組殷和虢季氏子組壺，郭沫若謂虢季子白之族。按虢器又有虢文公子段鼎和虢季氏子段鬲，顯是同一人之器。由此知虢季子白必就是虢文公。虢文公是陕的東虢之君。

一九六八、二、二五草

一九六九、十一、十四重抄